Vivir en dos idiomas

Memoria

Aguilar es un sello editorial del Grupo Santillana
www.alfaguara.com

Argentina
Av. Leandro N. Alem 720.
C1001AAP, Buenos Aires.
Tel. (54 114) 119 50 00
Fax (54 114) 912 74 40

Bolivia
Av. Arce 2333.
La Paz.
Tel. (591 2) 44 11 22
Fax (591 2) 44 22 08

Colombia
Calle 80, 10-23.
Bogotá.
Tel. (57 1) 635 12 00
Fax (57 1) 236 93 82

Costa Rica
La Uruca,
Edificio de Aviación Civil,
200 m al Oeste
San José de Costa Rica.
Tel. (506) 220 42 42 y 220 47 70
Fax (506) 220 13 20

Chile
Dr. Aníbal Ariztía 1444.
Providencia.
Santiago de Chile.
Telf (56 2) 384 30 00
Fax (56 2) 384 30 60

Ecuador
Av. Eloy Alfaro N33-347
y Av. 6 de Diciembre.
Quito.
Tel. (593 2) 244 66 56
y 244 21 54
Fax (593 2) 244 87 91

El Salvador
Siemens 51.
Zona Industrial Santa Elena.
Antiguo Cuscatlan
La Libertad.
Tel. (503) 2 505 89 y 2 289 89 20

Fax (503) 2 278 60 66
España
Torrelaguna 60.
28043 Madrid.
Tel. (34 91) 744 90 60
Fax (34 91) 744 92 24

Estados Unidos
2105 NW 86th Avenue.
Doral, FL 33122.
Tel. (1 305) 591 95 22 y 591 22 32
Fax (1 305) 591 91 45

Guatemala
7ª avenida 11-11.
Zona nº 9.
Guatemala CA.
Tel. (502) 24 29 43 00
Fax (502) 24 29 43 43

Honduras
Boulevard Juan Pablo,
casa 1626.
Colonia Tepeyac.
Tegucigalpa.
Tel. (504) 239 98 84

México
Av. Universidad, 767.
Colonia del Valle.
03100, México D.F.
Tel. (52 5) 554 20 75 30
Fax (52 5) 556 01 10 67

Panamá
Av. Juan Pablo II, 15.
Apartado Postal 863199, zona 7.
Urbanización Industrial
La Locería.
Ciudad de Panamá
Tel. (507) 260 09 45

Paraguay
Av. Venezuela 276.
Entre Mariscal López y
España.

Asunción.
Tel. y fax (595 21) 213 294 y 214 983

Perú
Av. San Felipe 731.
Jesús María.
Lima.
Tel. (51 1) 218 10 14
Fax. (51 1) 463 39 86

Puerto Rico
Av. Roosevelt 1506.
Guaynabo 00968.
Puerto Rico.
Tel. (1 787) 781 98 00
Fax (1 787) 782 61 49

República Dominicana
Juan Sánchez Ramírez 9.
Gazcue.
Santo Domingo RD.
Tel. (1809) 682 13 82 y 221 08 70
Fax (1809) 689 10 22

Uruguay
Constitución 1889.
11800.
Montevideo.
Tel. (598 2) 402 73 42 y 402 72 71
Fax (598 2) 401 51 86

Venezuela
Av. Rómulo Gallegos.
Edificio Zulia, 1º.
Sector Monte Cristo.
Boleita Norte.
Caracas.
Tel. (58 212) 235 30 33
Fax (58 212) 239 10 51

Alma Flor Ada

Vivir en dos idiomas

Memoria

ISBN-10: 1-60396-611-0
ISBN 13: 978-1-60396-611-5

A Rosalma, Alfonso, Miguel y Gabriel
que cambiaron la esencia de mi ser al hacerme madre.

A Timothy Paul, Samantha Rose, Camila Rosa, Daniel Antonio,
Victoria Anne, Jessica Emily, Cristina Isabel,
Nicolás Ryan, Collette Lauren que han traído tal
riqueza a la historia, con inmenso cariño.

A Quica una vez más
que suma siempre.

Y a todos los que, como yo,
tienen sus raíces en la Quinta Simoni.

Anoche cuando dormía
soñé, ¡bendita ilusión!
que una colmena tenía
dentro de mi corazón;
y las doradas abejas
iban fabricando en él,
con las amarguras viejas,
blanca cera y dulce miel.
Antonio Machado

...Though much is taken, much abides; and though
We are not now that strength which in the old days
Moved earth and heaven; that which we are, we are,
One equal-temper of heroic hearts,
Made weak by time and fate, but strong in will
To strive, to seek, to find, and not to yield.

Lord Alfred Tennyson. *Ulysses*

AGRADECIMIENTOS

*A mis nueras Denise, Hannah, Denia por la dicha de haberme
dado los más preciosos nietos y su constante apoyo y comprensión,
y a mi yerno Bruce por traer alegría a la vida de mi hija.*

*A mis hermanas, Flor Alma y Lolita Annabell, por haberme acompañado
en esta historia que es tanto de ellas como mía.*

*A mis padres, Modesto Ada Rey y Alma Lafuente Salvador, por un
ejemplo de vida que sigo tratando de imitar.*

*A mis tías y tíos, Virginia, Mireya, Medardo y Lolita Lafuente Salvador;
Manolo y Mario Ada Rey y Manuel Díaz Estrada, por hacerme vivir la
seguridad de la familia.*

*A mis primos, Jorge y Virginia de Miranda Lafuente, Nancy Lafuente
Varela, Mireya, Medardo y Alma Díaz Lafuente y Carlos y Juan
Rodríguez-Feo Lafuente, sin quienes esta historia no estaría completa.*

*A mis abuelos maternos, Medardo Lafuente Salvador y Dolores Salvador
Méndez, "Mi Paraíso", en cuyos ojos aprendí el sentido profundo del
amor y quienes me legaron la devoción a la palabra. A mis abuelos
paternos, Modesto Ada Barral, modelo de integridad y determinación, y
María Rey Paz, cuya memoria me llegó viva en el amor de mi padre.*

*Y a mi bisabuela, Marcelina Méndez Correoso y su hermana Genoveva,
viejecitas humildes de quienes sólo emanaba amor. ¡Cuánto hubiera
querido saber más de sus vidas!
Y un especial reconocimiento
a
Amaya Elezcano Tolosa que me animó a escribir estas memorias
y a Silvia Matute que con tanto afecto las ha acogido.*

Contenido

Tiempo Segundo: Quena
La lengua se hizo matria

La palabra

Todo se encierra en ella.
He vivido
sustentando la vida en la mirada,
observándolo todo
en constante búsqueda de comprensión;
pero es en la palabra
donde he encontrado raíces
y respuestas
que se han vuelto
a su vez
nuevas preguntas.
La palabra lo encierra todo
las grandes alegrías
y la fuerza
para soportar los dolores.
Qué alivio su presencia
y, a la vez,
¡qué castigo su ausencia!
Como el regalo generoso del árbol
la fruta apetecida
—una guayaba todavía verde,
y así aún mas sabrosa,
que me exige trepar para alcanzarla;
un caimito, una esfera lustrosa
que cae del alto árbol en la margen del río
regalándome
la delicia de la pulpa más blanca;
y, en nuestro viejo patio
un níspero cubano
fragancia delicada
y sabor que es apenas sugerencia;
un coco de agua dulce
refrescante

en medio de la isla de Saipán
abierto
con un machete
perdido entre la maleza
para que lo encontrara
en un día de retorno al paraíso—
así,
como regalo
que no sabemos cómo agradecer
tengo hoy frente a mí
noventa y cuatro mil palabras
las que me ha regalado
una joven pero sabia editora
que me afirma
que en ellas cabe todo lo que valga la pena decir
sobre mi vida.
Y a estas cinco
—¡no! ¡de la tarde, no!—
de la mañana,
he dejado la cama
decidida a encontrar
el hilo
que como a Ariadna
sepa
guiarme en el laberinto
—no sólo el de la vida, no,
ese ovillo se ha ido desenredando
precisamente de tanto imaginar cómo contarlo—
sino de la forma que deben de encontrar
estas
noventa y cuatro mil palabras
para decir lo que valga la pena,
para crear las pausas y silencios
que te permitan
a ti

dejar de verlas como respuesta a tu curiosidad:
¿Quién es esta persona?
¿Cómo ha llegado a ser?
¿Por qué rincones de la Tierra ha estado?
¿Por qué se ha dedicado a la enseñanza?
¿Qué busca al escribir?
¿Cómo ha superado los riesgos y las trampas
que el existir implica?
¿No tuvo desazones?
¿Cómo siguió adelante?
¿Cómo ha logrado combinar sus muchos cauces,
sus varios horizontes,
sus dos lenguas,
su lucha inagotable
por abrazar siempre lo mejor de la vida
pero sin dejar de reflexionar
para poder mejor alzarse combativa
contra esas palabras de sabor amargo,
la injusticia,
impronunciables casi,
la discriminación,
repugnantes
todo lo que transforma en opresor al oprimido,
lo que le roba la dignidad de ser
destruyendo la solidaridad, cómo?
¿Cómo en
noventa y cuatro mil palabras
decirlo todo
de la inefable dicha
y el temor, la angustia,
la responsabilidad
de esa transformación
de la esencia más honda
que es volverse madre?
¿Cómo hablar del goce del amor?

¿Y de ese otro placer sin límites
el del descubrimiento,
el del eterno goce de aprender
siempre?
Aunque a primera vista pareciera
número respetable
este noventa y cuatro
seguido de tres ceros
se reduce a muy poco
si hay que hablar de los maestros
y cuánto me enseñaron
sobre cómo enseñar
y no enseñar;
despertando la gratitud
que en lugar de olvidarse
crece
a diario
cada vez que en la lección sabida
encuentro nuevas lecciones.
Si hay que describir los lugares
su color, sus fragancias,
sus sonidos
y el calor que nos dejan en la piel.
¿Cómo empezar a hablar
de la amistad
de la confianza
que dan manos amigas
a los pasos?
Recuérdese además
que en mi vida todo ha sido abundancia
y no hablo ya
de cuatro hijos
nueve nietos
más de doscientos libros
y la dirección de

ciento sesenta tesis doctorales
y siempre,
en tantas formas,
el amor.
Nací en una tierra donde
eran desbordantes
sol y verde
los aguaceros torrenciales
y el calor del largo tiempo de la seca.
Aun en una ciudad provinciana,
el Camagüey colonial
de tinajones y leyendas,
se inundaban los ojos de detalles,
adoquines
resbalosos por la lluvia
viejos muros
cubiertos de musgo
y helechos diminutos,
patios húmedos y umbríos
donde el sol y la sombra de los árboles
creaban misteriosos juegos de luz;
una ciudad que desbordaba
en matices
los de una sociedad en la que convivían
los ricos ganaderos
y los pobres más pobres.
Crecí en una familia grande
no tanto por el número
de los que nos sentábamos
a la mesa
sino por la amplitud de sus fronteras,
pues en cualquier momento
alguien más podía pasar a ser parte de ella.
No pudiendo decidir
cuál sería la mejor escuela

y queriendo siempre encontrar lo mejor
mis padres me hicieron asistir
a una distinta
cada año escolar.
Y así tuve no una,
sino cinco escuelas primarias
y luego el Instituto,
y como si quisiera corroborar la decisión
de mis padres
la vida se encargó luego
de que asistiera a cuatro universidades
en tres países,
en dos continentes.
Más numerosos aún fueron los libros
porque si no eran
al principio
tantos
como hubiera querido
quedaba el releerlos,
una y otra vez,
multiplicando así ante mis ojos
sus palabras,
haciendo rebosar tanta experiencia
que no lograba retener en mí
y convertía en materia de mis juegos
de los que hacía partícipes
a mi hermana y mis primas
que sufrían aventuras
y escapaban a peligros sin fin.
Y toda esta abundancia
debe caber
en noventa y cuatro mil palabras.
Hiervo de curiosidad
y hago lo que me había prometido no hacer.
¿Alcanzarán de veras

noventa y cuatro mil palabras
para hablar de las personas
que han sido y siguen siendo
parte de mí?
¿De la abuela
que no cabría en ningún adjetivo
a quien mi devoción de niña
llamaba "Mi Paraíso"
y mi reflexión adulta
sigue llamándola igual?
¿Del padre extraordinario
cuyo ejemplo recuerdo
en forma constante
cada día?
¿Podré hablar de la muerte súbita
que los arrebatara
como arrebatara también a mi tío
y al hombre que más he amado?
¿Y de la muerte agónica
en lucha contra el cáncer
de dos de mis tías,
dos de mis cuatro madres?
Más difícil aún sería hablar
del deterioro
de mi otra tía
mujer admirable
que ha pasado a ser sombra de sí misma.
Y aun si cabe,
mucho más difícil,
describir la destrucción
que ha causado el Alzheimer
en Virginia,
mi hermana más que prima,
y cómo esta tragedia
ha obligado a sus hijos

a encontrar lo mejor de sí mismos.
Y,
¿debo mencionar
lo que he aprendido
desde que descubrí
que mi cuerpo
que con ingenuidad
siempre había creído inmune
también ha podido
darle albergue
a un cáncer de pulmón?
Gracias a la magia
de la computadora
me entero de cuántas palabras
he consumido ya,
exactamente
mil noventa y cuatro.
Qué velozmente
se consumen
me quedan,
noventa y dos mil novecientos veintiséis.
Yo, que jamás he sido avara,
apoyándome en los consejos de mi padre
y en el ejemplo que me ha demostrado
que la alegría mayor es dar
no recibir
empiezo a conocer
un sentimiento que pensé me sería siempre ajeno:
el de quien quiere atesorar
y cuenta lo que tiene
temeroso de gastarlo.
¡Ah! Tan temprano
y aquí estaba ya la lección de este día:
Nada humano me puede ser ajeno.
Y hoy aprendo

que en mí
también puede existir codicia
cuando temo que no van a alcanzarme
esas noventa y cuatro mil palabras
para contarte mis muchas vidas.

Y la editora, compasiva, me concedió
23,500 palabras más
que siguen siendo pocas,
pero que aquí te entrego.

Invitación

Había una vez... hace ya mucho tiempo... en la Tierra de Irás y siempre querrás volver... y te digo que es verdad... y aunque no me lo contaron te lo cuento...

¿Por dónde se empieza a contar una vida que todavía se está haciendo, que cada día se teje y se desteje, cuando los recuerdos toman nuevos matices al reflexionar sobre ellos? Dicen que es buen consejo empezar por el principio, pero ¿cómo lo definimos?, ¿en el amor de nuestros abuelos que dio como fruto a nuestros padres?, ¿nos resignamos a ignorar que pudo haber algo antes y dejamos lo anterior al terreno de la fábula o la novela? y ¿qué ocurre con las consecuencias de nuestras acciones?

He vivido siempre en las palabras, en las que oía de labios de abuela, padres, tíos; las que leía incesantemente, las que un día empecé a escribir. Y ahora, a estas alturas de una vida en que escribir ha sido un modo de vivir, además de los muchos libros profesionales y textos educativos que he creado o en los que he colaborado, me encuentro con un saldo de un centenar de libros infantiles, un par de libros juveniles que recogen momentos de mi infancia y dos novelas. Y al contemplar esta amplia producción me doy cuenta de que todo lo que he escrito no han sido sino aproximaciones a este libro que tienes, lector, entre las manos y a otros del mismo género que confío lleguen a complementarlo.

¿Es que no puede escribirse más que de la propia historia? No lo sé, pero puedo asegurar que, en mi caso, lo que he escrito en poesía y en teatro, en prosa o en verso, aun en esos libros que son un juego usando personajes infantiles tradicionales o en los que he creado personajes imaginarios, todo ha sido la búsqueda de una respuesta a las grandes incógnitas del vivir; y en la búsqueda poder vivir más intensamente aún.

Este libro se inserta en ese terreno entre dos mares, la literatura y la historia, que es el género de los recuerdos. Tratar de contar la vida como fue, sí, pero contarla con el oficio del contador de cuentos, que a veces amplía los hechos con su propia voz o los cubre de intriga y misterio para retener la atención de quien sigue el relato o, quizá, a veces sueña que vivió lo que cuenta o duda de si lo que cuenta son en realidad sus sueños.

No quiero hacer aquí profesión de verdad. Es posible que otros que vivieron en los mismos lugares, al mismo tiempo y cuyas historias se entrecruzaron con la mía, interpretaran o recordaran los mismos hechos de otra manera. Pero sí quiero insistir en la autenticidad de mi voz: lo que escribo es auténtico porque lo siento con una profundidad que me exige el escribirlo, porque vive en mí y me reclama que le permita seguir viviendo. Y lo comparto contigo, lector, desde esa autenticidad. Gracias por recibirlo.

En su colección de ensayos *Reading, Writing and Leaving Home (Leer, escribir e irse de casa),* Lynn Freed (Harcourt: 2005) escribe sobre la dificultad que contempla el novelista al saber que lo que escribe va a ser juzgado y va a tener un impacto sobre familiares y amigos. Reflexionando sobre esta dificultad en la creación de su propia obra y apoyada en los testimonios de otros escritores, afirma que los novelistas son asesinos naturales y, con cierta ironía, propone que para poder empezar a escribir una novela hay primero que matar a los familiares más cercanos y los amantes, a los maestros y amigos, es decir, a todos cuya opinión sea importante para el escritor, porque de quedar vivos y poder ejercer su papel de críticos, el escritor no podrá lograr escribir una ficción convincente. Más adelante, agrega que, no dispuesta a cometer tales crímenes, necesitó en cambio, confiar en que aquellos a quienes ama la comprendieran, o por lo menos, la perdonaran. O estar dispuesta a que, si no era así, no le importase en lo más mínimo.

¡Y se refiere a crear una novela! En la novela, aunque esté basada en la vida misma, siempre hay un elemento de imaginación que permite cuestionar si lo que revela es verdadero. ¡Mayor complejidad cuando se trata de escribir una memoria en la cual hay una presunción de que todo es verdad y donde necesariamente están implicados aquellos con quienes hemos compartido la vida!

La preocupación sobre lo que puedan pensar al ver mi alma al desnudo, madre, hermanas, hija, hijos, nietas y nietos, yerno, nueras, primos y sobrinos, ya es bastante como para abrazar para siempre el silencio; sin contar con la opinión de los amigos, los alumnos, los maestros con los que he trabajado toda una vida y la de los padres de los niños que leen mis libros. Y sin embargo, aquí estoy, escribiendo estas líneas. Y las preguntas inevitables son: ¿para qué?, ¿por qué?

Inicialmente creí haber encontrado la respuesta pensando que tiene valor mostrar la totalidad de una aventura humana: dolores y alegrías, inquietudes y satisfacciones, errores y aciertos, sueños y pesadillas; compartir cómo nos cuestionamos hasta llegar a la profundidad del silencio y la gloria del instante, para volver a cuestionar no ya el misterio del vivir, sino las limitaciones de quien vive... Quería pensar que si lograba trascender las reticencias y el temor al juicio de los demás estaría ofreciendo una invitación a otros para que miren sin miedo y abracen su propia verdad en una libertad total.

Hoy veo en esa postura que creía de sencilla humildad cierta arrogancia: hay muchas otras vidas que ejemplifican la búsqueda de la verdad interior, por lo tanto, la mía podría ser redundante. Más aún, reconozco que en esa justificación hay todavía un esfuerzo por poner distancia frente a la verdad desnuda. Abandono toda justificación.

Escribo mi vida porque tengo que hacerlo. Porque es mi vida y quisiera salvarla. Porque habiendo cobrado conciencia de su fragilidad, de cuán efímera es la memoria, quiero darle un momento más de existencia; que espero logre con tu lectura.

Quizá si a lo largo de mi vida hubiera hecho reír más a mis amigos, si hubiera creado ceremonias, ritos y costumbres para distintos momentos del año, o hubiera cocinado platos deliciosos, o celebrado con regularidad los cumpleaños y las fiestas familiares, o sembrado un jardín, o contado chistes, o tantas otras cosas que pudieran dejarme viva en la memoria, no tendría que escribir este libro.

Si mi prima Virginia, que ha sido siempre mi hermana espiritual, no hubiera sucumbido al Alzheimer y después perder todas sus memorias, si mi tía Lolita que compartió mis primeros años no hubiera muerto, si no hubiera tenido que esperar a tener 68 años para abrirle el corazón a una hermana a la que tanto quiero, si no fuera parte de ese número creciente de personas a quienes el cáncer les ha exigido enfrentarse a la mortalidad, quizá no escribiría estas memorias...

Pero lo cierto es que aquí están, escribiéndose ellas mismas, enseñándome que cada nuevo rincón que desempolvo, cada recinto cerrado al que abro la puerta para que entre la luz, cada pausa en la que me detengo a contemplar, contribuyen a la que ha sido una búsqueda constante a lo largo de la vida: mayor comprensión y compasión.

Hace algunos años, preocupada de que tantos niños no descubrieran el placer de leer, me dediqué a aprender sobre la lectura. Después de buscar la voz de los expertos, leyendo libro sobre libro, artículo sobre artículo, tratando de entender a fondo el proceso que nos convierte en lectores eficaces, tuve una revelación. ¿Por qué no analizar mi propia experiencia? Si algo he sido en la vida es ávida lectora. ¿Por qué, pues, no creer que tengo un conocimiento íntimo de qué es el acto de leer? Y en esa introspección se me revelaron aspectos que debieron haberme sido evidentes si no hubiera estado esperando que otros me los explicaran. De modo similar, escribir este libro me ha enseñado que habiendo querido ser siempre comprensiva, generosa, compasiva… nunca lograré serlo del todo con los demás hasta haberlo sido verdaderamente conmigo misma. Más aún, necesito despojarme de una idea externa, aprendida de otros de lo que esto significa, y simplemente abrazar mi verdad.

Gracias, lector, por acompañarme en el camino. Sólo deseo que al hacerlo descubras, como lo he ido descubriendo yo, que de la mano de la verdad no hay nada que temer, que al mirar de frente lo que menos hubiéramos querido descubrir en nosotros, vemos que en realidad es sólo como la noche, sombras que desaparecen con la llegada del sol.

TIEMPO PRIMERO: MARACAS

Porque empecé a vivir

[Camagüey, CUBA -
Filadelfia, Pennsylvania;
Denver, Colorado; Miami, Florida, EUA]

· ·

*E*n Cuba la sinfonía del color la crea el verde, que se multiplica, se divide, se combina en todas las variantes posibles, desde el más tenue, casi amarillo, hasta el más intenso, pariente cercano del azul añil. Alguna que otra flor pone un acento ocasional, pero son las infinitas expresiones del verde quienes van creando la reiterada melodía.

Hay verdes distintos en las anchas hojas lustrosas de los plátanos, en las largas lágrimas de las hojas del mango, en las diminutas del framboyán —abundantes como lluvia de arroz—, en las hojas sedosas de los yagrumos; y hay otros verdes en la fronda de álamos y caimitos, de marañones y tamarindos, de cedros y caobos. Y los matices del verde se derraman a las hierbas, los arbustos y matorrales, como si el verde fuera el ritmo incesante del bongó.

Entretanto, las pencas de palmas reales, cocoteros y guanos se mecen bajo el sol tropical como maracas, en un paisaje que preside una majestuosa ceiba solitaria, una trompeta de sonido agudo, penetrante, del cual queda colgada el alma en vilo para regresar una y otra vez al ritmo acompasado que le arrancan las manos del bongosero a los tambores, ese ritmo que es el verde, verde, verde...

Desnuda
2007

*C*ontar la vida, los acontecimientos y, sobre todo, los sentimientos que los han acompañado de manos de la verdad, es un acto de valentía. La creación es librarse de todo esfuerzo, es proponerse desnudar el alma sin guardarse nada. No por afán exhibicionista, sino por enamoramiento de la verdad, de la lucidez que produce liberarse de adornos, maquillaje y artificios.

Hace unos años, en 1989, me ocurrió una anécdota deliciosa. Me reuní con unas amigas el último día de una jornada de verano para contadores de cuentos. Cuando llegué al sitio campestre en el norte de California, Wellspring Renewal Center, en Philo, donde se había realizado el curso, descubrí que mis amigas se encontraban, junto con el resto de los participantes, asoleándose y bañándose en el río.

Las aguas del río corrían límpidas sobre el fondo de piedras. La sombra que proyectaban los árboles que crecían en las márgenes, las hacían aún más invitadoras. Sin imaginar que hubiera posibilidad de nadar, no había traído traje de baño, pero después de un rato de sufrir por no poder sumergirme en aquel río que me recordaba los de mi niñez, observé que algunas personas se estaban bañando sin traje de baño. Y, dejando a mis amigas boquiabiertas, me quité la ropa y me lancé al agua.

¡Qué deleite! Los ríos han sido muy importantes en mi vida; sin embargo, desde mi juventud cubana no me había bañado en ninguno. Nada hubiera podido igualar aquel gozo. Y me alejé para disfrutar con mayor plenitud el momento.

Un rato después se me acercó una joven que nadaba como yo: disfrutando del contacto del agua en toda la piel. Comenzamos a conversar como dos mujeres que se deleitaban con la frescura del río. Comentamos cuán encantador era bañarse sin ropa, en total libertad. Me contó que era maestra y que soñaba con estudiar un doctorado en la Universidad de San Francisco, donde yo he enseñado por 29 años. Antes de que pudiera responder, añadió que su ilusión era estudiar con Alma Flor Ada.

La confesión me hizo sonreír y le pregunté de dónde nacía ese deseo. Me explicó que unos años atrás la habían conmovido mucho las palabras de esa autora en un congreso en Santa Bárbara y que desde entonces estudiaba sus ideas pedagógicas y compartía sus libros infantiles con sus alumnos. En ese punto no pude menos que decirle que su confesión me emocionaba y le dije quién era.

Su respuesta fue de total indignación. ¿Cómo pretendía burlarme de ella? ¡Alma Flor Ada jamás se bañaría desnuda en un río! Aquel elemento de complicidad que nos había permitido comunicarnos tan libremente, se convirtió en algo inaceptable para la imagen que se había creado de mí.

Me costó mucho probarle mi identidad y que cambiara el enfado por la risa. Había perdido un ídolo, pero la persona real, sencilla, que lo sustituía, significaba un puente de veracidad hacia la superación que deseaba.

Cuando salimos del agua insistió en que la acompañara para mostrarme algo. Sin sospechar mi presencia en aquel lugar, tenía consigo una gruesa carpeta con muchos de mis artículos sobre la literatura infantil, el cuento y el teatro en la clase, para compartirlo con los participantes del curso. No podíamos dejar de reírnos al comprender que aquel encuentro único, irrepetible, guardaba una profunda lección.

Al preguntarme hoy hasta qué punto deseo compartir mi vida, he vuelto a recordar aquella tarde de verano, he visto a los árboles reflejarse sobre las aguas y me he quitado una a una todas las piezas de ropa, hasta quedar vestida sólo con la misma verdad con que llegué al mundo.

¿Voy a contar todos los momentos de mi vida? No lo creo. Primero porque es una vida larga y rica, y el relato sería interminable; pero además porque hay aspectos muy privados que sólo a mí pertenecen y algunos cuya revelación involucraría necesariamente a otras personas. Como escribió Charlotte Brontë: "Y así dejo a algunos momentos de mi vida como recuerdos. Pero lo mucho que comparto lo hago desde la total desnudez."

Aunque mi formación académica haya sido la crítica literaria, no me corresponde a mí el análisis de estas páginas. Solamente quisiera compartir contigo, lector, lectora —y aquí te ruego insertes tu nombre— que en ellos se encuentra un tema recurrente, el del exilio. Y es recurrente porque no ha sido un exilio único, como lo fue el de muchos intelectuales españoles después de la Guerra Civil, o como es frecuente en muchos escritores cubanos. Mis exilios, el verme obligada a vivir lejos de lugares que amo, han sido varios y el primero ocurrió muy temprano y marcó desde entonces toda mi vida.

Cuando aún no tenía ocho años, y después de la muerte de mis abuelos, Medardo y Lola, y de mi tío Medardo, mis padres decidieron abandonar la Quinta Simoni, la casa en la que había nacido y donde viví mis primeros años, la casa donde se formó mi visión del mundo y de la vida, para mudarse a la ciudad. Allí me faltaban cielo y árboles y la presencia, para mí todavía real en aquel entorno, de mis abuelos y mi tío.

A pesar de que años más tarde mi padre, al ver que me pasaba todos los sábados sola, vagando por las habitaciones vacías de la Quinta, nos construyó una casa detrás en los terrenos de la Quinta, junto al río, la Quintica, que todos amamos mucho, aquella nostalgia nunca se ha curado.

El segundo exilio fue de naturaleza interior. Lo he descrito en el capítulo Bautizo.

A ése le seguiría la imposibilidad de regresar a Loretto Heights College, en Colorado, un lugar donde mi vida adquirió definiciones profundas.

He pasado la mayor parte de mi vida fuera de Cuba y, sin embargo, no puedo decir que salí de Cuba, porque llevo a Cuba firmemente conmigo dondequiera que esté. He explorado la complejidad de ser cubana fuera de Cuba en mi novela *En clave de sol,* por eso no trato de hacerlo aquí. Solamente diré que mi vida fuera de mi patria, que comenzó en 1956 a causa de la dictadura de Fulgencio Batista, ha sido fuente de profundos sufrimientos, de ausencias insalvables.

Pero éstos no han sido mis únicos exilios. En 1957 encontré en España un ambiente intelectual y humano que me ofreció una comprensión mucho más rica de la vida que la conocida hasta entonces. La aceptación y el apoyo de mis catedráticos en la Universidad Complutense y de algunos amigos dilectos en Salamanca, me ofrecieron la oportunidad de crecimiento que siempre había anhelado. Tener que abandonar ese mundo fue un desgarramiento. Como volvería a serlo, años más tarde, abandonar el mundo de Cambridge, Massachussets.

Una ruptura cuyas dimensiones me ha costado mucho asumir, ocurrió en 1970 al dejar el Perú. En Lima completé mis estudios graduados y me doctoré. Allí escribí y publiqué mis primeros libros y empecé el largo camino de hacerme maestra. Quizá porque el Perú me resultó inicialmente muy ajeno, cuando llegué a conocerlo mejor, mi amor por ese país extraordinario fue aún mayor. A ello contribuyeron buenos amigos, colegas y alumnos. Pero, sobre todo, en Lima me hice madre. Allí nacieron mis tres hijos mayores, allí regresé desde Massachussets con un cuarto hijo.

En el Perú me inserté en la realidad de la América hispana, allí adquirí mi identidad como mujer hispanoamericana, que incluye pero no está limitada a mi identidad como cubana, y desarrollé una decidida conciencia social. Allí también, me abrí a un gran amor.

He vivido gran parte de mi vida físicamente lejos de lo que amo y de quienes amo. Y mi camino ha consistido en tratar de transformar la nostalgia, el dolor de la ausencia y de las pérdidas irremediables, en amor por el trabajo, por la creación, por las causas que he abrazado, por quienes me rodean, por aquellos a quienes he podido servir. *Ostra feliz não faz pérola* tituló Rubén Alves uno de sus libros: La ostra feliz no cría perla. Cuánto me alegraría pensar que mis sufrimientos hayan dado lugar a alguna perla…

En este camino de mi vida la palabra ha sido tanto bordón de peregrina cuanto refugio. Una vez más, a ella acudo buscando compartir algunos momentos significativos.

Y porque esta búsqueda ha resultado un proceso altamente revelador de lo aprendido, aquí lo tienes, como invitación a continuar descubriendo lo que encierra tu propio camino.

2

. . . .

El declamador cubano Luis Carbonell hizo famosos estos versos costumbristas, del compositor camagüeyano Jorge González Allué, que captan el fenómeno social de la celebración de los Quince Años en la Cuba de mediados del siglo veinte. Escritos en un lenguaje que remeda el habla de la clase popular, no necesitan mayor explicación, excepto quizá que las palabras "jailai" y "jai" (high life y high), pues ambas aluden a la clase privilegiada con presunciones sociales.

Los quince de Florita

[fragmentos]

JORGE GONZÁLEZ ALLUÉ

Conste que no es fantasía
lo que les voy a contar:
los personajes son reales,
viven en cualquier lugar,
un matrimonio, la hija,
los quince, evento social
fecha y lugar nada importan:
sucede en modesto hogar.

Juan de Dios, deja Bohemia
y no empiece a cabecear.
Hoy te estropeo la siesta
porque tenemos que hablar.
El mes que viene Florita
a los quince va a llegar
a la edad color de rosa
como dice la jailai
y lo mismo que esa gente
lo vamos a celebrar.
No me vengas que no hay plata,

se la consigue prestá,
y si es preciso se empeña
que Dios nos ayudará.
[...]
Hay que empezar por la casa.
Hay que dar una lechá
que empiece por la cocina
y termine en el portal.
La gente es muy criticona
y en todo se va a fijar.
Que si la casa está limpia,
que si el adorno floral,
que si el obsequio era bueno,
que si gente era jai,
que si el vestido era cheque,
que patatín, que patatán...
[...]

El problema del vestido
lo tengo resuelto ya:
un modelito precioso:
será de organza rosá
con un escote muy bajo
y con falda acampaná.
Florita etá bien p'a arriba
pero p'abajo, matá.
[...]

La música está resuelta.
Hoy uno puede alquilar
un tocadiscos que toca
doce discos sin parar.
Diremos que la Aragón
no la pudo amenizar
por un contrato que tiene

con una empresa radial
y aunque movimos palanca
no lo pudo cancelar.

Juan de Dios... Juan de Dios...
¡Si se ha dormío...!
¡Si hasta roncando está ya!
¿Qué no me oyó? ¡Peor p´a él,
porque la fiesta se da!
Cuando una madre se empeña
la cosa adelante va,
y aunque el marido no quiera,
no puede dar marcha atrás.
Y los quince de Florita
¡se tienen que celebrar!

Quinceañera
1953

Me he quedado adormilada bajo la sombra del frondoso roble, cansada del largo viaje y de las emociones de verme sola, lejos de mi familia, en un lugar desconocido. Abro los ojos sorprendida de no reconocer este paisaje de árboles majestuosos tan distintos a mis amigos de siempre. ¡Qué hermosos los terrenos que rodean a Ellis Country School for Girls, en Newton Square, Pennsylvania! ¡Cómo agradecer a mis padres la maravilla de este verano! Y vuelvo a cerrar los ojos para disfrutar sabiendo que cuando vuelva a abrirlos esta nueva realidad, con tanto por descubrir, aún me estará esperando.

Celebrar "los quince" era una especie de rito necesario en la sociedad cubana. Las fiestas eran tan variadas como las clases sociales, desde una exclusiva celebración en un club privado hasta una fiesta costosa pero no necesariamente elegante que podía tomar visos de carnaval, en la cual se elegía un tema, por ejemplo, la festejada se vestía de Cleopatra y sus catorce damitas y caballeros creaban una corte faraónica. Había, por supuesto, también fiestas sencillas y familiares.

Mis padres, que abrazaban unos valores muy distintos de los que dominaban la sociedad en la que vivíamos, no pertenecían a ningún club social. En la ciudad había varios. Dos se disputaban los mejores adjetivos en las crónicas sociales de nuestro periódico local, El Camagüeyano. Al Liceo iban los ganaderos y grandes propietarios, a beber, a jugar poker, a conversar con los amigos y a ultimar negocios. Al recordarlos, sentados en las mecedoras en el portal del lujoso edificio cercano al Parque Agramonte y a la Catedral, con amplios sombreros Stinson, botas tejanas de cuero repujado, grandes espuelas de plata y un habano en la boca, me pregunto si mi memoria, tan fiel para los detalles, no se habrá contagiado con las imágenes de las películas de cowboys, devolviéndome un estereotipo caricaturizado, pero me basta cerrar los ojos y ver las guayaberas blancas, de hilo fino, casi transparente, con alforzas diminutas, para saber que las figuras que guardo en la memoria son verídicas, aun si coinciden con otras en arrogancia, al contemplar la calle desde sus mecedoras como el dueño que contempla su heredad, orgulloso y seguro de su poder.

El Camagüey Tennis Club, junto al Casino Campestre, cerca del Instituto, era la asociación femenina. Aunque era esencialmente un club social, tenía un activo comité cultural. Por fortuna, durante mi adolescencia, algunas de las mujeres más progresistas de ese comité decidieron ampliar la audiencia de sus funciones hasta entonces restringidas a las socias del Tennis y sus familias. Así crearon una nueva institución, el Liceum, que no era club social, sino una sociedad cultural abierta a todos.

El Tennis ni siquiera estaba abierto a quienes estuvieran dispuestos a pagar sus cuotas, ya de por sí un medio de restringir los socios, pues ejercían una estricta vigilancia de la ascendencia de cada aspirante a socia, motivada por el profundo racismo característico de sus miembros.

Las personas con alguna ascendencia africana frecuentaban el Club Social Antonio Maceo. Llevaba el nombre de uno de los más grandes patriotas de nuestra historia, que al igual que tres de sus hermanos, José, Miguel y Julio, murió luchando por la independencia de Cuba, sin que eso impidiera que luego sus hermanos de raza se vieran discriminados en la república por la cual habían dado la vida.

Al acercarse mis quince años, mis padres me ofrecieron la oportunidad de que en lugar de una fiesta, mi regalo podía ser pasar un verano en un campamento. Una estadounidense emprendedora anunciaba cada año en nuestro periódico local las fechas en que visitaría Camagüey trayendo folletos de campamentos de verano en los Estados Unidos. Una vez hecha la elección, ella ayudaba con los trámites de inscripción. Ese año recibiría a los posible clientes en el Hotel Colón, frente a la Joyería El Sol, la tienda de mis padres, detrás de la cual vivíamos, y mi madre sugirió que fuera a informarme sobre los campamentos.

La idea de pasar el verano en los Estados Unidos era atractiva, pero la experiencia campestre no era una novedad para mí que había acompañado a mi padre en tantos de sus trabajos de agrimensor en el campo y había dormido en hamacas al aire libre y me había bañado en los ríos. Y además, por qué no decirlo, nunca me he distinguido en los deportes. Un arco y flechas en mis manos posiblemente hubieran sido peligrosos para cualquier pájaro descuidado de los alrededores, no por malicia de mi parte, sino por mi sorprendente mala puntería. Por todo eso, y sabiendo que el objetivo mayor para que mis padres hicieran ese esfuerzo económico era que yo aprendiera inglés, le pregunté a la señora si no habría algún colegio que ofreciera cursos de verano.

Inicialmente no se mostró sorprendida, asumiendo que yo tenía la obligación de estudiar en el verano, pero cuando vio el entusiasmo que me ocasionaba el folleto del único colegio que representaba se quedó verdaderamente maravillada. "¿No te apena no poder ir a un campamento?" me insistía, mientras yo no lograba contener la alegría.

Los enormes árboles que aparecían en el folleto, tan distintos de mis queridos amigos de infancia, eran una invitación irresistible. ¿Qué se sentiría al sentarse, como lo hacía la jovencita de amplia falda que mostraba una foto, bajo su sombra? ¿Y vivir en aquellas casitas de dos pisos, de piedra gris y tejas de pizarra, con una chimenea verdadera? Cuando vi que una de ellas llevaba por nombre Louisa May Alcott, una de mis autoras favoritas, no me quedó duda alguna de que era allí donde quería pasar el verano.

Esos meses marcaron mi primer encuentro con una sociedad distinta, vista no desde la perspectiva transitoria del turista, como había ocurrido en nuestros dos viajes anteriores a la Florida y a Georgia, sino desde la convivencia con ella.

Entre mis compañeras ese verano, unas tenían dificultad con los estudios y necesitaban recuperar alguna asignatura que no habían aprobado; otras, querían avanzar y ganar créditos adicionales para su ingreso a la universidad. Había algunas chicas hispanoamericanas buscando perfeccionar el inglés. Entre ellas, yo era la más joven y la que tenía menos dominio del idioma.

La experiencia para mí fue extraordinaria y rica en matices, unos gratos, ingratos otros, pero todos tuvieron una profunda influencia en mi vida.

En primer lugar, la naturaleza. ¡Qué deleite estar junto a esos árboles, tan distintos de los de Cuba! Hice profunda amistad con ellos, les agradecía la sombra y la invitación al ascenso, el que llevaran mi vista a lo alto y me dieran el constante mensaje de que yo, tan dada a la acción, podía aprender la esencia del ser.

Al fondo de la escuela había un pequeño cementerio. Esas tumbas directas en la tierra, con apenas una lápida, contraste enorme con las tumbas con monumentos de mármol de mi ciudad, me parecieron pacíficas y hermosas en su silencio.

Hice amistad con una chica estadounidense que me invitó a visitar su casa en los días de asueto de medio verano, para la celebración del 4 de julio. Barbara, que al año siguiente pasaría un mes con nosotros en Camagüey, vivía con su madre, su tía y su abuela, junto al río Hudson, muy cerca de West Point. Y si bien fue interesante ver ese paisaje y visitar la academia militar, lo de mayor significación para mí fue convivir con una familia de otra cultura. Esto afianzó el mensaje general de ese verano. Había mucho que ver y conocer en el mundo, y la vida de mi colonial ciudad provinciana, tan claramente establecida, era sólo una entre muchas posibilidades.

Me habían asignado dos clases de inglés. Una era estrictamente sobre Shakespeare y teníamos que leer *The Merchant of Venice*. Como yo lo había leído en español y conocía la trama, podía participar con bastante eficacia. La profesora se sorprendía constantemente de que yo pudiera entender palabras que para las demás eran difíciles, es decir, las de raíz latina, aunque no entendiera las más sencillas. Y que mi interpretación de la obra fuera superior en muchos casos, a la de alumnas que sabían inglés.

Aunque el curso no enriqueció demasiado mi conocimiento de Shakespeare, sí me dejó claro dos principios pedagógicos: el primero, que lo aprendido en un idioma es transferible a otro; el segundo, que es importante averiguar los conocimientos previos de los alumnos.

En el otro curso teníamos que leer *The Mill on the River Floss* y *Silas Maner*. Confieso que era tarea más allá de mis posibilidades, era como andar en medio de la niebla en un camino desconocido. ¡Qué diferencia si hubiera tenido acceso a los libros en español! Con cuánto gusto los habría releído en inglés… Para compensar mi falta de comprensión, la profesora me encargaba hacer una lista de las palabras que no entendía, buscar su definición en el diccionario y copiarla. Fueron listas interminables. No estoy segura de recordar muchos de los significados de las palabras, excepto quizá algunas de aquellas que tenían más de una acepción, porque necesitaba elegir la que pudiera ajustarse mejor al texto. Pero si bien estas muchas horas no aumentaron mi fluencia en el uso del inglés, sí me hicieron muy adepta en el uso de diccionarios. Poco podría imaginar entonces qué valiosa me sería, para ganarme la vida, esa habilidad en un futuro; pero esa historia, una de las más divertidas que puedo contar, queda para más adelante.

Lo que sí me dieron esas clases fue la posibilidad de comprobar que el conocimiento adquirido en un idioma es válido en otros y, a la vez, que surgen serias dificultades al estudiar contenidos académicos en un idioma que no se conoce. Como maestra en escuelas bilingües en el Perú y en mi larga trayectoria en apoyo de la educación bilingüe en los Estados Unidos, esas experiencias de primera mano han sido invaluables.

En mi extensa vida de estudiante tuve la suerte de conocer algunos grandes maestros a quienes debo una inmensa gratitud: mi maestra de sexto grado, Rosa María Peyrellade; algunos de mis profesores del Instituto de Camagüey; Sister Concilia en Loretto Heights; la Dra.

Elena Catena en la Universidad Complutense, de Madrid; Augusto Salazar Bondy en el Perú y Raimundo Lida, en Harvard. Y, claro, la inspiración de mi abuela, de mi madre y mis tías fueron los cimientos para entender los alcances que puede tener la educación, como lo fue el ejemplo inspirador de una maestra de mi hijo Miguel, Ms. Ivonne Larin, en Vetal School, en Detroit, cuyo proyecto "The One Thousand Book Classroom" he descrito en la segunda edición de mi libro *A Magical Encounter: Latino Literature in the Classroom* (Allyn & Bacon). Pero creo que mucho de lo que sé sobre educación es lo que no debe hacerse nunca, y eso lo aprendí lamentablemente en muchas de las clases en las que fui estudiante.

Hubo dos elementos dolorosos en aquel verano. El primero causado por la enfermedad de una de las alumnas hispanoamericanas mayores. Esta joven colombiana, ya con novio y comprometida para casarse, estaba haciendo unos cursos para perfeccionar el inglés. Un día, a la hora del almuerzo, fue presa súbitamente de un ataque que la hizo tirar la bandeja que cargaba y gritar de dolor.

Ese verano de 1953 debe haber ocurrido una de las últimas epidemias de poliomielitis registradas en los Estados Unidos, pues faltaba poco para que la vacuna creada por Salk impidiera sus ataques devastadores. Los niños y jóvenes de esa época sabíamos que en cualquier día de verano podíamos ser atacados por este enemigo que podía dejarnos lisiados para siempre. Aquella pobre chica fue una de las víctimas que terminó en un pulmón de hierro.

¡Cuánta pena y angustia nos produjo! Las autoridades sanitarias pusieron el colegio en cuarentena. Nadie podía entrar ni salir, para evitar una epidemia. Las comidas cambiaron por completo. Ya no nos sentábamos con una profesora en cada mesa para practicar la etiqueta, sino que en la cafetería, donde usualmente tomábamos sólo el desayuno, ahora recogíamos a la hora de cada comida las porciones ya servidas en platos de cartón. Los cubiertos eran desechables y las bebidas, leche o jugo, venían en cajitas individuales.

El horario de clases y actividades también fue modificado para que estuviéramos más descansadas. En general, los cambios me agradaron, porque me sentí mucho más libre e independiente. Sin embargo, no podía sino meditar constantemente en sus causas. Y a la vez que sentía gran pesar por la chica que había sido presa de la enfermedad, empecé a reconocer de una manera más visceral y profunda qué enorme privilegio es la vida en su brevedad.

La otra experiencia dolorosa tuvo causas distintas. En mis dos breves viajes a la Florida había visto la discriminación contra las personas de herencia africana. Pero había sido una apreciación a la distancia.

En Ellis Country School no había ninguna alumna con herencia africana. A las hispanoamericanas, que éramos muy pocas, nos trataban con la mezcla de cortesía e interés que se le brinda a algo exótico. En ningún momento sentí muestras de discriminación hacia mí; si las hubo, no supe reconocerlas. En cambio, qué dolor me causaba ver que había dos chicas a quienes otras maltrataban. Si no había algún profesor delante, a aquellas alumnas les hacían gestos despectivos; llegué a ver que las empujaban haciéndolas tropezar e, incluso —me da dolor el sólo mencionarlo— escupían a su paso.

Yo imaginé que se trataba de rencillas personales, pero cuando le comenté a una de las chicas hispanoamericanas cuánto me disgustaba aquello, ella, igualmente disgustada, me explicó que las trataban así porque las chicas eran judías.

¡Cuánto hubiera querido en ese instante poder expresarme elocuentemente en inglés para salir en su defensa! En la próxima ocasión usé mis únicos medios de comunicación, con miradas y ademanes de censura para las denigrantes; pero al ver que no me hacían caso alguno, busqué algún aliado que pudiera conseguir lo que yo no podía.

En la oficina central de la escuela había conocido a la *Registrar*. Éste es un cargo que goza de gran respeto en las universidades norteamericanas y en los pocos colegios selectos donde existe. Quien lo ocupa tiene a su cargo la admisión de los alumnos y el registro de sus calificaciones, y es la persona que otorga los certificados de estudios. En Ellis Country School la *Registrar* era una mujer encantadora, que había hecho el esfuerzo de conversar conmigo en varias ocasiones y, pese a mis limitaciones con el idioma, había logrado que nos comunicáramos.

A ella le confié mi preocupación y mi dolor por lo que había presenciado. Fue la decisión acertada. Me explicó que era cuáquera y que el grupo humano al cual pertenecía, apoya el respeto a los seres humanos y propicia la paz por sobre todas las cosas. Me explicó que ella había insistido para que se admitiera a esas alumnas, que eran las primeras niñas de familias judías que asistían a la escuela y me agradeció el hacerle saber lo que estaba ocurriendo, asegurándome que se ocuparía de la situación.

Entonces me invitó a una reunión de la comunidad cuáquera. Aunque la escuela no auspiciaba ninguna religión, en su propio terreno había un *meeting house* o casa de reunión cuáquera. Allí pude observar cómo en lugar de escuchar el sermón de un pastor, como en las iglesias protestantes, en esa reunión tanto hombres como mujeres hablaban en distintos momentos de una manera espontánea. Aunque no entendí todo lo que se dijo, el ambiente de serenidad y solidaridad que se percibía me impresionó gratamente.

Todo esto me llevó a analizar de otro modo *El Mercader de Venecia*. Imaginar que alguien tan venerado como Shakespeare pudiera estar equivocado era como un anatema, sobre todo viniendo de una chica como yo. Sin embargo, me daba cuenta de que su caracterización de Shylock no era necesariamente la de un individuo —en todos los grupos humanos hay gente de toda clase—, sino que se basaba en que el personaje pertenecía a un determinado grupo, es decir, un estereotipo. Aunque no conocía la palabra, sí entendía el concepto. Y sentía que, al no decirse nada en clase al respecto, se estaba aceptando esa discriminación que yo había visto manifiesta.

Busqué a la *Registrar* con esta inquietud. La vi muy preocupada. La profesora que dictaba el curso sobre Shakespeare era una mujer mayor, de carácter difícil, que obviamente se consideraba muy superior al resto de los profesores, quienes la trataban con mezcla de gran respeto y algo de temor. Observadora de los seres humanos y de sus relaciones, como fui desde niña, yo la había imaginado como el dragón que regía sobre la escuela.

Pero la convicción sobre el respeto humano de aquella mujer diminuta y gentil, era tan grande como la arrogancia que le daban sus conocimientos literarios a la profesora. No sé cómo lo consiguió, pero en la siguiente clase, la profesora hizo unas declaraciones sobre la necesidad de entender que Shakespeare estaba respondiendo a ideas comunes en su época y que, claro, no debía entenderse como una acusación a todos los judíos.

Aunque me alegró ver que al menos se tocaba el tema, para mí no era suficiente. Aquella simple explicación no me parecía bastante para contrarrestar las acciones que había visto.

Mi incomparable padre me había prevenido de la necesidad de no juzgar a un grupo de personas por las acciones de un individuo. Como tantas de sus enseñanzas, ésta se asentaba en un ejemplo concreto.

El previo dueño de la relojería-joyería que mis padres compraron en la Calle de República y que llamaron El Sol, les había estafado de un modo terrible a la hora de la venta, aprovechando la falta de experiencia de mis padres en aquel campo y la confianza que depositaron en él. Una de las existencias mayores de la tienda eran las cadenas de oro, tan populares en Cuba en aquel entonces. El dueño les enseñó el valor del oro y les mostró los grupos de cadenas separadas por largo, grosor y kilates. Lo que por supuesto calló, era que en cada grupo les mostraba la única cadena que era de oro sólido, puesto que las demás eran sólo de enchape. Lo mismo hizo con las demás prendas, pulseras, anillos.

Otra estafa increíble fue la de los relojes. Todavía en aquel tiempo algunos usaban relojes de bolsillo. Había estantes llenos de estuches de terciopelo donde descansaban los relojes, unos abiertos, otros cerrados, para mostrar el diseño en la tapa. Con gran destreza aquel hombre sacó unos y otros indistintamente de los diferentes estuches, les dio cuerda e hizo que mi padre escuchara el magnífico mecanismo. Sólo que cuando la tienda pasó a poder de mis padres descubrieron con asombro que la mayoría de aquellos relojes eran sólo tapas vacías.

Por último, el día antes de entregar la posesión de la tienda, hicieron un inventario de la mercancía. Todo estaba tan bien arreglado, tan bien marcado, que fue muy fácil comprobar que todo lo que estaba apuntado estaba en los estantes y anaqueles. Después de cerrarlos con llave, el Señor Isaac Tuñick entregó con gran solemnidad las llaves a mis padres. Esa noche sería la última que él y su familia dormirían allí pues a la mañana siguiente partían para los Estados Unidos. Mis padres les despidieron con todo aprecio, sin poder sospechar que las llaves tan solemnemente entregadas tenían duplicados, y en los días siguientes fueron descubriendo día a día la magnitud del engaño. Por ejemplo, las bandejas de anillos seguían llenas, pero los que aparecían allí tenían mucho menos valor que los inventariados. Cada manojo de cadenas tenía ahora varias menos de lo que indicaba la etiqueta tan cuidadosamente escrita.

La estafa no sólo creó una situación económica muy difícil para mis padres, quienes empezaron un nuevo negocio teniendo que superar una pérdida significativa, sino que causó un profundo dolor moral a mi padre que siempre esperaba de los demás una conducta tan honorable como la suya.

Sin embargo, temeroso de que yo pudiera caer en el error de culpar a otros por la acción de una persona, se preocupó e insistió en decirme que en todos los grupos humanos hay gentes de todo tipo.

—Tú sabes bien que hay cubanos que son ladrones —me dijo. —¿Cómo te sentirías si alguien dijera que todos los cubanos son ladrones? Y continuó: —Lamentablemente hay cubanos que se dejan llevar por la violencia y todos los días oímos de algún nuevo crimen horrible. ¿Debe por eso decirse que así son los cubanos?

Y para enfatizar aún más su enseñanza me hizo reparar en otros comerciantes de la propia calle de República, que compartiendo un origen común con el Sr. Tuñick, eran excelentes personas, como los Goldstein, cuya hija Dora fue mi compañera en el Instituto, o los padres de Salomón Glinski, que vivían para su hijo, un chiquillo pelirrojo que ya daba muestra de que podría llegar a ser un gran violinista. Y luego me hizo ver qué admirables eran esas familias, que debieron abandonar sus países de origen y hacer enormes sacrificios para sobrevivir en un país desconocido. Nosotros teníamos una casa entera detrás de la joyería y, en cambio, tanto los Goldstein como los Glinski, tenían apenas una habitación detrás de sus establecimientos de ropa. Y, sin embargo, sus hijos eran alumnos excelentes aunque estudiaban en un idioma que no era el suyo.

Y mi padre me aseguraba que en la vida encontraría muchos más Goldsteins y Glinskis que Tuñicks, y que debía saber distinguirlos, así como tendría que saber distinguir entre unos cubanos y otros.

En Ellis Country School seguí sintiendo que la escuela instruía pero no educaba, como se había esforzado por hacerlo mi padre, y que el tema más importante de aquel verano se quedaba fuera de las discusiones de clase. No obstante, la lección no dada, se me quedó prendida para siempre en el alma.

¡Cuántas expresiones de discriminación he visto a lo largo de la vida! ¡Qué mal endémico es denigrar a quien es diferente de nosotros! Este horror a la diferencia que lleva a despreciar o ridiculizar al otro, a hacerle blanco de burlas, de golpes o de balas…

Y cuánto me molesta que al tratar estos temas, la gente hable de lo "políticamente correcto", que es igual a "la hipocresía". No se trata de ser "políticamente correcto", sino de no necesitar serlo porque la igualdad se siente como una verdad inconfundible.

Todavía no tenía clara conciencia, en aquel verano de 1953, del horrible Holocausto realizado por los nazis durante la Segunda guerra mundial; tema que jamás se trató en ninguna de mis escuelas, aunque había ocurrido hacía apenas unos años.

En aquel verano, bajo los árboles frondosos, en el paisaje bucólico, aquellas acciones de parte de jóvenes que lo tenían todo para ser felices y gratuitamente humillaban a otras, me resultaban no solamente abominablemente dolorosas sino incomprensibles, y dejaron en mí unas semillas de inquietud que germinarían a lo largo de mi vida, en un compromiso con la educación anti-racista y la creación de una realidad inclusiva y equitativa. Asegurar la dignidad de todos es el medio para llegar a ser verdaderamente humanos.

3

· ·

En Cuba se conocieron mis abuelos maternos, él, español, montañés; ella, camagüeyana. Decir que se enamoraron sería reducir la profundidad de la relación intelectual, espiritual y amorosa que se produjo entre ellos.

Comparto a continuación dos poemas escritos por él, del libro *Jornadas líricas*. Dan un atisbo de esa relación que los trascendía y nos inundaba a todos los que viviendo a su lado pudimos percibirla.

Derrota deseada
MEDARDO LAFUENTE RUBIO

Sobre recio corcel, blanco y brioso,
se detiene a tus puertas un guerrero;
es luchador impenitente y fiero
y en las lides fue siempre victorioso.

Ni es apuesto, ni es rico, ni es hermoso,
es un marcial, que guerrea por el fuero
de lo bueno, lo justo y lo sincero
y que llega a tus plantas fatigoso.

Quiere descanso entre tus lindos brazos,
nuevos ardores de tus claros ojos,
de tus caricias nuevos embelesos;
quiere romper sus armas en pedazos,
quiere humilde ante ti verse de hinojos
y al fin ser derrotado por tus besos.

Muñeca, sultana y diosa

[fragmentos]
MEDARDO LAFUENTE RUBIO

Corazón,
la de altruista ilusión,
la que sabe sentir la justa idea,
la que sabe portar la excelsa tea
que irradia los conceptos más amenos,
¿sabes si una noche
rompiendo en sueños el ingrato broche
de la imaginación,
te hallé ideal de pensamientos buenos
y en tus ojos serenos
supe encontrar nobleza,
cultura extensa y aversión al mar,
y rendirme por siempre a la belleza
de tu alma sin igual?

Muñeca,
la de ingenua sempiterna mueca,
la de los ojos claros
y de rostro infantil;
¿sabes si en un bazar de objetos raros,
juguete de marfil,
alguna vez siendo yo niño
te vi y me encapriché por tu cariño?

Sultana,
gitana,
¿fuiste alguna vez
Scherezzada?
¿Recuerdas si allá en Fez
recreaste con tu idea exaltada
a algún sultán soez
de la vieja ciudad torrealmenada?

Pagana diosa:
¿tú sabes si ha nacido mi deseo
viendo tu estatua hermosa
y desnuda,
de piedra pálida,
de piedra a un mismo tiempo fría y cálida,
cantante y muda,
en el divino puerto del Pireo?

[...]

Yo no sé
si te amé o te soñé.
Mi ilusión
te encuentra hermosa.
Corazón:
hoy como ayer te amaré
Muñeca, Sultana y Diosa.

"Mi cada vez más querida Mía"
1950

Por años había pedido a mis padres que me dejaran tener los libros de la biblioteca de mis abuelos que todavía quedaban en la Quinta. Geraldina, la viuda de mi tío Medardo, había reclamado las mejores colecciones, los libros encuadernados, las joyas bibliográficas de mi abuelo, para su hija Nancy, que era todavía una bebé, aduciendo supuestos derechos del único hijo varón. Mi madre y sus hermanas habían accedido, como hubieran accedido a cualquier pedido, porque todo les parecía insuficiente para la sobrina que había perdido a su padre.

Los libros que quedaban, y una gran cantidad de papeles, estaban encerrados en cajas de madera en un altillo en el cuarto que llamábamos "de la escalera", pues en él se encontraba la amplia escalera que subía a "los altos", como llamábamos al piso superior. Tenía la esperanza de encontrar entre ellos algo que me acercara más a la imagen de mi abuela joven. Porque si bien era raro el día que en casa no se hablara de una o de otra forma de los abuelos, en que no se recordara alguna anécdota de sus vidas, éstas se referían casi siempre a su vida última, en familia, después del nacimiento de mi madre y mi tía, pero poco, demasiado poco, sabía del idilio que tan hermoso entreveía en los poemas de él.

Mi padre, complaciente, decidió crear un lugar en que pudiera tener los libros. Hizo una construcción que dividió en dos secciones. Una era el garage, la otra, una casa de juegos para mi hermana Flor, a la que puso Villa Florecita.

Un día de Reyes la encontró ella toda amueblada, sala, comedor, dormitorio y cocina con mueblecitos, hechos a la medida de una niña de seis años, para que pudiera sentarse en ellos. No sólo mi madre y yo, también algunos amigos a quienes les encantó la idea, habíamos buscado todo tipo de vajillas y utensilios que, siendo pequeños, fueran a la vez utilizables.

Detrás de Villa Florecita había una habitación adicional y otra detrás del garage. Ésa pasó a ser mi biblioteca. Papá le puso estantes a todo lo alto y ancho de las paredes. Yo le reclamaba cada día que trajéramos los libros y por fin, una mañana soleada fuimos a buscarlos. Como las cajas de madera en que estaban guardados eran muy grandes para moverlas llenas de libros y papeles, mi padre decidió abrirlas en el lugar donde estaban y vaciarlas allí.

La apertura fue bastante traumática, no sé si para los demás, pero sí para mí. Yo guardaba vivo el recuerdo de la biblioteca de mis abuelos, precisamente en aquel cuarto de la escalera, con estantes repletos de libros, una amplia mesa en el centro, el escritorio de mi abuelo con su preciosa escribanía, la lámpara azul que encantaba a la sensibilidad modernista de mi abuela.

Y ahora, todo aquello se había reducido a estos montones de libros y papeles. En el momento de guardar los libros estoy segura que quienes lo hicieron pensaban que ofrecían una protección perfecta, pero durante el tiempo transcurrido habían sido invadidas por ratones, trazas, polillas y hasta cucarachas. Los libros estaban todos cubiertos de un polvillo resultante de la ingestión de papeles y forros por parte de aquellos animalejos.

Mi padre y quienes le ayudaban fueron bajando en brazos aquellos restos de lo que había sido la biblioteca. Con ellos llenaban un par de carretillas con las que dimos varios viajes para llevarlos a la Quintica.

¡Qué espectáculo aquel! Creo que mi pobre abuelo, tan amante del Caballero de la Triste Figura, hubiera llorado y reído a la vez con esta escena de realismo grotesco. Sus libros amados, cuidadosamente adquiridos, prolijamente conservados, su orgullo de intelectual y de bibliófilo, ahora daban tumbos en una carretilla bajo el cielo tropical y las ramas de los framboyanes. Más de una vez, a un tropezón de la carretilla por aquel camino de tierra, en uno de los múltiples viajes que tomó el trasladar tantos volúmenes, algún serio tratado de filología, algún sesudo libro de sociología, un compendio de historia universal, un libro esotérico para maestros masones o un delicado tomo de versos, salía despedido por el aire y caía en el polvo del camino.

Y de este modo sanchesco llegaron a mis manos ávidas los volúmenes soñados.

La mayoría de aquellos libros estaba más allá de mi alcance, aunque rescaté de entre ellos y leí con avidez las obras de Blasco Ibáñez y de doña Emilia Pardo Bazán. Había entre los libros, sin embargo, un tesoro que nadie había anticipado. Y casi lo único que sobrevive de todo aquello en manos de la familia.

Entre los muchos papeles —borradores de artículos periodísticos, de discursos, de ensayos, trabajos de alumnos, notas de todo tipo e innumerables artículos de periódico—, encontré un manojo de cartas. Estaban atadas con una desvaída cinta blanca y en cuanto las tuve en las manos sentí una sensación profunda del amor con que habían sido conservadas. No me sorprendió mucho encontrarlas —eran la respuesta a mi esperanza.

Eran las cartas que Medardo escribió a Lola en 1910, cuando apenas empezaban a conocerse, y más tarde en 1917, cuando ya eran padres de dos niñas. Algunas de las páginas habían sido mordisqueadas por los ratones, en otras el papel se ha vuelto amarillo y quebradizo, pero son todavía legibles.

La primera lectura de las cartas produjo una emoción intensa en mi alma adolescente. No me cabía duda del cariño entre mis abuelos. De pequeñina me colocaba entre los dos para disfrutar la emanación de los sentimientos entre ellos, que era tan real para mí como la tibieza del sol sobre la piel o la frescura de la brisa. Además. había leído y memorizado los poemas de mi abuelo, muchos de ellos inspirados por esa misma profunda comunión entre ellos. Las cartas, sin embargo, le añadían un toque de romanticismo, a ratos melancólico, a ratos inflamado.

Las cartas estaban escritas en papeles diversos, muchos de ellos con membrete de distintos periódicos o de hoteles. Era sólo la mitad de la correspondencia, las cartas de él, pero en realidad era la parte más valiosa para la adolescente que era cuando las leí. Tenía alguna idea de lo que podría sentir una mujer enamorada, pero ¿qué diría un hombre en esa situación real, concreta?

He preguntado alguna vez en broma a Peque Balbona, mi primo psiquiatra, cómo es posible que la psicología no haya creado un nombre para quien se enamora de su abuelo. Porque sé que sentada en un banquillo en aquel pequeño cuarto repleto de libros y papeles apolillados, leyendo con fruición aquellas cartas, en una tarde calurosa, me enamoré de mi abuelo.

Las cartas comenzaban con formalidad "Muy distinguida señorita" y las primeras eran sólo sobre la revista que ella dirigía y en la cual había comenzado a colaborar él. Luego empieza cierto juego alrededor del posesivo que puede aplicarse a la revista, "suya" o "nuestra" y el encabezamiento va volviéndose más familiar hasta llegar al: "Mi reina, mi diosa, mi sultana, mi muñeca". Van revelando también el temperamento complejo, a ratos melancólico, cargado del dolor de la pérdida en plena adolescencia, de la madre idolatrada y admirada, de los previos fracasos sentimentales, de la lejanía de la patria; a ratos el tono es violento, protestando enérgicamente contra injusticias del mundo político que se vivía en Cuba y la actitud pusilánime de muchos periodistas; a ratos, se entregaba a la dulzura de ella, requiriéndola, rogándole, casi como un chiquillo, que comprendiera su pasión. Ensalzándola, una veces, ofreciéndose como paladín, otras; siempre, siempre, respetuoso de ella. Incluso cuando ella, en reconocimiento a la riqueza intelectual de él, llega a pedirle que sea su maestro y él responde que ella no necesita maestros, que puede seguir aprendiendo como hasta ahora lo ha hecho, pero que aprenderá desde la fuerza de su propio intelecto no del de nadie más, aunque sí, juguetonamente, le añade que estará dispuesto a enseñarle algunas cosas en el terreno del amor.

Después de aquella lectura apasionada me embargó el sentimiento de que había penetrado en un espacio íntimo, que desde ese momento viviría atesorado en mí. Nunca, hasta hace muy poco, volví a leer las cartas; pero las he llevado siempre conmigo en este largo deambular por distintas tierras del mundo. Cuando fui a estudiar a España, las llevé, para sorpresa de mi madre, puesto que era muy poco lo que podía trasladar conmigo en una maleta. Y porque las llevé a España siguen en mi poder; todo lo demás de aquella biblioteca se ha perdido.

Conmigo viajaron de regreso a los Estados Unidos y luego fueron conmigo al Perú. Cuando viajé como scholar del Radcliffe Institute de la Universidad de Harvard a Massachussets, me acompañaron para regresar conmigo a Lima al cabo de dos años. Y me han acompañado en Atlanta, Georgia; en Detroit, Michigan; en las afueras de Chicago, Illinois y en los distintos lugares de las cercanías de la Bahía de San Francisco donde he vivido.

El año pasado, deseosa de compartirlas con el resto de la familia y algunos amigos, me dediqué a transcribirlas para publicarlas en un volumen de pequeña tirada, que titulé *Mi cada vez más querida Mía*, utilizando una de las frases de sus encabezamientos.

Transcribir las cartas no fue tarea fácil. La letra de Medardo, aunque a ratos puede ser muy artística, también puede ser difícil de desentrañar cuando escribe de prisa, y así fueron escritas muchas de las cartas. El papel de casi todas es muy delgado, como el que se usaba para correspondencia aérea, y escribía con pluma mojada en tinta de un tintero, una tinta que se ha extendido en el papel que la ha absorbido. Como además, a veces escribía por ambos lados del pliego, me sentí a ratos como si estuviera tratando de leer un palimpsesto.

Pero tengo que confesar que el esfuerzo para transcribirlas, y la lentitud del proceso, lo hicieron aún más entrañable.

Las copié durante un periodo en que estaba sola en casa y me entregué tanto a los personajes y sentimientos, que me pasé días sin salir ni siquiera a la puerta de la calle. Haciendo caso omiso de que conozco el desenlace de la historia, me sumí en las cartas de tal modo que su presente se hizo el mío y seguía los avatares del encuentro casi con el mismo delirio con que fueron escritas... ¿Conseguiría por fin él vencer la resistencia de ella? ¿Podrían conciliar sus mundos tan distintos?

Como sólo contaba con unos trozos de la historia —pues faltan las cartas de ella y las conversaciones entre ambos a las que las cartas aluden, pero no describen— iba imaginando el contenido de aquellos momentos de conversación furtivos y de las cartas de Lola. Podía comprender la reticencia de ella, tan patriótica, a establecer relaciones con un español, cuando hacía apenas doce años que Cuba se había independizado de España. Viviendo en una ciudad tan colonial y conservadora, donde las mismas familias han convivido por siglos, ¿cómo confiar en un periodista llegado de Madrid, bohemio, sin familia ni arraigo en Cuba, y que además le hablaba de sus previos amores? Y además, ella de un feminismo tan decidido, ¿iba a dejarse vencer por un hombre que le hablaba de pasión? "Hombre, no te necesito", cita él que le dijo alguna vez, para aclararle que le recibía como espíritu afín, pero no como persona que viniera a despertar en ella sentimientos carnales.

No importa cuántas veces me dije que no debía sufrir temiendo que ella terminara no aceptándolo, puesto que mi propia existencia es prueba del fruto de esos amores. Y me mantuve en vilo hasta transcribir la última palabra.

Siempre me ha conmovido el poema "Mis dos abuelos" del gran poeta cubano, camagüeyano, Nicolás Guillén, en el que describe que en su sangre se encuentran sus dos abuelos, el hacendado blanco y el hombre africano que tiene por esclavo. Alejados primero, poco a poco, dentro de sus venas van acercándose hasta terminar fundidos en un abrazo. Y en esos días de silencio exterior, en que en mi entorno sólo se oían las voces tanto tiempo encerradas en esas cartas, en algún momento tuve la sensación indescriptible de que de algún modo real en mi sangre seguían viviendo Medardo y Lola y de que en ella sigue vibrando su pasión y su amor.

¡Oh, los misterios que encierra nuestro cuerpo! Si ese extraordinario ADN que se empieza a desentrañar, puede encerrar dentro de sí códigos tan precisos que determinan los detalles más mínimos de nuestra constitución biológica, es posible que también arrastren consigo no sólo la marca de un lunar, o un tipo de pelo, o una propensión a una enfermedad, o un talento especial, sino que conserven la carga de las emociones profundas. Carezco de los conocimientos científicos para saberlo, pero me ilusiona pensar que en esa mitad de mi sangre y de mis genes que viene directamente de ellos, Medardo y Lola siguen viviendo en una identificación total del uno con el otro.

4

· ·

*L*as cartas han ejercido siempre una gran fascinación en mí. Mucho antes del descubrimiento de las escritas por mi abuelo, de las que he hablado, los sobres y su contenido inexplorado me atraían grandemente.

Mi madre, que me dedicó horas preciosas en mis primeros años, inventó para distraerme, cuando era la única niña en la Quinta Simoni, el juego del correo. Me ayudó a fabricar pequeños sobres de papel y a recortar trozos que cupieran en ellos. Despegábamos, sumergiéndolos en agua, los sellos usados. Me dio un viejo bolso para guardar mis materiales: sobres, papelitos, sellos y goma de pegar. Con ellos iba en busca de cada uno de los habitantes de la enorme casona a pedirles que le escribieran una carta a alguien de la familia. Una vez recogidas todas las cartas, procedía a organizarlas. El escritorio de tapa correderiza de papá, tenía una serie de divisiones y funcionaba a las mil maravillas como oficina de correos. Luego, recorría nuevamente la casa entregando las cartas.

Todos los adultos se prestaban al juego y, si no me cabe duda que lo hacían para complacerme, sospecho que también les divertía, en esa época pre-Internet y pre-teléfonos móviles, mandarse unos a otros mensajes a través del cartero familiar.

Me encantaba esperar al cartero, con su gran saco de cuero remendado, y ver si subía a nuestro portal para entregar algunas de las ocasionales cartas que mi familia recibía. Si la carta venía en un sobre liviano, de papel aéreo, con bordes rojo y gualda, sabía que la enviaba el tío José Luis, desde España. Esas cartas, que se guardaban para leerlas durante la sobremesa, le daban a mi madre gran alegría y a mí me fascinaba saber de unos familiares tan lejanos a los que ansiaba conocer.

Me llenó de alegría que mamá delegara en mí contestar aquellas cartas. Informaba con gran detalle de todos los acontecimientos y me sentía muy orgullosa de mi responsabilidad como corresponsal.

No es extraño que al dejar libre la imaginación, un día me encontrara escribiendo una serie de libros infantiles en forma epistolar.

Mis libros *Dear Peter Rabbit* o *Querido Pedrín, Yours Truly, Goldilocks* o *Atentamente, Ricitos de Oro* y *With Love, Little Red Hen,* están escritos en forma de cartas que se envían varios personajes conocidos. Las cartas, llenas de alusiones a los cuentos tradicionales, van a su vez desarrollando su propia trama.

Han tenido gran significado para mí, los epistolarios de Pedro Salinas a Kathleen Whitmore y de Antonio Machado a Pilar de Valderrama, su Guiomar. Precisamente por mi gran admiración por la obra de ambos poetas, he considerado un privilegio poder sumergirme en la cotidianidad que ofrecen las cartas, de quienes luego supieron crear una expresión poética para los sentimientos que en ellas expresaron con total naturalidad.

Un amor en Nápoles
1953-1960

*L*as cartas de mi abuelo me habían abierto un diálogo íntimo fascinante —no importaba que hubiera muerto, que hubiera sido mi abuelo; en esas líneas era sólo un hombre enamorado, un hombre mayor, europeo, culto, con una vida personal muy intensamente vivida.

Este diálogo silente me alejó de toda posibilidad de enamorarme de nadie de mi edad. Había varios chicos que me expresaban admiración y la acepté agradecida, retribuyéndola con amistad, compartiendo situaciones y entregando —hasta donde la inseguridad de mi juventud lo permitía— mi ternura. Pero sabía de antemano que no tendría historias similares a las de mis amistades, que no escenificaría sencillos cuadros idílicos en fiestecitas y reuniones, en paseos o excursiones.

Claro que esto me hacía pasar por rara ante unos, por orgullosa ante otros, pero al mismo tiempo me hacía más amiga de todos. A mí, que no tenía novio, me venían a consultar, a pedir ayuda, tanto unas como otros.

Y escuché confidencias, di consejos y proporcioné ocasiones de encuentro, alegrándome cada vez que cristalizaba algún sencillo romance, pero me lamentaba pensando que ninguno de ellos sería comparable al idilio de mis abuelos o a los que encontraba en las múltiples novelas que devoraba insaciablemente, obras de Alejandro Dumas, Víctor Hugo, Balzac, Emilia de Pardo Bazán, Blasco Ibáñez, Pereda, Fernán Caballero, Pérez Galdós, George Sand, encontrados en la biblioteca de mis abuelos, o parte de la colección de *Grandes Novelas de la Literatura Universal* que me había regalado mi padre, o en las lecturas románticas sacadas de la biblioteca del USIS, las Brontë, los poemas de Elizabeth Barrett Browning y dos libros que me resultaban alucinantes, *La tuberculosis en los grandes genios* y las *Confesiones* de Marie Baskirtself.

Y con este bagaje me encontré una tarde conversando con una chica colombiana, unos años mayor que yo, bajo la sombra de uno de los inmensos árboles de Ellis Country School.

Ambas estábamos escribiendo cartas y ella me pidió unas hojas de mi papel de cartas, porque para la carta que iba a escribir no podía usar el suyo, que era celeste.

El comentario me intrigó y le pregunté la razón.

—Es que estoy escribiéndole a un antiguo novio italiano de mi prima. Y como ella le escribía en papel celeste, desde que rompieron no puede soportar el dolor que le causa ver un sobre de ese color.

Aquella confesión me pareció fascinante. Que en esos tiempos hubiera un hombre joven capaz de sentimientos como aquel, me llenó de atrevimiento y le pregunté, sorprendiéndome un poco a mí misma:

—¿Crees que podría escribirle?

Y así envié la primera carta a Rudi Veronese, Rue Marconi 33, Napoli, Italia.

Después de enviarla me arrepentí de mi osadía. ¿Qué podía pensar aquel hombre napolitano al recibir una carta de una chiquilla desconocida? Y no me hice demasiadas esperanzas de obtener respuesta.

Para mi sorpresa, la respuesta no se hizo esperar y su contenido me dejó encantada:

Señorita Alma Flor Ada y Lafuente. "¡Cuántos y qué lindos nombres tiene usted!", comenzaba, para luego añadir: "Hay algo de ancho, hay hadas, fuentes de ríos. Las hadas que se encuentran en las míticas selvas europeas cerca de las fuentes y los ríos se llaman 'ninfas', así que todo su nombre y prenombre se podría traducir en mi idioma: Ninfa."

Y así como en las cartas de mi abuelo Medardo a mi abuela Lola, en las que los saludos cambiaron en el curso de unas cartas de "muy distinguida señorita" a "mi cada vez más querida", en las cartas de Rudi el saludo fue cambiando después de unas semanas de "Ninfa Alma Flor Ada Lafuente" a "Mi ninfa, mi consuelo, mi ninfa, *carissima* Alma y ninfa mía".

Jamás llegué a conocerle personalmente. Y en las pocas fotos que me envió, estaba tan a la distancia que no llegó a ser nunca una presencia física definida. En cambio, me enviaba numerosas postales de Nápoles y otros lugares de Italia y cuando se casó su hermana, me envío fotos de la boda y luego de los sobrinos, todas ellas muy claras y definidas en contraste con las suyas.

Pero, aun sin una imagen física que diera sustento a las palabras, me enriqueció la vida enormemente. Era europeo y bastante culto, pero sobre todo, era por lo menos quince años mayor que yo, había vivido la guerra y la posguerra y no vacilaba en compartir sus reflexiones conmigo.

Quizá las cartas de mi abuelo tuvieron mucho que ver con mi decisión de mantener esta correspondencia, quizá me halagaba que una persona con tanta mayor madurez que yo me tomara en serio. Dentro del contexto de la época, de lo difícil que era la vida en Europa en ese momento, fue muy generoso conmigo, porque no sólo me escribía abundantemente, sino que me enviaba discos, revistas, postales, todo elegido con cuidado y verdadero interés.

Nos hablábamos de amor y para mí era una pasión segura, sin riesgos. Mi madre decía que yo estaba "enamorada del amor". Y posiblemente era una excelente descripción de lo que ocurría en esos años. Y ¿Rudi? Cómo saber lo que significaba para él esa correspondencia con una adolescente apasionada. ¿Un entretenimiento? ¿Algo que le halagaba? Sospecho que en algún momento llegó a sentir también cierta ilusión. Pero aunque soñador y romántico, era un hombre realista. Y me recordaba la diferencia de edad, de circunstancias…

Yo hubiera querido que hiciera un esfuerzo porque pudiéramos vernos y, a la vez, comprendía que no le era posible viajar a Cuba. Luego, cuando fui a España, sentí que yo ya me había acercado suficiente, que a él le tocaba el resto del camino… pero lo fuimos posponiendo y mi vida tomó otro rumbo.

Por mucho tiempo, una vez que la comunicación no pudo realizarse, me quedó el dolor de haber estado tan cerca y no haber llegado a conocerlo.

Ahora, tantos años después, sólo quedan de todo ello, unas cartas que guardé siempre y que sólo ahora, al revisar muchas cajas de memorabilia en el proceso de crear este manuscrito, he vuelto a encontrar. Eso sí, siempre ha estado vivo el delicado perfume de su recuerdo. Aquellas cartas en papel aéreo, con hermosos sellos, que traían como remitente Rodolfo Veronese Cammarata, de Via Marconi 33, Napoli, fueron uno de los más preciados regalos que me hizo la existencia.

Hoy, releyéndolas agradecida, me pregunto qué sería de las innumerables mías, los únicos diarios que escribí en mi vida . No puedo evitar la congoja de no saber qué fue de la vida de Rudy y de que alguien, que me significara tanto, desapareciera como tantas otras realidades de mi vida.

5

. . . .

*L*a creciente tiranía batistiana generó múltiples protestas estudiantiles. Se iniciaban usualmente en la Universidad de La Habana y eran secundadas por muchos de los institutos de segunda enseñanza. El de Camagüey era siempre uno de los primeros en unirse. Durante mis dos últimos años de bachillerato, estuvimos de huelga con frecuencia.

Éramos idealistas y considerábamos que nuestras protestas contribuirían a crear una conciencia que movilizara a los ciudadanos a exigir la instauración de un régimen democrático. Había muchos males en nuestra sociedad, pero con ingenuidad creíamos que lo esencial era el orden político y que la democracia por sí misma, en oposición a la dictadura, crearía una sociedad honrada y justa.

Cuando se declaraba la huelga, desfilábamos con el uniforme del Instituto, llevando pancartas en las que declarábamos nuestros reclamos. No tardaba nada; la policía nos disolvía y no era raro que alguno de los chicos resultara golpeado o que incluso llevaran a algunos detenidos.

Luego, nos íbamos cada uno a casa, a esperar que la radio diese la noticia de que la huelga había terminado.

Hubo estudiantes que colaboraron con los grupos universitarios que fomentaban la insurrección. Y algunos sufrieron por ello y llegaron a perder la vida, como el director de la Asociación de Estudiantes, un joven alto y elocuente, apellidado Pérez Gayol.

Y, aunque confieso que para muchos las huelgas eran un motivo más de fiesta que de sacrificio, al verse liberados de tener que ir a clase, otros sentíamos que estábamos sacrificando nuestro mayor privilegio, la educación, en aras de un cambio que soñábamos sería el inicio de una sociedad en la que no fuéramos tan pocos los privilegiados.

Atta insularis
1954

*D*urante una de las huelgas estudiantiles, algunos profesores decidieron hacer ciertas concesiones a su habitual rigidez pedagógica, y en lugar de basar toda la calificación en dos exámenes, incorporaron proyectos que contribuirían a la nota.

Uno de ellos fue el profesor de Biología. Elegí estudiar a la *Atta insularis,* la bibijagua, un tipo de hormiga oriunda de Cuba. Había pasado muchos ratos infantiles observando a estas hormigas que caminaban en filas, llevando cargas mayores que ellas mismas como hojas de distintas plantas, como enormes velas que impulsaran diminutos veleros. "¿Van a comérselas?", me preguntaba. "Y si es así, ¿por qué no se las comen donde las cortan? Estarían más frescas…" Como no me parecía lógico que las trasladaran para comérselas, me preguntaba si serían para sus hijos; pero ¿tantas hojas grandes para unas hormiguitas pequeñinas?

El proyecto exigía que no sólo se consultaran libros sino que se hiciera algún experimento. Yo sabía dónde había un bibijagüero. Una enorme loma de tierra desmenuzada con un agujero central, como el cono de un volcán, por donde entraban y salían las hormigas.

Hoy tendríamos a Google para buscar información instantánea, aunque lamentablemente la mayor parte de la información que ofrece sobre las bibijaguas es sobre cómo destruir a estas hormigas, a las que sólo se ve como una amenaza para la agricultura.

En cambio, la enciclopedia de la naturaleza que teníamos en casa, extraordinario regalo de mis padres, no mencionaba a la bibijagua. El catedrático me consiguió acceso a la biblioteca del Instituto, usualmente cerrada a los alumnos. Allí, en un libro sobre naturaleza cubana, pude leer algo sobre estas hormigas. De inmediato me dediqué a verificarlo.

Conseguí que el bueno de Emilio Pimentel cavara en el enorme bibijagüero. ¡Pobres hormigas! ¡Qué desconcierto causamos en su ordenada vida! Pero allí pude ver su mundo: las bibijaguas afanosas que, comparadas con las hormigas comunes me habían parecido gigantes, eran en realidad enanas al lado de los guerreros de enorme cabeza y poderosas tenazas que antes nunca había visto, pero que salieron presurosos a la defensa del hormiguero. Allí pude ver los huevos y larvas y las hormigas nodrizas. Y entendí, por fin, la vida esforzada de las obreras y su incesante llevar hojas al hormiguero. No era para comerlas sino para que, al descomponerse, sirvieran de alimento al hongo que a su vez las alimentaría a ellas. Eran, en realidad, hormigas cultivadoras y las hojas que cortaban y cargaban, su abono.

Por mucho que Emilio cavó no pudimos llegar nunca a la cámara de la reina. Aunque esto dejaba mi proyecto incompleto, sentí un profundo alivio cuando le pedí que dejara de cavar.

Aquella reina me infundía respeto. Cuando alcanza la madurez y tiene que dejar el hormiguero para crear uno nuevo, llena con hongo dos grandes bolsas que tiene en la mandíbula. Sale del hormiguero por única vez en la vida y vuela hacia un lugar distante, de modo que la nueva colonia no perjudique a aquella de la que proviene. Durante el vuelo nupcial es fecundada por el rey, que morirá enseguida. Ella, en cambio, cavará un par de pequeños túneles. En uno depositará los huevos que darán lugar a las primeras obreras; en el otro, el hongo que ha traído en su mandíbula. Se arranca las alas y los músculos que las sostenían, para que sirvan como primer alimento del hongo. Ella, en cambio, se privará de comer por muchos días. Tampoco permitirá comer a las primeras obreras que nazcan de sus huevos. Su destino será traer hojas para el hongo, sin llegar a comer nunca de él. Sus propios cuerpos servirán también de alimento al hongo. Sólo una vez que éste se haya desarrollado suficientemente, probará la reina algo de alimento, y dejará alimentarse a las próximas generaciones de bibijaguas obreras. Poco a poco, el número de las obreras aumentará y su trabajo asegurará que nunca falte alimento a todo el hormiguero.

Profundamente impresionada por este ejemplo de solidaridad y sacrificio individual por el bien de la comunidad, escribí con entusiasmo mi trabajo. Para hacerlo más auténtico construí, para incluir en la carpeta —en aquellos tiempos anteriores a la abundancia del plástico— bolsas de celofán, de distinto tamaño, con muestras de la tierra del hormiguero, hongo alimenticio, hojas en diverso estado de descomposición y huevos. Añadí varios ejemplares de bibijaguas: algunos de los feroces guerreros, larvas y nodrizas y cierto número de obreras. Para que resultara más natural, y para no hacerles daño, los puse en las bolsas con tierra del hormiguero.

A pesar de mi enorme esfuerzo y las muchas horas dedicadas a este proyecto, casi me gano una suspensión.

El papel de celofán no era barrera alguna para las mandíbulas de las bibijaguas. Y a la mañana siguiente de haber entregado el trabajo, la esposa del profesor gritaba indignada cuando descubrió una invasión de bibijaguas que habían dejado sin hojas a los rosales que con tanto esmero cultivaba en el balcón de su apartamento, en un segundo piso, de la calle de Avellaneda, en el centro de la ciudad. A ese lugar jamás hubiera llegado una bibijagua si no hubiera sido por el entusiasmo que puse en mi proyecto.

¡Cuántas veces a lo largo de la vida he recordado a la *Atta insularis,* su constancia y su determinación para llevar cargas mayores que sí misma! ¡Cuánto he admirado a seres humanos capaces de una determinación semejante! Y cuántas veces me he recordado que debo vigilar mi entusiasmo para que no tenga resultados inesperados.

6

· ·

En las tierras ganaderas de Camagüey, las cercas de alambre de púas marcaban el lindero entre fincas o bordeaban los caminos para evitar que las reses se salieran a ellos.

Alguna mente clara concibió que, en lugar de cortar árboles para crear postes que inevitablemente terminarían pudriéndose, era posible plantar árboles y sujetar de ellos los alambres.

El piñón florido o piñón oloroso, un árbol de tronco recto y copa redonda, no demasiado alto, era el preferido para estas cercas vivas Cuando florece, su copa es de un ligero color rosado; semeja nieve teñida por el sol del amanecer.

Al otro lado del río Tinima había una larga guardarraya de piñón florido. Una vez que mi padre restauró el viejo puente de soberbios muros de ladrillo, abandonado desde antes de que yo naciera, me fue posible descubrirla.

Mi padre regaló a mi hermana una yegua de gran alzada, que provenía del criadero que proporcionaba caballos al ejército. Era briosa y no se dejaba montar fácilmente. Pero supo aceptar que mi poca destreza iba acompañada de dulzura, y tomó frente a mí el papel de protectora. Me dejaba montarla sin dificultad alguna y yo lo hacía con confianza total.

Así fuimos cómplices de largas escapadas. Íbamos al paso hasta la guardarraya. Una vez allí, comprendiendo su deseo de correr, le soltaba las riendas y ella se lanzaba veloz, devorando el largo camino recto. Yo compartía su entusiasmo dejando que el viento me despeinara mientras junto a mí, las delicadas flores de los piñones pasaban como jirones de nubes tenues.

Mi propio techo
1950-2005

Mudarnos a la casa construida por mi padre, que llamamos la Quintica, permitió lo que hasta entonces se venía demorando: desocupar la casa en que nací, donde también nacieron mi hermana y dos de mis primas, la Quinta Simoni.

No sé bien lo que pasó con muchos de los muebles; me imagino que se repartieron entre los familiares. A los cuatro portales de la Quintica fueron a parar los balances de la sala y yo me figuraba que, en las largas horas en que la casa estaba vacía, mis abuelos volverían a sentarse en ellos, continuando el idilio que la muerte no había podido destruir. Y en una de las paredes exteriores se colocó el enorme pizarrón, de auténtica piedra de pizarra, que había estado en el comedor de la Quinta desde que mis abuelos tuvieron el Colegio Lafuente-Salvador.

Mi madre y mi padre, después de vender la Joyería El Sol, habían puesto toda su energía en la compra-venta de inmuebles. Tenían una oficina en un lugar céntrico, en la calle de General Gómez, muy cerca de la Plaza de las Mercedes. Habían decidido parcelar parte de los terrenos de la Quinta y vender la tierra en forma de pequeños solares, ganando así un ingreso para las tres hermanas de mi madre, Virginia, Mireya y Lolita y para mi prima Nancy, que había perdido tan pequeña a su padre.

Aquel negocio de la venta de solares había comenzado mucho antes. Mi abuela Lola tuvo la iniciativa de ayudar a enfermos mentales que carecían de asistencia y cuidado. En las primeras décadas del siglo veinte, Cuba contaba con un único hospital psiquiátrico, el de Mazorra, en La Habana. Los pacientes estaban hacinados y las condiciones de atención eran infames. Algunos pacientes más afortunados, vivían recluidos en sus casas, con poca esperanza de curación. Los desposeídos vagaban por las calles.

Abuelita Lola reunió a un grupo de amigos integrantes de los centros espiritistas Fe y Caridad y Lury Estela, y les propuso la creación de la Clínica del Alma. Para llevar a cabo este proyecto, sugirió formar una sociedad anónima, El Consuelo, de la cual cada uno compraría el número de acciones que creyera conveniente. El dinero recaudado con la compra de las acciones, permitiría adquirir una hermosa hacienda que estaba a la venta en las afueras de la ciudad. A la Clínica del Alma se le asignaría la casa hacienda y algunos terrenos circundantes, así como un porcentaje de las acciones. Luego se procedería a parcelar el resto de la hacienda y la venta de los solares no sólo compensaría a los accionistas por su inversión inicial, además, les produciría ganancia.

Mi extraordinaria abuela idealista supo poner en práctica los conceptos capitalistas de la sociedad anónima para un fin benéfico. Y sus cálculos fueron precisos.

La venta de los solares, que mi padre administraba y cuya contabilidad llevaba mi madre como contribución generosa a la causa noble y al sueño de mi abuela, resultó un éxito económico. Las personas que habían acudido al llamado de apoyo a los necesitados se vieron doblemente recompensadas: después de recuperar el dinero invertido siguieron devengando ganancias anuales y a la vez vieron florecer la clínica. Allí los enfermos recibían atención médica general bajo la dirección eficaz del doctor René de Miranda, tuvieron calor humano y cuidados por parte de enfermeras y voluntarios, y el apoyo espiritual de los miembros de los dos centros espiritistas.

A lo largo de la vida, y por tener un primo psiquiatra, he podido observar distintos hospitales psiquiátricos: ninguno se ha asemejado a aquella Clínica del Alma que visitábamos con frecuencia. Era un lugar claro, con inmensos jardines y un ambiente de paz y de sosiego. A los enfermos se les trataba no sólo con respeto, sino con verdadero cariño en un ambiente de familia.

No tengo datos clínicos para hablar de la naturaleza de los distintos padecimientos y la cura de los pacientes, pero vi cómo cambiaba la vida de mucha gente, de seres antisociales y obcecados, hundidos en el dolor y la angustia, a personas de conducta normal y alegría de vivir. Lamento no poseer datos más precisos que esta humilde constatación del milagro que logran el amor y el respeto por el ser humano.

Entre las múltiples personas que apoyaron la labor que allí se realizaba recuerdo con admiración al licenciado Luis Guerrero Ovalle, un hombre exquisito que había sido gran amigo de mi abuelo Medardo;

a Luz Cebrián Ferrer, directora de la Escuela Anexa a la Normal de Maestras y a la doctora Rosa María Peyrellade, mi maestra de sexto grado, el único año escolar que recuerdo con alegría en esa escuela; al señor Francisco Lavernia, director de la Academia Lavernia y dueño de una de las dos mejores librerías de la ciudad; al juez Labrada; al señor Montoya, cuyas hijas eran conocidas educadoras en Camagüey; a Hortensia Naranjo, mujer de gran sensibilidad y a su primo, conocido por todos como Naranjito, a quien tuve la alegría de ver hace apenas un par de años, al frente del Centro Fe y Caridad, uno de los pocos lugares de mi infancia que se mantiene sorprendentemente intacto, con el mismo salón de butacas de teatro, con el mismo escenario donde de niña recité más de una vez e incluso alguna otra toqué una piececita mínima en mi medio violín, con el patio donde florecen con profusión las orquídeas y en cuya entrada está enmarcado el testamento espiritual de mi abuelo Medardo.

A lo largo de los años, mis padres habían constatado cómo adquirir con mensualidades módicas un terrenito propio donde construir una casa, cómo se efectuaba una transformación en los obreros y trabajadores al darles un mayor sentido a sus vidas. Por eso parcelaron algunos de los terrenos de la Quinta Simoni, para venderlos como solares, algunos con unas casas sencillas, construidas por mi padre, que fueran una esperanza concreta para sutituir la falsa ilusión que ofrecía en cada esquina el juego.

Al hacerse del poder con un segundo golpe de Estado el 10 de marzo de 1950, Fulgencio Batista ideó una fórmula de siniestra eficacia para mantener la adhesión de los soldados. Durante su primera dictadura en 1932, había logrado captar a las tropas a base de reivindicaciones, algunas simbólicas —como el derecho a usar botas hasta entonces privilegio de los oficiales— y otras reales —como la creación de escuelas y hospitales junto a los cuarteles—, ofreciéndoles derechos básicos pero inexistentes para gran parte de la clase trabajadora y la humilde población campesina.

En este nuevo mandato, aquellas reivindicaciones ya se sentían como derechos y la solución maquiavélicamente genial fue la de ofrecerles a los militares el derecho a organizar el juego y la prostitución.

Toda Cuba se convirtió en un enorme garito: los oficiales de alto mando regenteaban casinos en La Habana; en sociedad con la mafia, los oficiales de menor grado dirigían loterías y bingos locales; los sargentos tiraban la bolita; los soldados controlaban la charada o vendían cartones de "gallo tapado". Y los obreros se encontraban con constantes oportunidades para jugarse el jornal diario en el camino entre el trabajo y el hogar humilde, donde la mujer, desesperada de que el hombre no trajera a casa lo suficiente para el mandado diario, se dedicaba a lavar y planchar ropa ajena, o hacía frituras y empanadillas para vender a quien tuviera alguna moneda suelta. Y pasaba hambre, y día a día se doblaba sobre la batea de lavar, o sobre la lata en la que hervía la ropa encima de un fogón de leña y tosía constantemente, y después de unos años, la tos le manchaba de sangre la boca.

Y mis padres, que a diferencia de muchos de sus amigos no se resguardaban en su mundo ignorando la miseria que los rodeaba, sino que vivían conscientes de ella, decidieron darles una esperanza firme, concreta, un piso de losetas y un techo de tejas, a aquellos hombres que vivían en casuchas miserables con piso de tierra y letrina en el patio, casuchas que ni siquiera eran suyas. Su idea era que esta esperanza los ayudaría a no tirar el jornal tan duramente ganado tras el sueño de un premio ilusorio y se revitalizarían viendo que, al fin, mejoraba la vida de la familia.

Y mi padre trazó los planos: un pequeño portal, una sala, un comedor, una cocina simple pero práctica, con agua corriente, dos o tres habitaciones, un baño intercalado entre ellas, un patio en que ya no hiciera falta la letrina y pudiera servir para sembrar algunos árboles frutales y criar unas gallinas.

En terrenos de la Quinta, al otro lado del río, había un tejar donde, aprovechando la excelente arcilla camagüeyana, fabricaban ladrillos y tejas un español y sus dos hijos; una de las tantas familias exiliadas después de la Guerra Civil que encontró el camino de la Quinta, sabiendo —¿cómo lo sabrían?, ¿qué señales ocultas se lo indicarían?— que allí encontrarían asilo y apoyo.

Mi padre contrató con ellos la compra de ladrillos y tejas. Cerca había una fábrica de losetas y allá fueron mis padres en busca de saldos. Un piso de losetas se consideraba un lujo en un barrio donde la mayoría eran de tierra y donde uno de cemento era ya prueba de avance. Pero si bien mis padres compraban los saldos, porque era el único modo de no elevar demasiado el costo de la construcción, mi madre se resistía a hacerles a aquellas casitas diseñadas con tanto esmero, un piso parchado. Así que hacíamos listas de los distintos colores de las losetas que se iban consiguiendo y luego sobre papel cuadriculado, mi madre iba creando diseños geométricos para que las losetas de colores dispares se convirtieran en expresión armónica de cenefas o grecas.

Mi padre dirigía el trabajo y se aseguraba de la profundidad y firmeza de los cimientos, él mismo tiraba los cordeles que garantizaban la rectitud de las paredes y si veía que algún albañil no tenía la práctica necesaria, hundía la cuchara en el cemento, cogiendo siempre la cantidad exacta de mezcla que cubriría al ladrillo con una capa de grosor parejo. Luego de colocar un nuevo ladrillo, le daba un golpecito con el ángulo posterior de la cuchara, para asegurarse de que se asentaba firme, después sacaba su plomada y dejaba ver cómo la pared avanzaba con precisión total. Era admirable cómo sus manos, capaces de hacer complejos dibujos lineales en tinta china y los planos más cuidadosos, podían con igual soltura manejar la sierra y el cepillo, creando muebles dignos del mejor ebanista o danzar del cubo de la mezcla al ladrillo con igual precisión y arte.

Cuando hace un par de años regresé a Camagüey y fui a ver la Quintica, tuve la alegría de sentarme a conversar con Emilio Pimentel y su familia en el portal de su casa. Aunque casi nadie de mi familia queda en Cuba, los Pimentel fueron una parte integrante de mi niñez y juventud.

Emilio había sido el guardián de un aserradero que por un breve tiempo, mientras vivíamos en la calle de República, había funcionado en los terrenos de la antigua tenería. Luego empezó a ganarse la vida como lechero. Cada madrugada recogía en su araña, un carro de dos grandes ruedas pintado de amarillo, altos botijos de aluminio llenos de leche, de una hacienda cercana. En su choza, mal construida por los dueños del aserradero, la leche pasaba de los botijos a botellas de vidrio, gracias a la diligencia de su mujer, Blanca, y las dos hijas mayores.

Luego, Emilio iba a la ciudad a dejar las botellas de vidrio en las casas de sus clientes y a recoger las vacías del día anterior. Blanca y sus hijas pasaban largas horas lavando las botellas para que estuvieran listas para recibir la leche del día siguiente.

Como al desaparecer el aserradero, Emilio tenía sin ocupar las horas del día, mi padre lo empleó para que le ayudara a limpiar el terreno y, más tarde a construir la casa de la Quintica. Una vez que nuestra casita estuvo terminada, mi padre le proporcionó los materiales y le ayudó a construirse su propia casa entre el camino y el río. Y Emilio y su familia eran nuestros únicos vecinos.

Llevábamos un rato compartiendo recuerdos y contándonos el distinto devenir de nuestras vidas en el portal del chalet azul de dos pisos, que ha sustituido la sencilla casita de techo de tejas, cuando acertó a pasar por el antiguo camino, ahora convertido en calle, una anciana.

—Venga —la invitó Emilio con entusiasmo—, venga a ver quién está aquí.

Y cuando la mujer se había sentado en un banco de piedra en su jardín le dijo:

—Es la hija de Modesto Ada.

—La hija de Modesto Ada, de Modesto Ada… —repetía la mujer, como si se tratara de algo asombroso.

Y después de un momento me preguntó:

—Y ¿cómo está su papá?

Yo le expliqué, con el mismo dolor que no se irá nunca, que todavía me asfixia cuando tantos años más tarde escribo sobre ello, que papá había fallecido hacía muchos años.

Preguntó entonces por mi madre y cuando le respondí que estaba bien, me dijo con apremio:

—Tiene que llevarle mis saludos. Dígale que me ha conocido, que soy… —y después de darme su nombre, añadió— la viuda de… —y me dio el nombre de su esposo y para asegurarse de que mi madre la identificaría, añadió el nombre de su cuñado. Y entonces, mirándome fijamente, como dispuesta a una revelación importante me dijo:

—Mi marido y mi cuñado murieron. No tengo hijos. Me he quedado sola. Ah, pero ¡tengo mi casa! Que me la construyó su papá, sí señora, su papá. Y que está como el primer día. Ni goteras tengo. ¿Comprende lo que significa que tengo mi propia casa? Todas las mañanas, cuando me despierto, lo primero que digo es: "Bendito seas, Modesto Ada".

¡Cuántos elogios, alabanzas y agradecimientos he oído a lo largo de mi vida! Pero ninguna palabra me ha conmovido tanto como esa gratitud sencilla y sincera de una viuda humildísima del Reparto Simoni, que inicia el día, padre mío, bendiciéndote como yo te bendigo.

7

· ·

En una época en que los aviones de pasajeros necesitaban recargar combustible, la situación geográfica de Camagüey lo hacía el lugar indicado de parada para los vuelos entre Nueva York y Sudamérica. Esto permitía invitar a artistas de varios géneros a aprovechar la escala, permanecer un par de días y ofrecer conciertos o presentaciones.

A mediados de los años cincuenta del siglo pasado, se creó la Sociedad de Conciertos de Camagüey, bajo la iniciativa y el esfuerzo del doctor Benito Prats Respall, y gracias a ella disfrutamos de conciertos de Jasha Heifetz, Arturo Rubinstein, los Cosacos del Don, el Coro de los Niños de Viena, entre otros.

No sé de qué modo llegó a Camagüey una compañía de teatro con un repertorio de obras de Federico García Lorca. Sospecho que fue la de Margarita Xirgú, aunque no puedo asegurarlo, pero sí me consta que yo tenía de diez a once años y cursaba el sexto grado.

Mi padre, deseoso de darme toda posible experiencia cultural, decidió que debía asistir. Usualmente iba a los conciertos con mi madre y mi padre se quedaba en casa con mi hermana Flor. A él no le interesaba demasiado la música. En cambio, le apasionaban la literatura, el buen cine y el teatro, y decidió ser él quien me llevara.

Durante tres noches seguidas asistí a la representación de *Bodas de sangre*, *La casa de Bernarda Alba* y *Yerma*. No eran ni mucho menos apropiadas para una niña de mi edad. Pero oí cada palabra con una atención que rayaba en la devoción. Había oído recitar muchas veces, pero nada de lo que había escuchado tenía la claridad, el color y la fuerza de los textos de Lorca. Viví aquellos tres días como si hubiera sido transportada a una realidad nueva, pero que reconocía como propia. A pesar de lo trágico de las historias, me sentía como si hubiera encontrado el paraíso perdido… Las tres obras me apasionaron pero, sin duda, la que mayor huella dejó en mí fue *Yerma*.

Y a medida que crecía y veía cómo se transformaba mi cuerpo, me preguntaba si llegaría a ser cuna de otra carne o quedaría para siempre yermo. Es muestra inequívoca del genio de Lorca que haya podido entender de tal forma una experiencia tan femenina, aunque ya desde entonces yo intuía que había posibilidades de seguir siendo yerma aun teniendo hijos… La fecundidad que añoraba era la del propio poeta.

Desde entonces, en cada acercamiento al teatro, ya fuera escribiendo mis sencillas obras juveniles, mis obras de teatro infantil o disfrutando desde la platea de una obra bien puesta, ha habido dentro de mí un recuerdo agradecido, un himno silente a Federico.

"La Sonámbula"
1955-1956

El profesor de Biología no fue el único en sugerir que hiciéramos un proyecto de clase. La profesora de Historia de América también nos animó a hacerlo.

Recordando mi aventura en sexto grado, cuando inspirada por haber visto mis primeras obras de teatro, escribí una obrita sobre Amalia Simoni —lo primero que escribí en mi vida— y la representé con mis compañeros, se me ocurrió sugerir a algunos compañeros que hiciéramos una obra de teatro.

Estudiábamos en ese momento la repercusión en América de la historia de España. Y la primera obra que escribí fue sobre la infeliz mujer apodada por la historia Juana la Loca. Mis conocimientos eran limitadísimos por la falta de una buena biblioteca a mi alcance. Pero, en cambio, había podido observar algunas circunstancias que me animaban a desconfiar de aquel sobriquete.

Gracias a la asociación con la Clínica del Alma, había visto cómo muchas personas calificadas como "locas" en realidad tenían cura. Y de otro lado, mi padre me enseñó que para evaluar una situación es necesario preguntarse siempre quién sale beneficiado.

Con un padre, Fernando, y un hijo, Carlos, ambicionando poseer un reino que empezaba a ser imperio, y a pesar de que su madre, Isabel, hubiera demostrado que las mujeres pueden reinar, no era una idea favorecida por muchos; sentí siempre la sospecha de que la locura de doña Juana pudiera haber sido exagerada y exacerbada por quienes se beneficiarían directamente de ella.

Hoy la historiografía ve a doña Juana no sólo desequilibrada por la muerte de su joven marido, sino como una víctima de las ambiciones de su padre, primero, y de su hijo Carlos, después; ambos capaces de encerrarla y aislarla de sus otros hijos para no dejarla reinar. Así lo intuía yo, adolescente provinciana sin mayores conocimientos históricos, pero con la prueba reiterada de lo difícil que ha sido para las mujeres, y en particular para las mujeres sensibles, llegar a posiciones de autoridad. Y sabiendo a cuáles traiciones puede llevar la ambición.

Y así la trágica heroína, que por supuesto encarné, tenía mucho de enamorada apasionada, pero también de mujer vilmente traicionada por la ambición de quienes hubieran debido ayudarla. Y si sufría por la muerte de Felipe el Hermoso, sufría aún más por la ausencia de sus hijos y la crueldad de su padre y su primogénito.

Ensayábamos la obra al aire libre, en los jardines del parque llamado El Casino Campestre, que bordeaba al Instituto. Cuando por fin la presentamos, en la clase, la intensidad de los diálogos que al aire libre resultaba adecuada, hacía retumbar las paredes y no faltaron las quejas de otros catedráticos.

La profesora del curso, sin embargo, quedó tan satisfecha que nos permitió hacer otra representación. Elegí a Agustina de Aragón y todos nos sentimos héroes, porque bajo guisa de reclamar la expulsión de los franceses y la libertad de España, nos explayábamos contra la tiranía, y todos entendíamos que aludíamos a la de Batista.

Lamentablemente, los textos de aquellos mis primeros intentos de dramaturga no han sobrevivido, así que hoy no puedo sonreír leyéndolos a ocultas. Tampoco sobrevivió el texto de la siguiente obra, aunque sí poseo las fotos de la primera vez que la representamos.

Nuestro éxito frente a la clase, pero sobre todo la oportunidad para hacer una crítica social en aquellos momentos de censura, nos animó a imaginar una representación de mayor vuelo.

Habíamos llegado al final del bachillerato con una profunda mezcla de sentimientos. Algunos profesores eran excelentes: nos habían enriquecido culturalmente y habían despertado en nosotros las ansias de saber. Sin embargo, muchos de los cursos eran rutinarios y sólo exigían memorización. En Matemáticas, Física y Química, aun si los profesores conocían bien la materia, sus métodos eran tan inoperantes, que hasta los mejores alumnos recurríamos a academias particulares.

Lo que más nos preocupaba era cuán pocos de los muchos alumnos que comenzaban el primer año llegaban a graduarse de bachiller. Había razones económicas, pues para muchas familias era difícil mantener a un hijo adolescente como estudiante, pero mucho se debía a una enseñanza que los alienaba y les imposibilitaba continuar sin la ayuda de clases particulares que no podían pagar.

Todo esto nos parecía injusto. Decidimos, pues, invitar al claustro de profesores a una fiesta y presentarles durante ella una obrita teatral.

Mi padre accedió a tener la fiesta en casa, lo que garantizó la asistencia de todos sus colegas. Utilizamos como rudimentario escenario el garage de la Quintica y alquilamos sillas de tijera, para improvisar una platea al aire libre.

Así representamos la sencilla obra que titulé *La sonámbula* y que era en realidad un pretexto para compartir nuestras reflexiones. La trama tenía lugar en un colegio de señoritas, con una directora muy estricta (Gladys López). La hermana de la directora, de carácter mucho más sensible (María Herminia Adán) consintió en ayudar a una alumna (representada por mí) a encontrarse una noche con su novio (encarnado nada menos que por quien llegaría a ser el famoso escritor Severo Sarduy).

Los dos novios conversan, cogidos de las manos, sentados muy apropiadamente frente a frente en sendas sillas, bajo la vigilancia nerviosa de la chaperona. Cuando sienten los pasos de la directora, la hermana hace que el joven salga apresuradamente. Para ofrecer una razón plausible que justifique su presencia en la sala, la joven interna, decorosamente vestida con una larga bata de satén celeste, coge en la mano una palmatoria con una vela encendida, extiende los brazos frente a sí, y se pasea, con los ojos cerrados, recitando las fórmulas del silogismo: "barbara, celarent, darii, ferio… cesare, camestres, festino, baroco…"

La directora acepta la explicación de que tanto estudio le ha dado sonambulismo, pero anuncia que al día siguiente llamará al médico.

En el segundo acto, la joven aparece en la cama. Llega el médico (encarnado por José Sarduy, primo de Severo). Le toma el pulso y conversan. Como el médico es a la vez tío del novio, accede a intervenir.

El acto final vuelve a realizarse en la sala del colegio. Además de los caracteres descritos, aparecen los padres de la joven y una de sus compañeras. Y la protagonista hace un discurso apasionado sobre la educación de los jóvenes.

Hasta allí el público estaba divertidísimo. En aquel escenario pobremente improvisado habíamos conseguido un cierto ambiente de época gracias a la caracterización y vestuario de los personajes, y sobre todo de los muebles y una lámpara antigua que José Sarduy había secuestrado de la casa de una anciana tía.

A continuación de la obra, los actores nos reunimos alrededor de una diminuta mesa redonda que, dadas las dimensiones del escenario, era sólo el pie para colocar una planta. El tema del diálogo era, por supuesto, la educación. Y allí compartimos nuestras reflexiones.

Algunos de los profesores se sintieron personalmente aludidos, porque aunque no hubiéramos utilizado nombres ni identificado asignaturas, nuestros comentarios reflejaban su manera de conducir la cátedra. Mi padre admirable supo recibir sus quejas diciéndoles que el que les molestara tanto la invitación a la reflexión, no hacía sino darles la razón a los alumnos.

En mis largos años de estudiante en cinco universidades distintas, en tres países, me ha quedado muy clara la calidad académica de gran parte de los profesores del Instituto de Camagüey, y lo allí aprendido, fue una base excelente para mi educación universitaria.

Creo que precisamente aquel apasionado llamado estudiantil se basaba en la disparidad que había entre unos profesores y otros. En general, todos tenían amplios conocimientos, pero el sistema de casi todos ellos de dictar conferencias sin participación alguna de los estudiantes, sin relacionar nada de lo expuesto a la realidad inmediata, no era un método aconsejable.

Todos los que participamos en la obra estábamos entre los mejores estudiantes, pero nos quedaba claro que la mayoría de nuestros compañeros nunca se graduarían. Y eso nos parecía un crimen.

El éxito de la obrita se difundió por la ciudad. Al verano siguiente, a mi regreso de Loretto Heights College, los compañeros me sorprendieron con la sugerencia de que la representáramos de nuevo, pero esta vez en un verdadero teatro.

Llenos de entusiasmo, contratamos el Teatro Principal para un par de funciones de matiné. Y nos lanzamos a la aventura de presentar *La sonámbula* al público camagüeyano.

¡Quién iba a imaginar entonces el derrotero de aquellos aficionados! De las seis egregias, las cinco que participaron en la obra han labrado destinos muy distintos fuera de Cuba. Severo llegaría a ser un reconocido escritor y moriría muy joven en París. Su primo José Sarduy es hoy obispo en Camagüey y dirige el Seminario Provincial, donde sigue colgando la lámpara antigua que tanto contribuyó a crear el ambiente de época de *La sonámbula*.

8

· ·

*E*n Cuba, en el extremo occidental de la isla, la neblina tenue, con tonalidades de un gris perlado, se levanta para develar un paisaje de insólita belleza. Sólo en otro lugar del planeta, en China, se encuentran formaciones geológicas como los mogollones que se alzan en medio del Valle de Viñales.

Estos montículos de roca caliza, como castillos de arena que gigantes juguetones hubieran dejado dispersos por el valle, ahora, cubiertos de verdor, reciben al visitante que los observa maravillado desde la altura.

Si bajamos al Valle de Viñales, descubriremos las plantaciones de tabaco, el famoso Vuelta Abajo y los amplios bohíos de "vara en tierra", es decir, con un alto techo de dos aguas que llegan al suelo, haciendo innecesarias las paredes, que sirven de secaderos, donde las hojas, colgadas en mazos a distintas alturas, irán consiguiendo la textura deseada.

Hoy, al igual que en los días de mi infancia cuando me deslumbró por primera vez, en Viñales pueden verse campesinos creando surcos con una yunta de mansos bueyes que tiran del arado y los tabaqueros siguen el mismo proceso lento y cuidadoso para enrollar los habanos. Sólo ha desaparecido de su tribuna, sustituido por la radio, el lector que los ayudaba a pasar las largas horas de trabajo laborioso leyéndoles novelas.

Lectora de tabaquería
1950

*B*usco y busco una vez más entre los libros que llenan el pequeño estante de mi habitación, ubicado al lado de la ventana que se abre sobre el patio posterior, ventana camagüeyana que llega desde el techo hasta el piso. Un lugar perfecto para sentarse a leer. Pero no tengo ningún libro nuevo. Los de Louise May Alcott, Johanna Spyri y la Condesa de Segur, me los sé de memoria de tan leídos, al igual que los tomos de la Colección Juvenil que con tanto cariño atesoro y que de tarde en tarde, cumpleaños, Navidad, Reyes, se enriquece con un nuevo volumen. Los del travieso Guillermo, ese chiquillo de buenas intenciones y tan desacertado hacer, me hacen reír siempre, sintiéndome un poquitín culpable de que si bien no tramo travesuras como él, a veces soy igual de desacertada. Pero, ¡los he leído tantas veces! Y lo mismo me pasa con los de Salgari, Dumas, Mark Twain y Robert Luis Stevenson que poseo. Recientemente me han regalado un par de libros de Dickens. Como eran tan gruesos pensé que su placer me duraría un buen rato, pero eran tan conmovedores que tuve que devorarlos, esperanzada de ver triunfar a los buenos después de tanta desgracia... y, realmente, no tengo nada que leer.

Lo único que alivia esa necesidad insatisfecha de un libro nuevo, es leer uno de los libros conocidos en voz alta. Eso me permite saborearlos de otro modo. Tomo del estante Nicolás Nickleby y me dirijo decidida a la joyería, detrás de la cual vivimos.

En este mediodía de verano no habrá muchos clientes. Me siento en lo alto de la escalera portátil que sirve para alcanzar la mercancía de los estantes más altos —piezas de porcelana china, viejos pescadores de rostro curtido que sujetan sus cañas de bambú como si en lugar de peces fueran a descubrir secretos eternos, hermosas mujeres— (no se me ha ocurrido todavía que puedan ser representaciones de diosas) con las manos unidas, de pie sobre una flor de loto—y les anuncio a las dos vendedoras:

—Les va a encantar este libro.

Y, sin darles ocasión a que respondan, empiezo a leer.

Algún día de ese verano, alguien me deja saber que en la Vigía, no demasiado lejos de donde vivo, en el viejo Hotel Camagüey hay una biblioteca.

En toda la ciudad de Camagüey no hay otras bibliotecas públicas. He oído decir que hay una en la Alcaldía, pero es sólo para el uso del Consejo Municipal, y sé que hay una en el Instituto. Era una de mis razones para esperar con ansias ser alumna allí. Sólo que descubriré con dolor y rabia que estaba siempre cerrada y era imposible acceder a los libros.

El viejo Hotel Camagüey ya no es hotel, ni lo ha sido por mucho tiempo. El inmenso edificio colonial es uno de los mayores de la ciudad. En época de la colonia fue el Cuartel General del Ejército Español. Luego pasó ser hotel. Más tarde, la ciudad decidió que sería un museo. Y algún funcionario tuvo la desacertada idea —quizá para favorecer a alguna empresa constructora— de ponerle una fachada moderna, creando una especie de monstruo híbrido.

Afortunadamente, una vez traspasada la fachada incongruente, se entra en un patio enorme, rodeado de portales con arcos, junto a los cuales destacan los barrigudos tinajones, emblema y orgullo de la ciudad.

En un salón de grandes dimensiones, con múltiples ventanas de medio punto y balaustres de madera tallada, típicos de Camagüey, han instalado una biblioteca. Más tarde sabré que pertenece al USIS, es decir al Servicio de Información de los Estados Unidos. Hoy entiendo que era un elemento de penetración, un vehículo más de colonización cultural. Pero hoy no es entonces.

Mis ojos se llenan de regocijo. Me laten las sienes. Aprieto las manos buscando en ellas apoyo para controlar mi excitación. Libros, libros, libros. Nunca he visto tantos libros reunidos, ni siquiera antes de que la biblioteca de mis abuelos fuera guardada en cajones de madera. Ninguna de las dos librerías de la ciudad, Librería Rodríguez y Librería Lavernia, tienen tantos libros. Y éstos no están inalcanzables, detrás de la barricada de un mostrador, sino aquí, ante mí, al alcance de la mano, sin que nada me impida acercarme a ellos, leer sus lomos, tocarlos, sacarlos un poquito del estante para ver sus cubiertas...

Durante los próximos años, mientras viva en Camagüey, vendré a esta biblioteca casi todos los días y la emoción estará siempre latente.

No hay muchos libros para niños y, los que hay, los he leído ya, salvo algunos títulos nuevos para mí de Mark Twain, de quien sólo conocía *Tom Swayer* y *Huckleberry Finn*. Descubro feliz que me los prestan.

Me cuesta convencer a la bibliotecaria de que me permita llevar *Cumbres borrascosas* y *Jane Eyre,* pero cuando comprende que si no me deja sacarlos voy a terminar de leerlos de pie frente a los estantes, vence su resistencia. Serán libros favoritos de las dos muchachas,

Estrella y Chiqui, que trabajan en la Joyería, a quienes se los leo en voz alta.

En las tabaquerías cubanas, y en las que los emigrados cubanos instalaron en Tampa y Cayo Hueso en la época en que se luchaba por independizar a Cuba del gobierno español, era costumbre que los tabacaleros pagaran una cuota para contratar a un lector que a lo largo del día les leyera en voz alta libros o periódicos, mientras los dedos hábiles enrollaban las hojas curadas del tabaco para crear los apreciados habanos. Mi padre, al verme leerles novelas a las muchachas, me denominó "lectora de tabaquería".

Poco podía imaginar él entonces, que pocos años más tarde, en un momento de verdadera estrechez, leer libros en la radio, para una emisora educativa en el Perú, sería un medio de ganar unas monedas necesarias para subsistir.

Pero como ese momento lo narro más adelante, aquí quedo, a los nueve, los diez, los once, los doce años, trepada en una escalera de cuatro escalones, en las horas del mediodía, mientras la ciudad descansa adormilada por el calor, leyendo en voz alta novela tras novela, con apenas alguna pausa, cuando un inesperado comprador interrumpe la atención fervorosa de mis oyentes.

9

. . . .

En Cuba a un día de sol le sucede otro día de sol, excepto cuando llueve. Los aguaceros van punteando la existencia. Los campesinos esperan que termine el tiempo seco y lleguen las aguas para que rieguen los sembrados y la gente de la ciudad para que laven las calles y apaguen el calor. Los niños esperan las primeras lluvias para que empiece la temporada de mangos.

Nosotros ansiábamos con ilusión esas primeras lluvias. "Los mangos sólo maduran después del primer buen aguacero" , decía mi madre. "Comer mangos antes de que llueva, da disentería" , decía Coralia, quien había sido su niñera.

Por eso las primeras lluvias eran recibidas con jolgorio. Ahora sí podríamos comer la fruta deliciosa. Los mangos de mamey, de un dorado perfecto; los mangos del Caney, gordos y colorados; los mangos de hilacha, que no mordíamos sino chupábamos extrayendo la pulpa por un agujerito en la corteza, después de haberlos golpeado bien, para que estuviera blanda y jugosa.

En mis primeros años, las lluvias —tan bien recibidas a causa de los mangos— significaban también encierro, a menos que fuera un chaparrón bonachón, sin truenos ni relámpagos, a mediodía, y mamá quisiera bañarse en el aguacero.

En esas ocasiones, nos poníamos los trajes de baño, como si estuviéramos en la playa, y corríamos al patio del aljibe. Correteábamos entre los canteros de flores por un ratico y luego nos colocábamos en una esquina, debajo del chorro que bajaba desde la alta azotea por una canal de zinc.

El chorro fuerte nos golpeaba y gritábamos mientras nos llenábamos la boca de agua y el corazón de alegría.

Bautizo
1953

Mis padres no eran católicos. Y, consecuentes con sus ideas, no cedieron a las presiones sociales y no me bautizaron.

¡Qué fácil hoy, a los 69 años, escribir estas líneas! ¡Qué difícil durante toda mi infancia en el Camagüey legendario y católico vivir esta realidad!

Por más que tratara de disimular lo que a tantas personas les parecía una aberración, en cada una de las varias escuelas en las que estudié, algún niño sacaba el tema a cuentas. Lo peor es que alguien añadía que mi padre tampoco estaba bautizado y eso daba pie, a que más tarde, me susurraran: "Tu padre va a ir al infierno."

Quizá ser diferente hubiera sido más fácil si hubiera habido otros niños con quienes compartir esta diferencia. Pero los espiritistas que conocía eran todos personas mayores, amigos de mis abuelos. Sólo ahora me doy cuenta de que quizá, parte de la razón por la que el único año de la escuela elemental que recuerdo con cariño, es el sexto grado, cuando tuve como maestra a la doctora Rosita Peyrellade, pues además de ser una gran maestra compartía las creencias de mi familia. No creo que el tema religión apareciera nunca en su clase y eso debe haber contribuido a la seguridad y confianza que sentí allí a pesar de ser, una vez más, la alumna nueva en una clase de alumnos que venían estudiando juntos desde el primer grado. Además aquellos niños de la clase obrera, los únicos que por lo general asistían a la escuela pública, no tenían idea de quién pudiera ser o no mi familia, ni para ellos eso tenía significado alguno. Me aceptaban a mí por quien era.

Si tenían ideas religiosas, en muchos sería la mezcla de creencias, el sincretismo propio de las clases populares, en que los orishas de la religión Yoruba se han identificado con la iconografía católica. Ya sea que el sincretismo naciera de la decisión de los africanos esclavizados de conservar sus creencias ancestrales o fuera un hábil modo de captación de los sacerdotes, o una combinación de ambos, como resultado de esta síntesis, en Cuba al venerar a la Virgen de la Caridad muchos veneran en realidad a Ochún, la diosa de la miel. Babalú Ayé se ha sincretizado con San Lázaro, Changó con Santa Bárbara, protectora ante las tormentas, y la Virgen de las Mercedes con Obatalá.

Si alguno de mis compañeros de la Escuela Anexa practicaba un catolicismo más tradicional, lo haría de corazón, sin las consideraciones sociales de los compañeros que tuve en otras escuelas.

En Camagüey había una multitud de iglesias, la Soledad, las Mercedes, la Catedral, el Cristo, San Juan de Dios, San José, Santa Ana... Desde que empecé a ir a la escuela, había pasado delante de alguna de ellas un par de veces al día.

Las iglesias eran parte integrante del entramado social. En ellas se realizaban bautizos y comuniones. De ellas salían las procesiones con niñas vestidas de blanco y alas de plumas en la espalda. A ellas entraban las novias de largo velo y su cortejo nupcial. Y los domingos por la mañana en ellas se reunían las familias, a las que luego se veía saludarse en los parques que había frente a casi cada iglesia. Sin embargo, yo había vivido catorce años sin haber entrado nunca en una iglesia católica. Las había visto en películas y en imágenes, pero, ¿cómo sería entrar en una de ellas? Algo tan aparentemente sencillo era una inquietud inmensa para mí.

Hasta que un día, al pasar una vez más frente a la iglesia de la Soledad, no pude contener la curiosidad. Y después de mirar furtivamente, asegurándome de que no había nadie conocido en los alrededores, di el paso decisivo. Subí los escalones que me separaban de la acera y entré en el templo masivo, construido para servir tanto de casa de oración como de refugio contra piratas.

Contuve la respiración esperando las consecuencias de mi acción, que imaginaba sacrílega. ¿Caería fulminada por un rayo por atreverme a entrar a aquel templo sin estar bautizada? ¿Me increparía el cura párroco aquella intromisión? Me mantuve un rato en la puerta. Al ver que no ocurría nada, me adentré en la nave oscura. Sólo que entonces comprendí mi error. Las pocas mujeres arrodilladas ante algunos de los altares, llevaban cubierta la cabeza. ¿Cómo se me había ocurrido a mí que podía entrar con la cabeza descubierta? ¿No había observado tantas veces cómo cada mujer que entraba al templo se cubría con una mantilla, un velo o un pañuelo de cabeza? ¿No las había visto quitárselos al salir?

Me di la vuelta y en un instante me encontré en la acera, pretendiendo que nunca me había apartado de mi camino. Pero volvería. En mi casa no había velos ni mantilla, pero sobraban pañuelos.

La fascinación por pasar tiempo en las iglesias tomó dos vertientes. Como templo prefería el de las Mercedes. Es una iglesia amplia junto a un convento de clausura de padres carmelitas descalzos. Una de las enormes puertas laterales comunicaba con el claustro del convento. Para darle luz y aire a la iglesia, esa puerta se mantenía abierta, aunque tenía adosada, como especie de celosía tropical, una persiana francesa. Por entre las tablillas inclinadas se podía entrever el claustro. Mi lugar favorito era junto a esa puerta. Dividía mi atención entre el altar mayor con su Virgen de las Mercedes y aquel claustro que me seducía. Cuando unos años después descubriera a Machado, comprendí que mi identificación con él había comenzado con las miradas furtivas a la fuente de aquel claustro donde, como en sus poemas, "el agua verdinegra resbala en la piedra".

La iglesia de la Soledad me ofrecía un atractivo distinto. Una vez que me sentí cómoda explorando el interior de nuestras iglesias, un día descubrí que la puerta del campanario estaba abierta. ¡Qué invitación aquellos escalones carcomidos e inseguros, teñidos de blanco por las palomas que por años habían hecho del campanario palomar! Nadie los subía, porque las campanas podían tañirse desde abajo, según atestiguaban las gruesas y largas sogas. Eso explicaba que algunos peldaños estuvieran casi desprendidos. Pero, sin importarme para nada el peligro, fueron muchas las veces que los trepé, más que subí, pues en dos o tres sitios tenía que alzarme agarrada del pasamanos, cuando el escalón no ofrecía apoyo alguno.

Camagüey, mi tierra arcillosa y ganadera, es una planicie. Y en mí vivía una necesidad de ascensión, de mirar desde lo alto, oteando horizontes imposibles de ver, pero que aquella altura me permitía al menos imaginar, más allá de los antiguos tejados cubiertos de moho y musgo, y de las varias cúpulas y múltiples campanarios de la ciudad.

Quizá todo empezó como una búsqueda casi física. El gozo del silencio en contraste con el bullicio de la calle, donde el ruido de los motores sin tubos de escape y los cláxones insistentes competían con los radios a todo volumen. El frescor acumulado por aquellos anchos muros de piedra, en contraste al calor sofocante; el aroma del incienso, tan distinto a los olores de manteca frita, de grasa de motores, de zanjas abiertas en algunos callejones. Y el deleite en la música que el organista de las Mercedes podía regalar a cualquier hora, aun si no hubiera misa, mientras ensayaba para alguna boda u otra ceremonia.

Tratando de analizar mi camino de entonces, me he avergonzado alguna vez de un comienzo tan superficial. Pero luego me he absuelto reconociendo que la Iglesia católica ha sabido, precisamente, emplear estos elementos: la majestuosidad de los templos, sus imágenes, en ocasiones de gran valor artístico, la música, las flores y el incienso, para captar o retener a los fieles. ¿Por qué culparme de haber corroborado la eficiencia de lo que tan bien se ha sabido utilizar?

Pero si el comienzo fue superficial, no lo fue su desarrollo. En tercer año de bachillerato me encontré con fray Luis, Santa Teresa y San Juan de la Cruz. Qué formidable triunvirato o, ¿debiera decir ejército divino?

Oh, aquella llama de amor vivo, ¿es que es posible la vida sin sentirla?

Leyendo a Santa Teresa supe, no que quería ser católica, sino que quería ser mística. Quería dejarlo todo, calzarme sandalias de cuero y seguirla al Carmelo. Y si para eso era necesario hacerse católico, pues, bien… encontraría el camino.

Mis padres siempre le achacarían mi conversión, que ellos consideraron en esos momentos una traición a mi linaje de libre pensadores, a la bibliotecaria de la biblioteca en la que pasaba tanto tiempo, pero lo cierto es que debieron habérsela imputado a las clases sobre la mística española del doctor Luis Martínez, que sospecho, ni siquiera era católico practicante.

Después de mis primeras visitas a la biblioteca del Hotel Camagüey, descubrí que allí me esperaban otras sorpresas además de los libros. La joven bibliotecaria se tomó un especial interés en mí.

Quizá porque era la visitante más asidua, quizá porque comprendió mis ansias de saber y vio que mi amor a los libros se asemejaba al suyo, lo cierto es que a pesar de que ella era una mujer profesional y yo apenas una chiquilla, se estableció entre nosotras una amistad que enriquecería mi vida en forma insospechada.

Yolanda Faggioni Nodal era una joven culta. Había estudiado su carrera universitaria en los Estados Unidos y me fascinaba que conociera íntimamente montañas nevadas y esquí, tan ajenas a mi realidad tropical, y el mundo del lejano oeste que yo sólo había visto en las películas.

Ha sido constante en mi vida la admiración por mujeres mayores que me han ofrecido su amistad, y aunque todas me han servido de mentoras en distintos momentos, cada experiencia ha sido única, irrepetible. En estos años de infancia y adolescencia, Gilda, la maestra de ballet de quien he escrito en el libro *Bajo las palmas reales* y en un manuscrito todavía por publicar titulado *Primeras páginas,* me abrió la imaginación a la vida artística, a los viajes, a la búsqueda de algo más allá del entorno cotidiano. La doctora Lar Juárez, catedrática de arte de la Escuela Normal, compartió conmigo sus búsquedas como pintora y con ella sostuve los primeros diálogos sobre lo que puede encerrar un cuadro.

Y aunque fue sólo un breve encuentro, recordaré siempre con gratitud a Graciela y Gracielita Garbalosa. Debo haber tenido unos diez años cuando estas recitadoras, madre e hija, dieron una presentación en Camagüey. No era la primera vez que oía recitar, pero la poesía que este dúo de madre e hija habían elegido —romances y poemas tradicionales, versos clásicos y poemas de Lorca— y su presentación impecable, tenían una calidad muy superior a lo que acostumbraba escuchar. Esa noche pasé muchas horas despierta, saboreando en silencio los versos, tratando de retener la cadencia con que ellas los habían declamado. Con una osadía que todavía me sorprende, a la mañana siguiente llamé al Gran Hotel segura de que sería allí donde se habían alojado y pedí que me comunicaran con ellas. Cuando les pregunté si podía visitarlas fueron muy amables y me indicaron que podía ir esa tarde. Sólo entonces le pedí permiso a mi madre para hacerlo. Lo notable es que a mi madre no le pareció nada fuera de lo común. Y con su generosidad de siempre, me envolvió un pañuelito bordado y un pomo de perfume para que les llevara de obsequio.

A la hora acordada aparecí en el Gran Hotel, al cual nunca antes había entrado. Las Garbalosa me recibieron en su habitación y pidieron que nos trajeran algo de merendar. Me trataron con infinita cortesía, como si esa visita de una niñita a un par de mujeres famosas fuera lo más natural. Recibieron mis regalitos con verdadero aprecio, me preguntaron qué poemas me gustaban y tuvieron la paciencia de oírme recitar algunos de los de mi abuelo, los únicos en mi repertorio que estaba segura no conocerían y que ellas, con gran sensibilidad, elogiaron. A su vez, me recitaron algunos versos que no habían formado parte del programa de la noche anterior. Fue una de las experiencias más extraordinarias de mi vida. Y su recuerdo me ha dejado siempre un hálito de esperanza en la vida, en la bondad humana, una certeza de que el arte puede ennoblecer y, ennobleciendo la vida, purificarla.

Y cada vez que un niño lector se me ha acercado con admiración, la generosidad de aquella tarde se ha manifestado en mi propia sonrisa, en mis palabras, y la poesía ha seguido floreciendo, transformándose en luz.

A medida que pasaron los años la conversación con Yolanda se abrió a distintos temas y uno de ellos fue la inquietud que estaba sintiendo sobre la religión. Era profundamente devota y sabía bien que mi familia no sólo no era católica, sino que se consideraban anticlericales. Como medida de prudencia, me dijo que preferiría que yo conversara con un sacerdote. Y como era muy sabia, eligió al Padre Novoa, un jesuita brillante.

Y si en las Mercedes me seducían los fervores de Santa Teresa, en la pequeña sala junto a la iglesia de San José donde se realizaban nuestras entrevistas, el padre Novoa iba deshaciendo, con admirable paciencia e inquebrantable tesón, los argumentos con que mi padre se oponía a cada nuevo razonamiento con que yo trataba de contestarle cuando, consciente de que había cobrado un interés en la religión católica, se dedicó a tratar de protegerme de la seducción que él veía claramente, estaban tratando de ejercer sobre mí.

Fueron unos años difíciles. Se me hacía incomprensible que algo que a mí me daba profunda alegría, a mi padre le causara dolor. Y queriéndolo tanto, su dolor se convertía en mi propio dolor. Sentía, además, el enfado de mi madre, quizá motivado más por el dolor de mi padre que por sus propias convicciones, puesto que años después aceptó sin dificultad el cristianismo de mi hermana y mis primas. O tal vez los golpes de la vida la hicieron más flexible.

Las premisas del padre Novoa eran presentadas tan brillantemente, que a pesar de los argumentos de mi padre no las veía contradictorias. Y así me fue llevando a aceptar que los Papas pueden cometer atrocidades y a la vez ser infalibles cuando hablan ex cátedra, que la Iglesia es el cuerpo visible de Cristo a pesar de que ha cometido crímenes sin cuento, que los errores de algunos sacerdotes (no importa cuán numerosos o reiterados) no empañan en modo alguno los sacramentos que otorgan. Sólo se me hacía imposible creer en un Dios que hubiera podido condenar al infierno a sus propias criaturas. Cuando sólo quedaba este argumento por dilucidar, el padre Novoa me dio una respuesta lo suficientemente aceptable para permitirme seguir adelante.

Como nunca he podido encontrar a ningún otro sacerdote que me la corrobore —y, como prueba de lo interesante y recurrente que puede ser la vida, he enseñado por 29 años en una universidad jesuita— imagino que quizá el padre Novoa pensó que era mejor distorsionar un poco la doctrina que perder un alma. ¡Qué buen personaje unamuniano hubiera sido mi padre Novoa! Más valía pecar él modificando la doctrina, que dejar a un alma sin convertir; debe haberse dicho este *alter ego* de San Manuel Bueno, mártir.

Lo cierto es que su argumento convincente fue que aunque los textos sagrados aseguran que hay un infierno, en ninguna parte existe el testimonio de que alguien se haya condenado.

Si yo podía aceptar que Dios hubiera creado un infierno que permanecía vacío —quizá creado para ayudar con el miedo a que nadie terminara allí— entonces él podía aceptar que merecía ser bautizada.

Una parte de mí quería seguir argumentando, porque la táctica de asustar con el infierno me parecía indigna del Amante que me había enseñado San Juan. Pero preferí, como San Juan, dejar mi cuidado "entre las azucenas olvidado". Mi alma, la Amada, estaba lista para ir al encuentro del Amado.

Además, la otra parte de mí, la que quería imitar no a la Santa Teresa con el corazón herido por el dardo de amor, sino a la Teresa activa, fundadora de conventos, quería poder unirse a la Acción Católica, a la labor social que mi gran amiga Marta, me había asegurado podríamos desarrollar allí.

Como nada de todo esto hubiera encontrado eco en mi padre, que aunque celebraba la labor social no compartía que se hiciera bajo la bandera de una iglesia responsable de crear tanta desigualdad y que no creía que pudiera encontrar mayor cercanía a Dios dentro de un templo que bajo el cielo estrellado, decidí cometer mi primer acto de rebeldía, el primero que oculté a mis padres, y bautizarme sin decírselo.

Quienes me apoyaban en el bautizo veían mi decisión como algo heroico y hermoso, que me ponía bajo la protección de los mártires que lo habían dado todo por abrazar su fe. Pero en lo profundo de mí, algo que me apartara de mi padre, que fuera para él causa de dolor, estaba teñido de amargura.

Aquel 24 de marzo de 1953, el vestido blanco se me pegaba al cuerpo bajo el inesperado chubasco tropical, dificultándome el andar, que debía ser en cierto modo cauteloso para evitar los múltiples charcos que, agrandándose por momentos, se me interponían en el camino. El pelo largo se me venía a la cara con la lluvia y no me atrevía a apartarlo porque quería proteger el grueso misal de tapas de cuero que acababan de regalarme.

Todo esto añadía tensión al momento, porque no había preparado una respuesta fácil a la inevitable pregunta: "¿Dónde has estado?" que difícilmente hubiera podido contestar con la única respuesta verdadera: "Me he ido a bautizar."

Hoy me doy cuenta de que una de las constantes de mi vida ha sido estar en desacuerdo con personas a quienes quiero entrañablemente. Y a ratos, este desacuerdo con las opiniones y posturas vitales de los demás me ha llevado a sentir una especie de culpabilidad, allí donde internamente siento un mayor regocijo, una mayor satisfacción.

En distintas ocasiones después de aquel día del bautizo, cuando regresara a casa después de estar con uno u otro muchacho, a veces conturbada todavía por haber accedido a una caricia que no brotaba de lo más íntimo de mí, me encontré recibida sin sombra de interrogación, normalmente aceptada, motivo de orgullo y complacencia familiar. Cuántas veces entré furtivamente a casa, de mañanita todavía, después de haber oído breve y sobresaltada misa tempranera, para desvestirme callada y meterme de nuevo en la cama simulando dormir, pensando que así evitaba el disgusto familiar de saberme católica, oscurantista, atrapada en el cepo de las viejas beatas que alguna vez me invitaron a un retiro y que siempre decían de mi padre: "Pobrecito, y qué hija buena que tiene."

Y, en todo momento, el interno afán de conciliar la fe personal cumplida —heroicamente cumplida casi, yendo a misa el domingo a las cinco de la mañana en Santa Ana, la iglesia más cercana, aunque no lo estaba tanto, templo viejo y oscuro, sólo algunas monjas, una que otra anciana, siendo objeto de miradas de reojo y curiosidad, en lugar de ir, mantilla blanca ondeante a la Catedral, a las doce, con todas mis amigas, coca cola y pasteles después— con el deber familiar, con la tranquilidad que merecían mis padres, que se preguntarían a lo largo de todo el domingo más de una vez, si ya no iba a misa, si ya me habría curado de eso, sin atreverse a preguntármelo directamente tampoco, permanecería por mucho tiempo.

Y aquello tenía siempre un efecto doble: a veces privaba la sensación del deber cumplido, por encima de todo, y el ligero hálito de complacencia en el sacrificio callado, ofrecido; otras, en cambio, no podía vencer la sensación del engaño y dolía la escisión, la "in-autenticidad" y me atormentaban las preguntas: ¿Quién soy en realidad?, ¿cuál quiero ser?, ¿por qué no soy libre de ser yo misma?

Y así, entré en la Iglesia católica. Y con este acto empezó otro exilio, el exilio de la confianza que hasta entonces había habido siempre entre mi padre y yo. Y esta contradicción entre un deseo de pureza y el vivirlo como un engaño, ha sido una herida abierta. Porque la muerte temprana de mi padre ocurrió antes de que hubiéramos podido hablar, y reír, sobre todo esto que se quedó salpicado de dolor, con un sentido trágico, que continuó empujándome a otros errores.

La sed de espiritualidad, sin embargo, no me ha abandonado nunca. Y el hermoso camino ha sido el de descubrirla en cualquier parte, en todo momento, en el presente; el haber llegado al silencio que permite reconocer la radiante luz de la existencia, el comprender que el mar es la gota de agua y el grano de arena, el infinito.

10

· ·

Nunca me había sentido tan totalmente libre como durante los cuatro días de retiro. Primera batalla contra el tiempo. El silencio profundo de los claustros. El suave deslizarse de las madres, de hábito blanco y celeste, como una Inmaculada, con sus alpargatas tejidas, silenciosas.

El aroma del jazmín del minúsculo jardincito, presente a toda hora, pero sobretodo a las siete, a la hora del Vía Crucis final de cada día, y que parecía clavarme allí en la silla de estera de la capilla, transformada en la esencia misma del jazmín oloroso, vueltos uno en la celebración de la majestad divina. La fragancia del jazmín, loa silente, como la silente loa inundando mi alma.

Allí, en el silencio, qué posible sentirse libre de toda circunstancia. Viviendo un mundo aparte, prístino, anterior a toda otra experiencia.

Aquel silencio era la continuación de la primera infancia. Allí quedaban olvidados los días de colegio, el sucesivo amor o temor a las maestras, el esfuerzo por poder integrarse siendo siempre la alumna nueva; allí quedaban olvidados también los momentos dichosos, un banquete de nueces y castañas una tarde, las largas horas de chupar "duro frío", el gusto de alcanzar una chirimoya del árbol del traspatio o el columpiarse, como vuelo, impulsada por las piernas desnudas, hasta el gozo mayor, el de jugar entre las olas en el mar; todo, todo olvidado, vuelta allá a los seis años, a la casona vieja, protegida por álamos y framboyanes, a la orilla rumorosa del río.

Entonces era también la manifestación de la divinidad en todo cuanto me rodeaba, hasta desaparecer una con todo.

Luego hubo muchas conquistas del silencio y con ello del tiempo. ¿Cómo se sentiría el tiempo, derrotado, allí en el silencio del templo de las Mercedes?

Ni calendario, ni relojes, ni cifra alguna. Sólo el ser, que era no sólo el mío sino de aquellas con quienes me identificaba, las que habiendo dejado de ser seguían siéndolo, allí en el silencio vencedor del tiempo.

Amalia, a quien me unía el saber que habíamos vivido en la misma casa, aunque hubiera sido en siglos distintos. A Amalia, la que después de haber besado bajo el inmenso níspero a su marido —que todavía no era el Mayor, el Bayardo, sino simplemente su Ignacio, su amado—, se fue siguiéndolo a la manigua insurrecta, a construir un nido de amor, en la espesura, primitivo bohío, una y otra vez levantado en cada campamento, pero siempre rebautizado igual: Cielo azul.

Y Tula, la valiente, la de verso indomable, que abandonara con corazón doliente su viejo Camagüey para competir en los salones peninsulares con otros vates que la envidiaron o la amaron, pero que vivió siempre en destierro doliente. Un destierro cuya evocación me producía un dolor atenazante, inconsciente premonición del que me tocaría vivir.

Y mi propia abuela, rebelde e innovadora.

Muchas veces, al salir pestañeando, heridos los ojos por la luz brillante después del largo recogimiento, un poco rezo, un mucho ensoñación en el templo oscuro, no sabía muy bien lo que encontraría afuera, y más de una vez me sorprendió encontrarme con los tranvías rechinantes, el ruido discordante de varios radios distintos a todo volumen, los gritos de los vendedores de lotería ofreciendo la fortuna en un número; cuando todavía no había regresado del todo de existir en la mayor fortuna, la del silencio.

El pozo
1953

*U*n pozo, a un mismo tiempo, misterio y promesa. Hay símbolos que parecen arraigados en nosotros desde siempre. No sabría decir cuándo empezó para mí el encanto de los pozos. ¿Quizá porque de muy pequeña tuve una lamparita de noche, Blancanieves apoyada sobre el brocal, dentro del cual alumbraba la luz tenue que calmaría, quizá, alguna vez un súbito temor nocturno? Aunque nunca sabré por qué, uno de los mayores encantos en la Quintica, para mí, era el pozo.

Brocal cuadrado, sólido, macizo, hecho como todo en la antigua quinta para desafiar a los siglos; pero, al mismo tiempo, armónico y gentil. Demasiado cercano al río para que pudiera utilizarse el agua que veíamos apenas como un lejano brillo en la oscuridad del fondo, no tenía ya uso. Pero ¡qué hermosa su presencia!

Abandonado a su silencio, los gajos de los framboyanes eran, cuando el viento los mecía, los únicos en acercarse a él, dejándole el regalo de algunos pétalos cuyo rojo encendido contrastaba con los muros cubiertos de oscuro musgo. Pero el pozo sabía también de mi alegría súbita, de cómo me inclinaba sobre él, gozosa de cierto vértigo, respirando el aire húmedo y frío, para terminar oyendo el eco de mi propia voz, de mi risa o mi grito.

Muchas veces dejamos de mirar lo que tenemos cerca, con la cierta indiferencia que va labrando la costumbre, pero con el pozo jamás fue así. No dejé pasar un solo día, en los años en que viví allí, sin dirigirle una mirada: despedida en la prisa mañanera camino al Instituto, sosegado saludo al regresar. Y nada me gustaba tanto como ver a algunas de las palomas de mi madre picoteando en el brocal o ver corretear junto a él a algún conejo que, descubierto por mí, corría tímido a ocultarse.

Y, sin embargo, convertí aquel lugar querido, en marco callado de dos de mis mayores traiciones a mí.

La primera fue a causa de los libros. Me pasaba horas, blue jeans descoloridos y sandalias con el pelo recogido en una cola de caballo y trepada en la escalera, organizando los volúmenes, como mejor entendía. La mayoría de los que logré rescatar del polvo, la humedad, las polillas y las trazas, ratas y ratones, no estaban a mi alcance: había de todo, historia, filología, sociología, política… Yo leía los títulos y miraba las páginas segura de que algún día los leería.

Había ensayos sobre la religión y el espiritismo y libros de masonería. Sabía que aquellos libros, muchos en francés y otros en español pero editados en Francia, habían conformado el pensamiento de mis abuelos. Reconocía a algunos de los autores, Camilo Flanmarion, Allan Kardec, como pilares del espiritismo.

Me preocupaban por la curiosidad que despertaban en mí, frente a la casi indiferencia de mi familia, y porque conocía la oposición entre ellos y la fe que acababa de abrazar.

Y entonces, cometí el crimen…

Comenté su existencia, planteé mis dudas, pedí consejo… Quería ser leal a la fe recién adquirida y me dijeron que la lealtad requería sacrificio, inmolación.

Me preguntaron por los títulos y me aseguraron que destruir aquellos libros sería una obra de caridad hacia otros que podrían ser dañados con su contenido, que era una acción necesaria.

Y así, en obediencia a aquellos consejos, hice caer furtivamente al pozo un par de volúmenes —aún siento cada golpe sordo contra el agua como un golpe sobre mi propio pecho.

Aunque lo hice con obediencia ciega, se creó una lucha dolorosa contra mi conciencia. Destruir esos volúmenes era desacralizar la memoria de las personas que más he querido y admirado y destruir lo que más aprecio, los libros.

Para disminuir el dolor, apelé a un artilugio. El sacrificio, era necesario hacerlo poco a poco, de uno en uno. Y comencé con los libros en francés, de aspecto grave, muchos de los cuales no habían llegado a ser abiertos…

Pero después de haber sacrificado un par de ellos me encontré que en la lista inquisitorial estaba *El Decamerón*. ¿Cómo destruir aquel pequeño volumen, preciosamente encuadernado en piel blanca, con cantos dorados, que llevaba una dedicatoria en italiano a la poetisa Aurelia Castillo?

Yo que no había buscado disculpas para seguir el consejo sacrílego de destruir libros, ahora me acallé la conciencia diciendo que como el libro estaba escrito en italiano no haría daño a nadie en mi casa, y como era un objeto tan hermoso que había pertenecido a una persona famosa, yo lo guardaría bien protegido donde nadie pudiera ser tentado por él…

Y la determinación de preservar aquel volumen dio fin a mi celo de revisar si los demás libros en los estantes estaban o no en la aberrante lista del Índice de libros prohibidos.

Unos años más tarde, en Madrid, durante la relectura gozosamente minuciosa del Quijote, al llegar a la quema de la biblioteca del manchego, lloré ampliamente reviviendo mi crimen, comprendiendo quizá por vez primera cuán largo y persistente ha sido el esfuerzo por cortarle las alas al pensamiento…

Por muchos años arrastré la vergüenza y el dolor del crimen jamás confesado. Me ha costado muchos años comprender que en esa triste historia, yo, destructora de libros a los quince años, había sido en realidad más que verdugo, víctima.

Hoy ninguno de los libros sería mío ni de mi familia. Poco sé de la suerte que hubieran corrido los pocos que destruí, como no sé que fue de los muchos que salvé ni de los selectos que mi tía Geraldina se llevó a La Habana. Quisiera creer que han terminado en alguna biblioteca, que ha habido quien supiera apreciarlos como los apreciaron mis abuelos… Pero siento la necesidad de pedirle perdón al pozo amigo, por el triste papel al que le obligué. Y quisiera soñar —porque los sueños tienen el poder de borrar las culpas— que quizá, por juego caprichoso del destino, algún joven estudiante de italiano o quizá un anciano que hablara este idioma en su juventud, se apoyó distraído en el brocal amable, mientras pasaba, silencioso, esbozando una sonrisa, las páginas de aquel pequeño tomito, el que al exigirme salvarlo, salvó también mi espíritu, y que al verlo, las aguas en el pozo, dejo amargo de tinta inocente derramada, vuelvan a sentir el frescor de los húmedos ladrillos, el roce de los musgos y helechos que crecen a ras de agua en sus paredes, y me perdonen.

El segundo crimen lo sintió el brocal, porque fue en él, recostándome a veces en su borde, sentada otras sobre él, amplia falda de seda amarilla, de desafiante tafetán rojo, de algodón blanco salpicado de "nomeolvides", que traicioné muchas veces al amor.

Y mientras el viento se cargaba del voluminoso olor, a un tiempo agrio y dulzón de los marañones, el fresco y suave de la leche de un caimito que abriera su blancura, alta caída amortiguada por el lecho de lustrosas hojas de envés rugoso, traía sonidos que eran el rumor de las altas cañas bravas y el susurro de los cocoteros; mientras en el cielo intensamente negro resaltaban las estrellas y el furtivo vuelo de un cocuyo, verde luz, ilusión de un lucero que pudiera alcanzarse con la mano, yo me rendía a la voz, sincera y juvenil, que me decía ternezas o me cantaba. Me rendía a la magia que me permitía soñar que siendo yo la misma fuera él otra persona, nadie en particular, sólo alguien que imaginaba de forma muy remota y muy distinta.

Y mi amigo el brocal se daría cuenta de que aquellos besos múltiples, repetidos, apasionados siempre y siempre insatisfechos; aprobados con alegría por toda la familia, "Es muy buen chico, de muy buena familia", celebrados por los amigos, "Al fin no sueña, vive. Ya logró humanizarse", aquellos besos buscaban afanosos la creación de un milagro que jamás surgiría. Y eran mi segunda traición.

Y, sin embargo, a pesar de mí misma, el pozo que observó mis traiciones, supo guardar su encanto. Hoy sé que aquellas traiciones me enseñaron qué fácil es traicionarse cuando se busca la aprobación de otros, no la de la propia conciencia....

Sé también que muchas cosas, jamás imaginadas, salieron de aquel pozo profundo.

Y sé más, sé que su mensaje, promesa de misterios, no ha sido aún agotado.

11

. . . .

Camagüey tenía su propia sinfonía de ruidos y sonidos. Ómnibus, autos, camiones y motocicletas dejaban a su paso el ruido de motores. Los caballos, el cascabeleo de sus herraduras contra los adoquines, mientras arrastraban pesados carros y planchas cargadas de sacos de carbón. Las radios, encendidas a todo volumen, dejaban oír noticias, anuncios de jabones: Candado para la ropa, Palmolive para el cuerpo, pasta de dientes Colgate, Tricófero de Barry para el cabello o el analgésico, OK Gómez Plata... o si no, lanzaban la melodía de Dos gardenias para ti... o de la múcura que estaba en el suelo.

Pero para mí, los sonidos callejeros que llenan el recuerdo, porque los encerré con amor para que me acompañen siempre, son los pregones.

Pregones callejeros
1941-1950

Iniciaba el día el pregón del panadero: "Pan... panadero... calentito.... pan de leche... pan de huevo... calentito..."

Mamá salía a su reclamo en busca del pan oloroso, mañanero. Al tiempo de comprar el pan, recogía las botellas de leche dejadas por el lechero, quien mientras dormíamos, recorría las calles en su araña, el carro amarillo de dos grandes ruedas de hierro, propias para los caminos del campo, tirado por un caballo madrugador.

El pan nos llegaba calentito. Le untábamos mantequilla para saborearlo en bocados pequeños. A mí me gustaba arrancar la miga, esponjosa y tibia, y dejarla disolver lentamente en la boca.

El panadero era grueso, con una calva brillante. Llegaba en un carro blanco, tirado por un caballo del mismo color, que a diferencia de la mayoría de los de tiro, flacos y macilentos, estaba gordo y lustroso como su amo.

Lo esperaba con entusiasmo en el portal de la Quinta Simoni porque me encantaban el pan casero y la sonrisa amable del panadero. Me alzaba y me sentaba en el pescante del carro. Envuelta en la fragancia del pan recién horneado, me sentía una princesa en su carroza, durante el breve trayecto hasta la casa de al lado, donde vivía mi bisabuela y terminaba mi paseo. A los tres años, y temprano en la mañana, no tenía la menor duda de con quién me casaría cuando fuera grande: el panadero.

Los pregones que iban marcando el ritmo del día eran numerosos. El viandero, tirando del bozal de una mula cargada con dos cerones bien repletos pregonaba: "Yuca tieerna, boniatos duulces…". Mientras mostraba las viandas que sacaba del fondo interminable de las grandes alforjas de paja, decía: "Las yucas están muy buenas, caserita. ¿no quiere ñame? ¿Papas? ¿Malanga? Y, ¿no quiere unas mazorquitas de maíz? No lo va a encontrar más tierno…".

Y los frutos de la tierra iban pasando a los brazos de mi madre. Y cuando ella ya no podía sostener nada más, el viandero me ponía en las manos un anaranjado trozo de calabaza de corteza gruesa y verde, diciendo: "Un poco de calabaza, niña, para que le dé buen sabor a la sopa…".

Alto, delgado, el verdulero llegaba balanceando sobre los hombros, en los extremos de una pértiga, dos grandes canastas planas, que colocaba en la acera. No pregonaba. Miraba a mi madre con tanta dignidad como si lo que le estuviera presentando fueran las joyas de un tesoro, en lugar de lechugas tiernas, rábanos de un rojo encendido y lustrosos pimientos verdes. Y en verdad era como si la lámpara de Aladino hubiera depositado en nuestra puerta un jardín florecido.

Mi madre elegía con cuidado, tratando de no destruir el efecto artístico de las verduras y hortalizas, largas y tiernas habichuelas verdes, macitos de berro, una col de perfecta redondez. Y mientras las escogía, trataba, afable como siempre, de entablar una conversación: "Y, en China, ¿crecen tomates tan buenos como éstos?", preguntaba. El verdulero sonreía en silencio. Y al sonreír, sus ojos desaparecían en su rostro, usualmente serio.

Una mañana, apenas depositadas las canastas en la acera, sin esperar al saludo de mi madre, abandonando toda reserva, dijo: "E'to, señola, e'to es lo que crece en China… doce años sin vel, señora, doce años hasta juntal dinero pa'l pasaje…". Y empujaba hacia delante, lleno de orgullo, a un chiquillo que, intimidado, no acertaba a levantar los ojos del suelo. "Mi'jo, señola, mi'jo… doce años sin vel…". Y se reía con una risa alegre, haciéndonos admirar el tesoro por el cuál había cultivado con esmero, tratándolos como joyas, tomates y lechugas, coles y berros, rábanos, zanahorias y berenjenas.

Un pregón se distinguía de todos los demás, porque no provenía de la voz, sino del silbato del afilador. Pasaba empujando su rueda de amolar, montada sobre una simple carretilla de madera, con un pedal para hacerla girar. Prometía, con su silbato, devolverles el filo a cuchillos y tijeras, a machetes y cuchillas…

El silbido del afilador le hacía recordar a mi madre un tango, a los que tan aficionadas eran ella y mi tía Lolita, y se echaba a cantar:

> Afilador,
> no abandones tu pedal,
> dale que dale a la rueda
> que con tantas vueltas
> ya la encontrarás…

Yo me quedaba pensando quién habría sido esa amante del afilador y por qué se habrían separado. Y me repetía: ya la encontrarás, ya la encontrarás…

Por la tarde eran los dulceros los que reinaban en la calle. Cuando oía el pregón: "Coquito, coquito acaramelaooo…", el mero sonido de las palabras me llenaba la boca de dulzor. De uno de los hombros del dulcero colgaba la caja llena de dulces, del otro, una tijera de madera que abría para colocar su mostrador ambulante. A través de los costados de vidrio de la caja, se veían los cuadraditos de dulce de leche y las bolas oscuras de dulce de coco. Pero mis favoritos eran los coquitos acaramelados. Dentro de una bola de azúcar cristalizado se encerraba el coco rallado, blanco y húmedo de almíbar. Las pequeñas esferas doradas eran el símbolo de las mejores promesas, aquellas cuyo contenido jamás nos defraudan y se vuelve, mientras más conocido, más deleitoso, como el buen amor.

Un pregón que siempre me hacia salir ilusionada era el del barquillero. "Barquillo, barquillero…", anunciaba. Luego esperaba a que nos
reuniéramos a su alrededor. No vendía directamente su mercancía. Por
el precio de una moneda se podía dar la vuelta a la ruleta instalada en
la tapa del tubo de latón en que llevaba los barquillos. El número que
saliera, determinaba cuántos barquillos se recibirían. Podía ser desde
el número 1, que salía a menudo, hasta el codiciado número 20, que
rara vez salía, pero que mantenía viva la ilusión de sus pequeños parro-
quianos.

El manisero era un personaje popular. Con ingenio criollo se había
construido un horno portátil para mantener calientes los cacahuetes
que llenaban sus cucuruchos de papel de estraza. A una vieja lata cuadrada, le había puesto un asa de alambre y un doble fondo, debajo del
cual llevaba tizones encendidos.

Su figura y su pregón característico: "Maní, manicero…", había
dado lugar a una canción del folclore cubano, que como en tantas
situaciones, daba un tono romántico a una difícil forma de ganarse la
vida:

> Maní, manisero se va…
> cuando la calle sola está,
> casera de mi corazón,
> el manisero entona su pregón
> y si la niña escucha su canción
> llamará desde el balcón.
> Maní, manisero se va…
> caserita, no te vayas a dormir
> sin comerte un cucurucho de maní…

Un pregón que anunciaba sabores exquisitos era el del tamalero:
"Tamaaales, con picante y sin picante…".

Pero entre tantos pregones con promesa de delicia, el que yo esperaba con ansias era el del vendedor de empanadillas. El empanadillero se acercaba pregonando: "De guayaba y carne…" y el corazón me
saltaba de entusiasmo. ¡Qué deliciosas las empanadillas! Unas eran de

harina de maíz, gruesa y sustanciosa, rellenas de picadillo de carne, aderezado con pasas y aceitunas. Las otras de harina de trigo, tostaditas y crujientes, rellenas de conserva de guayaba, que al freírlas se ablandaba, de modo que si estaban todavía calientes, la pasta oscura de guayaba chorreaba en la boca al morderlas. Todas las tardes, mi padre me daba un medio, una moneda de cinco centavos, el precio de dos empanadillas. Yo salía al portal, cambiaba mi moneda por las dos empanadillas y regresaba feliz a compartirlas con mis padres.

Tendría apenas unos seis años y había empezado a aprender los números y a sumarlos y restarlos. Y así, comprendiendo que cinco era la suma de 2 y 3, una tarde, le dije al empanadillero, mostrándole mi moneda de cinco centavos: "Quiero una de carne y una de guayaba. Pero démelas de las de dos centavos". El hombre se moría de risa de mi ocurrencia. Me envolvió las dos empanadillas y me devolvió un centavo. Entré a la casa orgullosísima con mis dos empanadillas y el centavo. Ya sabía muy bien para qué lo quería. Me permitiría comprar dos galletitas La Estrella que traían una postalita del cuento de Gulliver.

Para mi sorpresa, mi padre, lejos de lo que yo esperaba, no celebró el uso al cual había puesto mis rudimentarios conocimientos de aritmética. Con verdadera pena me dijo: "Dios no te ha dado la inteligencia para que te aproveches de los demás…". Y en su voz no había recriminación, pero sí firmeza, cuando siguió diciendo: "A ver, piensa, ¿qué vas a hacer con ese centavo?, ¿quién lo necesita más? ¿Tú que quieres comprarte una galletita o el empanadillero que se gana la vida vendiendo empanadillas a dos por medio?"

Y no dijo más. Al día siguiente, en mi rincón favorito del patio, entre las grandes raíces del árbol de carolina, miré y miré aquel centavo. Por un lado lucía la estrella solitaria de la bandera cubana. Por el otro, el escudo nacional. Y ambos se fueron grabando profundamente en mi memoria.

El kiosco donde vendían las galletitas La Estrella estaba a media cuadra. ¿Qué postalita de Gulliver me tocaría si compraba dos galletitas? ¿La número cuatro que me permitiría completar por fin la primera página del álbum? ¿La que mostraba a Gulliver atado por los liliputenses? Me habían dicho que esa semana sería fácil encontrarla entre las galletitas que tanto me gustaban. Varias veces miré en dirección al kiosco, pero nunca llegué a decidirme. Esa tarde volví a pedir ser yo quien comprara las empanadillas. Mi padre, sin decir nada, sacó un medio de su monedero de cuero y me lo dio. En cuanto oí el pregón: "Empanadiii… llas", corrí al portal. Y le pedí al empanadillero: "Una de carne y otra de guayaba, por favor". Me las dio, con la misma sonrisa buena con que había celebrado mi gracia del día anterior. Yo le entregué la moneda de cinco centavos que me había dado mi padre y el centavo que había mirado tantas veces a lo largo del día: "Éstas son de las de tres centavos cada una". Y mientras el empanadillero, sin comprender muy bien, miraba los seis centavos, regresé feliz, con las empanadillas calentitas en la mano, a compartirlas con mis padres.

No sé demasiado de matemáticas, pero sí sé que las mejores ecuaciones no son aquellas que dan la suma exacta, sino las que tienen como producto la justicia.

12

. . . .

La corta distancia entre Cuba y Miami podía salvarse en la época de mi infancia y juventud de distintas maneras. La más socorrida era el avión. También era posible ir por mar. Además de los yates particulares de algunos pocos, se podía viajar en el vapor Florida o en el ferry.

El Florida hacía la travesía de noche. Se salía de La Habana a las seis de la tarde y se amanecía en Miami. Fue el primer barco en el que viajé y para mí, a los doce años, todo era novedad: los camarotes, sus camas litera, los marineros con sus uniformes blancos, el comedor. Allí conocimos mi hermanita Flor y yo las máquinas de juego. Se echaba una moneda, se le daba a una palanca y se esperaba a ver si se alineaban tres cerezas para que la máquina arrojara un puñado de monedas. Tan sencillas en comparación a los videojuegos de hoy, a nosotras nos fascinaron no por las monedas, sino por el entusiasmo de ver girar el rodillo y esperar con ansiedad la posible aparición de las cerezas que marcarían el triunfo.

El ferry viajaba entre La Habana y Cayo Hueso. Y, al igual que el vapor Florida, permitía transportar el automóvil. El ferry, que hacía el viaje de día, era mucho menos lujoso y más económico. Además, daba la oportunidad de visitar Cayo Hueso, que tanto significado tiene para la historia cubana. Allí, en ese islote, pronunció Martí algunos de sus discursos, claros, imperecederos, para animar a los tabacaleros a apoyar la causa de la independencia cubana.

No es lo mismo *bowels* que *vowels*
1955

La visión profética de mis padres de que hablar bien inglés sería muy útil en mi vida, el verano de mis quince años pasado en Pennsylvania, las muchas horas en la biblioteca del Servicio de Información de los Estados Unidos y la amistad con Yolanda Faggioni, su bibliotecaria, fueron elementos convincentes para considerar ir a estudiar a los Estados Unidos.

El consulado estadounidense en Camagüey ofrecía una beca de un año del American Field Service, y apliqué a ella. Yolanda, por su parte, había hecho gestiones con Loretto Heights College, donde había estudiado. Cuando recibió una respuesta afirmativa, me sugirió retirar mi aplicación a la beca del American Field Service —lo cual fue estupendo porque la recibió mi gran amiga, Marta— y aceptar la beca que me ofrecían en Loretto Heights.

La beca me pagaría los estudios, aunque no los gastos de alojamiento y comida que deberían cubrir mis padres. Me la concedían, por recomendación de Yolanda, a cambio de que ayudara en las clases de español.

Mis padres tuvieron que enfrentarse con una decisión compleja. Se trataba de una institución católica y permitirme ir implicaba apoyar mi interés en esa religión. De otro lado, se trataba de una beca adquirida por mérito, pues Yolanda había enviado las calificaciones académicas que yo había presentado al American Field Service. Además, era una beca que exigía que trabajara. Y estudio y trabajo eran dos valores fundamentales inculcados por mis padres.

Mi padre insistió en que me llevarían personalmente hasta Colorado. Así tendrían ocasión de ver el college y conocer a las monjas, y sólo si quedaban convencidos de los méritos del lugar podría quedarme.

Si mis decisiones personales causaron dolor a mis padres, hoy a la distancia no cabe duda de que el viaje a Colorado fue una de las mejores experiencias vividas por nuestra familia. Embarcamos hacia la aventura mis padres, mi tía Mireya, mi prima Nancy, mi hermana Flor y yo. El ferry tomado en La Habana nos depositó, con nuestro carro, un sencillo Plymouth, en Cayo Hueso. Habíamos viajado apenas unas millas por la carretera que, de cayo en cayo, lleva hasta Miami, cuando mi madre detuvo el coche. A la orilla de la carretera había un pequeño remolque con el letrero "se vende". No sé si había imaginado alguna vez viajar arrastrando una caravana, pero estoy segura de que a nadie más del grupo se le había ocurrido nunca. Con sus habilidades de contador, mi madre sacó los cálculos de cuánto ahorraríamos en hoteles y comidas de restaurantes, pues la caravana tenía una pequeña cocina con un diminuto refrigerador, y no tardó mucho en convencer a mi padre y a mi tía de que viajar en ella sería mucho más práctico y divertido. Por supuesto que a Nancy, a Flor y a mí no necesitaba convencernos; el pequeño remolque —al que bautizamos Mistercito— con su diseño original y práctico, donde podríamos dormir los seis, se había bastado por sí solo para convencernos.

Nos esperaba un largo recorrido. Primero debíamos ir a Saint Louis, Missouri a dejar a Nancy. Muy aventajada en la escuela, necesitaba esperar un año antes de empezar el bachillerato. La familia había decidido que utilizar ese año aprendiendo inglés le sería muy útil, como sin duda le fue cuando vino a vivir a los Estados Unidos.

La extensión y la diversidad de los Estados Unidos sólo llega a apreciarse cuando se recorre el país por carretera. Para ello se necesita tiempo y un ánimo dispuesto a nuevos descubrimientos. Después de atravesar las llanuras del centro del país, Missouri, Kansas, nos encontramos con las magníficas Montañas Rocosas.

El cine y la televisión, al ofrecernos miles de imágenes, algunas de ángulos sorprendentes, tomadas desde aviones, helicópteros e incluso globos, con cámaras que pueden acercarnos a detalles a los que la mayoría de nosotros no podría acceder, han enriquecido nuestro conocimiento del planeta, pero quizá también le han robado sorpresa a la experiencia personal.

Yo tuve la fortuna de ver las Montañas Rocosas, el Cañón del Colorado, Bryce Canyon, Yellowstone, sin mayor preparación sobre lo que iba a ver, sin previas imágenes que me condicionaran las expectativas y por ello, quizá, el asombro fue tan incalificable. Viví semanas de arrobo, maravillada ante formas y colores…

El agua hirviente de los géiseres de Yellowstone toma, a causa de los minerales que allí se acumulan, los tonos más sorprendentes de amarillos, verdes y azules. Son paletas surrealistas con las que la naturaleza no sé si invita a los pintores a conseguir estos tonos vibrantes o si se ríe de ellos mostrándoles que nunca lograrán superarla.

La sinfonía de ocres, rojos, naranja que son las paredes del Gran Cañón y aun todavía más las del Bryce Canyon, menor pero de extraordinaria hermosura, me conmovió tan profundamente que por noches soñé que era árbol con las raíces profundamente hundidas en aquella tierra roja y que la savia que desde ella subía, iba cambiándome de color, hasta que todo el árbol que era, tronco, ramas, tallos, hojas, resplandecía en una gama de rojos encendidos.

Ya cerca de Denver fuimos a visitar en las estribaciones de las Rocosas, el Jardín de los Dioses. Los mismos colores se nos ofrecían ahora hechos esculturas, obras del aire y del agua, con formas curiosas que nos afanábamos en identificar tratando de ajustarlas a nuestro mundo, como para poder tolerar su majestuosidad.

Por fin, después de aquel largo viaje, y de un sinnúmero de aventuras que caben más en una historia familiar que en este libro, llegamos a Loretto Heights College.

Yolanda Faggioni había tomado un gran riesgo al aceptar la condición de mi padre. Si después de tantos esfuerzos para conseguir que me ofrecieran la beca mi padre no encontraba el lugar a su gusto, hubiera quedado muy mal ante las hermanas de Loretto. Pero sin duda sabía que tenía cartas seguras, de un lado la sensatez de mis padres y su deseo de darme todo lo mejor y de otro, su conocimiento del lugar y de quienes lo dirigían.

A la belleza física del college, en las afueras de Denver, con un amplio campus con vistas formidables de las Rocosas, se unía el encanto de las monjas. Mi padre, que combinaba sorprendentemente sus ideas feministas y la capacidad de admirar la belleza y la simpatía de las mujeres, quedó prendado de varias hermanas. Aunque no podía entender que mujeres tan guapas, jóvenes, alegres y preparadas hubieran decidido ser monjas, se sentía confiado de dejarme en sus manos.

Denver, en 1958, era una ciudad muy distinta de la actual. Comparada con Camagüey, me pareció una ciudad importante. Mi falta de perspectiva histórica no me permitía comprender que cuando en mi ciudad natal ya existían dos siglos de rica vida cultural y refinamiento, Denver era todavía un pueblo de vaqueros. En aquel momento me sentí maravillada por las amplias avenidas, los grandes parques y algunos edificios imponentes como el capitolio del estado, el edificio donde se acuña la moneda y algunos otros en el centro de la ciudad, que, no habiendo conocido todavía ni Nueva York ni Chicago, catalogué como rascacielos. No me pasó desapercibido, sin embargo, que la zona central de la ciudad estaba rodeada de algunos barrios donde la vida era muy distinta.

Abrumados por los gastos que implicaban los requisitos del college que en la lista de artículos para las alumnas incluía un baúl para guardar la ropa de invierno durante la primavera y el verano; traje de equitación, botas y sombrero tejano; traje de esquiar, botas y esquís, entre muchos otros; mis padres decidieron tratar de conseguir algunos de estos artículos a menor costo. En aquel entonces no había las tiendas de grandes superficies, atiborradas de mercancía producida en China. Pero con su inteligencia acostumbrada, mi padre sugirió que muchos de esos objetos son cosas que la gente compra y después de poco uso se libera de ellos.

No sé si entonces existieran las tiendas de Goodwill o de Salvation Army adonde hoy iría a encontrar este tipo de cosas. Si las había, nosotros desconocíamos su existencia. Pero, a lo largo del viaje, a mi padre le habían llamado la atención las casas de empeño y su variada mercancía.

Así que salimos a buscar casas de empeño. Tal como él había supuesto, fuimos encontrando todo lo necesario a una fracción de lo que hubiera costado en una tienda regular. Las más difíciles resultaron las botas tejanas y ello nos obligó a un recorrido por los barrios mexicanos.

No había en aquel entonces muchos establecimientos con nombres en español. De hecho, los bares y pequeños cafés en su mayoría no tenían letrero. La gente que los frecuentaba sabía bien dónde estaban. Habiendo tantos mexicanos, no se les veía por las calles del centro. Y reparé en que si alguno caminaba por allí, lo hacía con la cabeza baja, con un aire furtivo, como temeroso de que alguien cuestionara su presencia.

Era muy consciente de la discriminación racial en Cuba. Sabía que había lugares a los cuales una persona de color o una persona sin recursos no podía entrar, pero las calles eran libres y abiertas a todos. Las instituciones y familias que excluían a otros tenían que buscar los medios para aislarse detrás de sus puertas o las verjas de sus clubs sociales. Pero en el Denver de 1958 la propia gente parecía haber aceptado su exclusión como algo inevitable. ¡Cuánta nueva experiencia implicaba empezar mi vida universitaria en Colorado!

El verano que había pasado en Pennsylvania me había preparado para vivir lejos de mi familia, comer y dormir con otras alumnas, crear mi propio horario y entender el reto que significaba para mí seguir un programa académico con mi inglés incipiente. Los varios retiros espirituales que había hecho en el convento de clausura de las Madres Reparadoras en Camagüey, me habían dado un atisbo de lo que puede ser una vida religiosa.

Ahora, me encontraba ante la posibilidad de integrar estas experiencias: responder al rigor académico, a pesar de mis limitaciones en inglés, vivir una vida socialmente compartida con otros y hacerlo en un ambiente de espiritualidad. Las monjas, sin imponerlo, invitaban a una participación en su vida religiosa, de misa y comunión diaria, de capillas siempre abiertas, del rezo de vísperas cada tarde. Un ambiente en el cual los hábitos de las monjas eran un constante recordatorio de su elección de vida y las campanadas del Ángelus al mediodía y al atardecer, una invitación al silencio y la meditación, si apenas por un instante.

No habiendo ido nunca a una escuela católica, todo esto era una experiencia nueva para mí. Como lo era el que, a diferencia de Ellis Country School, en Pennsylvania, donde había compartido una habitación con otra chica, ahora tenía una cama en un dormitorio donde dormíamos 40 alumnas, las becadas. Las demás tenían habitación privada.

Todas estas nuevas experiencias resultaron mínimas en comparación a lo que significó verme en el papel de profesora. La beca que me habían concedido requería que ayudara en el Departamento de Español. En aquellos tiempos eran frecuentes los profesores de idioma que si bien conocían la gramática y dominaban la literatura en el idioma original, carecían, sin embargo, de buena pronunciación y de fluidez en el uso oral del lenguaje.

Éste era el caso de una de las dos monjas que enseñaban español en Loretto. Sin un laboratorio de idiomas, requerían una estudiante cuyo idioma materno fuera el español que leyera los textos en voz alta, modelara la pronunciación, dirigiera los diálogos y sirviera, en general, de modelo. Y ésa iba a ser mi labor. Sólo que la dedicada Sister Ethelbert tuvo un derrame cerebral unos días antes del inicio del curso.

Era imprescindible conseguir un reemplazo, cosa difícil en tan breve tiempo. Y se decidió que la joven cubana, que parecía bastante lista y razonable, se hiciera cargo de las clases por unos días hasta que se encontrara otra profesora.

Y así, a los diecisiete años, cuando empezaba mi primer año universitario como Freshman me vi frente a la clase de Spanish 101, el primer curso de español, con 60 alumnas, y a la clase de Spanish 201, el segundo curso de español, con otras tantas.

Alguien puede decir que llevo la pedagogía en los genes. Mis bisabuelos maternos, Lorenzo Lafuente Garoña y Virginia Rubio Sierra, fueron educadores y tenían su propio colegio en la calle Princesa, en Madrid, frente a la iglesia del Buen Suceso, donde hoy existe un edificio de El Corte Inglés. Mis abuelos maternos, Medardo Lafuente Rubio y Dolores Salvador Méndez, fueron educadores excepcionales. Por un tiempo regentearon el Colegio El Porvenir, luego tuvieron su propio colegio Lafuente-Salvador. Medardo fue además catedrático de Francés y de Literatura Española en el Instituto de Segunda Enseñanza de Camagüey. Lola fue creadora y directora de la Escuela Nocturna Carlos Manuel de Céspedes, primera escuela nocturna para mujeres trabajadoras en Camagüey. Este recuento somero dice muy poco de la calidad de maestros de ambos, sobre la cual he escrito en otro lugar y el que han descrito detalladamente mi madre y mi tía Mireya Lafuente, en el libro *Recuerdos* escrito por esta última.

Mi padre era catedrático de la Escuela de Agrimensura y del Instituto. Su hermano menor, Mario Ada Rey, fue por muchos años maestro rural. Y más tarde, formador de maestros. Las tres hermanas de mi madre eran educadoras: mis tías Virginia y Mireya tenían doctorados en pedagogía y enseñaron en distintos lugares toda su vida. Virginia fue catedrática de la Escuela Normal para Maestros en La Habana. Mi tía Lolita era maestra hogarista.

En la época en que estudié en Loretto Heights, mi madre aún no se había dedicado al magisterio, pero sus habilidades de educadora habían tenido amplia oportunidad de expresarse. Mientras vivíamos en la calle de República, se habían alojado con nosotros tres jóvenes procedentes de la ciudad de Bayamo; dos asistían a la Escuela Normal para Maestros y una a la Escuela Normal para Maestros de *Kindergarten*.

Parte de los requisitos para obtener sus títulos de maestras era dar demostraciones de clases. Mi madre las aconsejaba, les daba sugerencias y les hacía practicar. O sea que, de modo indirecto, algo había yo escuchado de pedagogía.

El tema de la enseñaza fue recurrente en nuestra mesa. Tanto que, como he relatado al hablar de mis intentos de dramaturga y actriz, un grupo de compañeros y yo habíamos hecho una crítica a los profesores del Instituto como complemento de nuestra presentación de *La Sonámbula*.

Todo esto, sin embargo, era poca preparación para enseñar un idioma extranjero a una clase universitaria. Lo que no me faltaba era entusiasmo ni convencimiento de que aprender español tenía que ser muy fácil —nada complicado como el inglés—. ¿No era la pronunciación del español facilísima?, ¿no era su gramática tan lógica?, ¿no eran sus inconsistencias ortográficas tan pocas? No debía serle difícil a nadie.

Y desde esta profunda seguridad inicié mi primera lección. Estaba decidida a enseñar a las alumnas a pronunciar todos los sonidos ese primer día para que al comprobar que podían pronunciar correctamente cualquier texto, se sintieran encauzadas por buen camino. ¿Acaso no puede quien sabe español pronunciar cualquier palabra escrita aun si desconoce su significado? Eso ciertamente no ocurre en inglés, donde los diccionarios tienen que indicar la pronunciación fonética junto a las palabras. ¿Cuándo ha sido eso necesario en español?

En mis reflexiones para afrontar esa primera clase se me hacía evidente que la base fundamental eran las vocales. ¡Qué ayuda me ofrecía el propio idioma en este campo! Cinco únicas vocales y cada una con el mismo sonido constante sin que influyera su colocación al principio, medio o final de la palabra, ni las letras que la acompañan.

En español no se da la ambigüedad de que "a" represente el sonido "ei" en *acorn* o "a" en *apple,* que la i represente el sonido "ai" en *ice* e "i" en *did,* ni que la e sea muda al final de palabra.

Con este tesoro que compartir, empecé mi primera clase, una clase dedicada a las vocales, es decir, the vowels. Creía estar muy bien preparada, el único problema era que en mi incipiente inglés, no había descubierto todavía que, en contraste con el español, en inglés la pronunciación de b y v es significativa, es decir, que hay palabras cuyo significado cambia según se pronuncie v o b, cosa que no ocurre en español.

Al no hacer la distinción adecuada, al decir y repetir vowels (vocales) estaba pronunciando la palabra como si dijera bowels (intestinos). Y las jóvenes se reían a carcajadas cada vez que yo insistía en la facilidad de aprender español una vez que supieran las cinco bowels. Confieso que la risa me desconcertó un tanto. Y sólo me salvó la ignorancia.

Había oído decir muchas veces que los estadounidenses son ingenuos. ¿Acaso no se paseaban por la ciudad en short y camisas floreadas, cuando ése no es atuendo para la ciudad? ¿No se acostaban bajo el sol del trópico y se ponían rojos como langostas? ¿No terminaban a veces en el hospital con una insolación?

Quizá era cierto, como había oído comentar tantas veces, que eran como niños grandes a los que todo les hacía gracia. Porque reírse de que en un idioma haya cinco vocales que tienen pronunciación constante… Y, convencida de que se debe enseñar y aprender con alegría, mientras mis alumnas quisieran reírse, yo consideraría que la clase iba bien.

Al final de esa primera clase, llevada a cabo entre las risas de las alumnas, una de ellas se acercó mientras yo borraba la pizarra y me dijo:

—Estoy avergonzada por cómo nos hemos comportado con usted. Lo siento.

—Pero si no ha pasado nada —le respondí.

—No, estuvo mal de nuestra parte… Por favor busque esa palabra en el diccionario —insistió ella.

—Pero, ¿qué palabra? —pregunté sorprendida.

—La que usted seguía repitiendo —fue su única respuesta, mientras se alejaba apresuradamente por el pasillo, posiblemente para no llegar tarde a su próxima clase. Yo corrí para llegar a la mía.

Esa noche en la biblioteca, busqué en varios diccionarios la palabra *vowels*. La única definición que encontré en todos fue la correspondiente a las vocales, incluso en el enorme *Diccionario Oxford* que presidía la biblioteca desde un atril. Pasarían muchos meses antes de que comprendiera aquel error, primero de muchos que cometería.

Fue una suerte que no lo descubriera aquella primera noche, porque seguramente me hubiera intimidado para la clase siguiente. Pero protegida por mi ignorancia fui a ella con la mejor disposición y creo que eso me ganó el respeto de las alumnas. Y el resultado fue tan positivo que la Presidenta del college decidió que continuara ese semestre enseñando los cursos de Spanish 101 y 102 y, en el siguiente, los de 201 y 202. Poco a poco el respeto de las alumnas se transformó en aprecio cuando vieron que mi ingenua promesa había resultado verdadera, que era posible aprender un idioma con alegría.

Hoy entiendo bien qué es el etnocentrismo y que sólo desde el desconocimiento puede parecernos ridícula otra cultura. No conozco ninguna cultura en que todo sea bueno. Existe en el mundo demasiada opresión hacia las mujeres, los débiles, los diferentes; demasiada desigualdad. Pero sé que, en general, las manifestaciones culturales son coherentes dentro de su sistema. No pretendo sugerir que todo sistema sea válido. He dedicado mi vida a proponer y apoyar las transformaciones necesarias para crear sociedades justas y equitativas. Pero, a la vez, sostengo que ninguna cultura puede ser motivo de ridículo, sino de estudio, de investigación, de análisis.

Soy demasiado consciente de las fallas de mi propia cultura. Pero, precisamente, haber comprendido la seguridad que me dio en aquel momento mi propio etnocentrismo, me ha hecho comprender que muchas veces quienes defienden su modo de ver el mundo como el único posible, se refugian en ello por una mezcla de ignorancia e inseguridad, como la que me protegió a mí, enfrentada al reto mayúsculo de ser profesora universitaria a los diecisiete años.

13

. . . .

La radio cubana popularizó dos personajes cómicos que luego pasaron al cine y a la televisión. Chicharito y Sopeira encarnaban personajes antagónicos.

Lo eran en lo físico: Chicharito, alto, delgado, ágil y siempre vestido con esmero; Sopeira, bajo, gordo, lento, desaliñado. Y también encarnaban opuestos en el temperamento. Chicharito era listo, con lo que en Cuba se llamaba "chispa criolla". Salía indemne de cualquier aprieto gracias a su ingenio. Hacía reír con sus ocurrencias chistosas. Sopeira era más bien ingenuo. El público se reía, no con él, sino de él, burlándose de su torpeza.

Hubieran podido parecer una imitación de Laurel y Hardy, a quienes conocíamos como "el gordo y el flaco" por el contraste físico. Pero las semejanzas no iban más allá, porque el humor es una de las características más idiosincrásicas de cada cultura.

Como me ocurre muchas veces con cierto tipo de chistes, me molestaba que los programas de Chicharito y Sopeira me hicieran reír. Porque aunque los chistes parecieran inocentes, el programa no lo era. El atildado Chicharito era un descendiente de esclavos africanos y el torpe Sopeira era un gallego. Y al ridiculizarlos, no como individuos, sino como representantes de una etnia, estábamos denigrando la riqueza de nuestra herencia.

Entonces no hubiera sabido expresar esto claramente. Y estoy segura de que aun hoy pocos me entenderían. Es difícil reconocer el racismo cuando ha permeado toda una sociedad, pero cada risa que este programa que presentaban en el cine antes de la película lograra arrancarme alguna vez, me dolió, física, profundamente, en el estómago, y las carcajadas que oía a mi alrededor herían mis oídos y mi espíritu.

Cuando empecé a ser chicana
1955

A pesar del entusiasmo que me inspiraban las montañas, las promesas de nuevas experiencias que presagiaban el sombrero, las botas tejanas y el traje de esquiar y el recuerdo de todos los relatos de Yolanda sobre las amistades que haría, las fiestas, los bailes, los conciertos, las obras de teatro que vería, me había sido muy difícil separarme de mis padres, de mi hermana Flor y de mi tía Mireya.

La intimidad vivida 24 horas al día, por más de dos meses, durante un viaje en el que en muchas ocasiones nos habíamos sentido muy solos frente a un mundo extraño, pero siempre seguros dentro de nuestra unidad familiar, me hacía extrañarlos aún más. Y el largo trayecto recorrido hacía tangible la distancia que me separaba de los míos, en aquellos tiempos en que no era fácil hacer una llamada internacional y la Internet no existía ni en la imaginación de los más visionarios.

Cuando el primer día de clases oí que al leer la lista de asistencia los profesores mencionaban nombres como Yolanda López, Susana Castillo… me volteé ansiosa. Había procurado sentarme en la primera fila para compensar mi dificultad con el inglés. Ahora quería ver los rostros que correspondieran a esos nombres hispánicos. No cabía duda, entre tantas cabezas rubias, tantos ojos azules, había varias chicas de mi cultura.

A la hora del almuerzo las busqué en el comedor sin encontrarlas. Esa tarde, sin embargo, conocí a la única otra caribeña, una chica puertorriqueña, Blanca Estarellas. A diferencia de lo que me pasaba a mí, se sentía bastante cómoda con el inglés, pues en Puerto Rico había asistido a escuelas bilingües. Nos hicimos amigas. Ella, sin embargo, tenía su propio cuarto y pasaba mucho tiempo allí, estudiando, oyendo música y escribiendo cartas. Yo tenía que estudiar en la biblioteca. Y allí vi muchas veces a las muchachas mexicanas que también dormían, como yo, en el dormitorio común.

Busqué la ocasión de acercarme a cada una, hablándoles en español. Y de todas tuve la misma respuesta: cortaban la conversación asegurándome que ellas eran americanas y sólo hablaban inglés.

Sentí muchísimo dolor. En el *college* había un ambiente de gran cordialidad. Numerosas muchachas se habían acercado a mí en plan de amistad. Yo estaba encantada de conocerlas a todas, pero ansiaba hablar español y acercarme a aquellas con quienes compartía valores esenciales. O sea que sentí la negativa de las chicas mexicanas a reconocer nuestros vínculos de lengua y cultura como un rechazo personal, sobre todo cuando las escuché varias veces hablando entre ellas en español cuando creían que no las oía.

Ya para entonces sabía que no las veía en el comedor porque, como becadas, ayudaban en la cocina. Y me preguntaba si se negaban a hablar conmigo resentidas de que ellas pagaran por su beca con el trabajo de sus manos mientras que yo lo hacía dando clases. Y me dolía, porque no era responsable de aquel privilegio y hubiera deseado que supieran que las respetaba aún más, por la dignidad y el esfuerzo con que estudiaban.

Habían pasado un par de meses, cuando una tarde fría de noviembre, dos de las chicas se me acercaron inesperadamente para decirme: "Es el cumpleaños de Yolanda. Su madre le ha traído unas enchiladas. Ven a compartirlas". Todavía hoy, medio siglo más tarde, me estremezco al recordar aquella tarde que tuvo tal influencia en mi vida. Las seguí, ansiosa y feliz de ser por fin incluida. Bajamos al sótano del Macbeuf Hall. Allí había varias salitas donde podíamos reunirnos en grupo, conversar o realizar nuestras pequeñas celebraciones. Pero esa tarde no entramos a ninguna de ellas. Las chicas pasaron rápidamente de largo hasta llegar al final del pasillo. Abrieron una puerta de metal en la que nunca había reparado. Daba a unos escalones estrechos, de cemento, que bajamos en fila hasta llegar al cuarto de las calderas. Unos enormes tanques proveían al edificio de agua caliente para las duchas y lavabos; otros, distribuían agua caliente a los radiadores que calentaban las habitaciones y pasillos.

Allí, mientras la rodeábamos en círculo, todas de pie, una de las chicas descubrió la olla de las enchiladas que habían traído muy envuelta para que se conservaran calientes. Otra repartió servilletas de papel y platos y tenedores de cartón.

Yo no había comido nunca enchiladas. Tan popular es hoy en los Estados Unidos la comida mexicana, que la salsa mexicana ha llegado a superar en ventas a la salsa de tomate americana, la catsup que fuera en un tiempo imprescindible. Pero en 1955 no era fácil encontrar un restaurante mexicano fuera de un barrio. Y ni el menú de Ellis Country School ni el de Loretto Heights incluían ningún plato mexicano.

Aquellas enchiladas fueron mucho más que mi primer encuentro con la comida mexicana, mucho más que el rito de aceptación en aquel grupo de chicas que hasta entonces me habían evitado, fue el nacimiento de una nueva identidad en mí.

Mientras ellas saboreaban aquel platillo, comiéndolo a ocultas, avergonzadas, temerosas sin duda de la burla que su comida podía provocar, las lágrimas que inundaban mis ojos se derramaban en llanto silente pero incontenible.

—¿Qué te pasa? —me preguntó una de ellas, solícita. Ante mi silencio, otra insistió: —¿Te da nostalgia de tu casa?

Yo me esforzaba por sonreír entre las lágrimas. Sabiendo que no podía en ese momento explicar lo que sentía, al fin, respondí:

—Es que nunca he comido una comida tan picante…

Y dentro de mí, una nueva luz me decía que era un crimen sin nombre que alguien pudiera sentirse avergonzado de comer la comida de sus padres, que se ocultara para disfrutar de un plato amorosamente preparado por las manos de su madre, y me juraba que una vida no bastaría para luchar contra tal injusticia.

Esa tarde empezó mi compromiso como chicana. Y aunque tardara aún varios años en conocer la palabra y abrazar la lucha por rescatar el orgullo de La Raza, la determinación nacida esa tarde ha guiado toda mi vida.

14

· ·

Mi fascinación por los libros comenzó muy temprano, pero antes de ésta, fue la de la palabra. Palabra eran las canciones que me cantaba mi madre para dormirme. Mi favorita era el viejo romance: "Las mañanas de San Juan / se levanta el Conde Niño / a dar agua a su caballo / a las orillas del mar…".

Acurrucada en sus brazos trataba de imaginar al Conde Niño. Los caballos no eran novedad para mí, la playa mi mayor deleite, pero aquellas palabras tan sencillas exaltaban mi imaginación. Aquella escena tomaba todo tipo de realidades. A veces el caballo era brioso, de un negro azabache, y el mar golpeaba contra las rocas deshaciéndose en espuma; otras, el caballo era blanco y manso, y las olas bañaban suavemente la playa…

Mi abuela me cantaba, con música compuesta por ella, los versos de Martí: "Quiero a la sombra de un ala / contar este cuento en flor / la niña de Guatemala / la que se murió de amor…".

La muerte parecía inevitable en estas canciones, pero para mí, entonces, no tenía todavía un verdadero significado. Y lo que me quedaba era la sonoridad de las palabras.

Mi abuela me enseñaba a recitar a Darío. Le molestaba que a los niños se les enseñaran rimas tontas, como una muy popular: "Los zapaticos me aprietan / las medias me dan calor / y el besito que me diste / lo tengo en el corazón."

Insistía en que los niños son poetas porque miran al mundo con ojos recién estrenados. Y que no se les debe estropear el gusto. Yo me regocijaba oyéndola:

> Margarita, está linda la mar
> y el viento
> lleva aroma sutil de azahar;
> yo siento
> en el alma una alondra cantar:
> tu acento.

> Margarita, te voy a contar
> un cuento.

Y qué alegría cuando pude ser yo quien decía:

> Éste era un rey que tenía
> un palacio de diamantes
> una tienda hecha del día
> y un rebaño de elefantes,
> un kiosco de malaquita
> un gran manto de tisú…

Allí sí que había para llenar horas de imaginación haciendo desfilar aquellos cuatrocientos elefantes a la orilla de la mar.

La palabra malaquita me resultaba musical y sugerente. Muchos años más tarde tomé la pluma y escribí: "Había una princesa que vivía en un palacio de malaquita…" y escribí uno de mis libros favoritos, *The Malachite Palace,* un libro cuento que se venía incubando por muchos años gracias a la magia de una palabra. Y que, al momento de escribir estas líneas, tengo la alegría de saber que va a representarse como ballet en Canadá.

Y mi admiración por Pedro Salinas se haría absoluta al leer sus versos al idioma, recinto de las palabras, y con ellas, del alma.

> Hombres que siegan, mujeres
> que el pan amasan,
> aquel doncel de Toledo
> "corrientes aguas",
> aquel monje de la oscura
> noche del alma,
> y el que inventó a Dulcinea,
> la de la Mancha.
> Todos, un sol detrás de otro,
> la vuelven clara,
> y entre todos me la hicieron,

habla que habla,
soñado, sueña que sueña,
canta que canta.

Esa lengua ha sido para mí, desde aquellos primeros años en que me dormía al arrullo de palabras no siempre comprendidas, mi matria, hogar que he llevado conmigo durante el largo peregrinar por tantos sitios, regazo siempre listo a recibirme, en la lucha por el cotidiano vivir y en el eterno soñar un mañana justo.

"Como se oía mi madre…"
1955

Sister Concilia, la otra profesora de español en Loretto Heights, que enseñaba los cursos superiores de literatura, era el ser más cercano a la santidad que he conocido. Siendo una persona muy culta era a la vez de una absoluta sencillez. Hablaba el español muy bien y conocía a fondo la literatura española e hispanoamericana. Y si no había tenido oportunidad de viajar por el mundo hispánico, era una lectora asidua y así había aprendido mucho de la cultura. Enseñaba con paciencia y dulzura, pero sin disminuir en nada el rigor que las alumnas abrazábamos por respeto a lo mucho que sabía y la humildad con que lo impartía.

Además de ser su alumna en cursos de literatura, me reunía con ella después de terminadas las clases para presentarle los planes de los dos cursos de lengua que yo estaba enseñado. Me indicaba los puntos que serían más difíciles para las alumnas, demostrándome que todo idioma, por fácil que le parezca al hablante nativo, presenta dificultades al hablante de otra lengua. Revisaba las correcciones que yo había hecho para sugerirme actividades útiles en casos específicos.

Y todo lo hacía con placidez, como si no me estuviera dedicando un tiempo precioso. En algunas ocasiones venía a escucharme, pero silenciosamente, al fondo del aula, aunque tomaba notas para hacerme comentarios en los que siempre encontraba cosas que encomiar antes de apuntar con respeto algunos aspectos que podía mejorar.

Casi todas las monjas de Loretto eran mujeres muy guapas, tanto que mi padre, quien como dije, siempre sabía celebrar con elegancia la belleza femenina, aseguró que nunca había visto tantas mujeres hermosas juntas. Sister Concilia no lo era. La mayoría de las monjas eran altas, con un porte distinguido, aunque algunas, como Sister Joan of Arc, eran menudas, vivarachas y alegres. Sister Cecile, muy atractiva, quien cuidaba la oficina del dormitorio por las noches y vigilaba la entrada y salida de las alumnas, siempre tenía grupos de alumnas a su alrededor, sentadas en la alfombra junto a su escritorio o caminando a su lado. A Sister Concilia, humilde y callada, las alumnas la apreciaban como profesora, pero no la buscaban después de clase. Mientras muchas de las otras monjas tenían cargos administrativos en el *college* como Presidenta, Decana, *Registrar* o cargos específicos dentro de la comunidad, Sister Concilia no parecía tener ningún cargo que la señalara. Dictaba sus clases, rezaba en la capilla y resultaba casi invisible.

Yo tenía la obligación de limpiar a fondo, cada viernes, el aula donde enseñaba. Todos los días borraba la pizarra, pero el viernes debía lavarla con agua, pasar cera por el piso de madera y una bayeta por las sillas y los estantes.

Mi costumbre era caminar un rato, después de la última clase, para descansar un poco del ritmo intenso de la semana, ya que además de mis propios cursos y las tareas que me exigían esfuerzo por las limitaciones con el inglés, tenía que preparar las clases que enseñaba y corregir una tonelada de papeles.

Un viernes encontré todo hecho en mi aula. Al viernes siguiente decidí descubrir al buen samaritano. Y me quedé en el aula. Estaba poniendo orden en los estantes cuando vi aparecer a Sister Concilia con un delantal azul sobre el hábito y un balde de agua en la mano. Yo no podía creer a mis ojos. Ella se sonrojó como una niña descubierta en una travesura.

—Acabo de terminar con mi aula —me dijo— y como es tan pequeña, quise ayudar con la tuya que es tan grande…

Verdaderamente su aula, donde se dictaban sólo clases de literatura para las alumnas más avanzadas, era pequeña; mientras que el aula donde se dictaban las clases para los dos primeros años, en los que el aprendizaje de un idioma extranjero era un requisito obligatorio, era bastante grande. Pero dejar que la limpiara ella me era imposible.

—De ninguna manera, Sister Concilia —le reclamé—. Soy yo quien debiera ocuparme de su aula.

—¿Crees que no me doy cuenta cuánto trabajas?

No pude disuadirla de que me ayudara. Y mientras limpiábamos el aula, me llamó la atención verla registrar la papelera.

—Es que las chicas tiran tantas cosas... —me dijo al verme sorprendida, y me enseñó, con una amplia sonrisa, un par de lápices, bastante disminuidos de tamaño, pero todavía usables.

—Tiene razón —le contesté—. Si viera todo lo que tiran en el dormitorio...

—¿Te importaría ayudarme a recoger cosas en buen estado? Las llevo los sábados al orfanato y algunas familias...

—¿De veras? —pregunté sorprendida. No me había imaginado a Sister Concilia yendo a ninguna parte.

—¿Quieres venir conmigo mañana?

Y así empecé a conocer íntimamente el otro Denver, el del trabajo duro, el de las familias esforzadas, que guardando con dignidad su pobreza, soñaban con un futuro mejor para sus hijos.

Después de visitar a algunas familias, Sister Concilia me llevó al orfanato.

—Aquí podrías ser muy útil —me dijo.

Numerosos niños, todos mexicanos, estaban al cuidado de monjas que sólo hablaban inglés. La mayoría era de edad avanzada y agradecían cualquier ayuda, particularmente para darles a los niños el baño semanal del sábado.

Me encantó tener la oportunidad de bañar a los niños. Mi familia es muy unida. Los primos de mi generación nos hemos sentido siempre como hermanos. Yo era la tercera y detrás de mí estaban mi hermana Flor y mis primos Nancy, Mireyita y Medardito. Muchas veces había ayudado a cuidar de ellos. Estos niños del orfanato venían a aliviarme el hueco de la nostalgia. Como ocurre muchas veces cuando creemos estar haciendo algo por alguien, somos nosotros los mayores beneficiarios.

—Quizá podrías invitar a otras chicas a venir… —sugirió Sister Concilia con suavidad cuando vio cuánto disfrutaba de los niños.

Y así, cada sábado, varias de mis nuevas amigas mexicanas y yo bañábamos niños. Como éramos varias, terminábamos a tiempo la tarea y nos quedaba un rato para jugar con ellos.

Siempre me ha gustado contar cuentos y aquí tenía una audiencia bien dispuesta. Lamentablemente, sólo algunos de los niños mayores recordaban el español. Yo me esforzaba por empezar siempre con algún cuento en español para ellos y luego reunía a todo el grupo y les contaba en inglés.

Una tarde tenía en las piernas a una chiquitina de tres años. Nos habíamos hecho grandes amigas. Ella hacía nacer en mí sentimientos maternales y yo trataba de darle el cariño que ella ansiaba. La nena estaba algo soñolienta por el baño reciente y apoyaba su cabecita sobre mi hombro, cuando empecé a contar un cuento en inglés.

Entonces, con su vocecita incierta me dijo al oído, sin saber realmente diferenciar los idiomas por su nombre:

—Talk the other way, talk the other way… [Habla del otro modo, habla del otro modo…].

Yo le respondí, en inglés, claro:

"Pero, ¿por qué quieres que hable en español? Si tú no lo entiendes…". Y su respuesta todavía resuena en mis oídos, y en mi conciencia: "Because, that's the way my mother used to sound…". Es decir: "Porque así se oía mi madre".

He leído muchos libros y artículos sobre lingüística y psicolingüística, textos bien documentados que exponen la importancia de la relación profunda y afectiva con la lengua materna, pero ninguno hubiera podido explicármelo mejor que aquella niña. Y lo que me ha animado a la lucha por tantos años y continúa impulsando mi defensa del derecho de cada niño a hablar la lengua de sus padres es aquella vocecita tierna en mi oído, pidiéndome que, aun si ella no podía entenderlo, le dejara oír los sonidos y la cadencia que le recordaban a esa madre añorada.

15

. . . .

*U*no de los símbolos perennes de la cultura cubana, que sobrepasa las barreras de clase y conocimientos, de ideologías y posiciones vitales, un símbolo con el que todo cubano se identifica fue un hombre bueno, en el sentido machadiano, y sensible, de cuerpo frágil y de tesón de hierro, el que visionario y valiente, fue capaz de unir fuerzas dispersas en una sola causa. José Martí fue forjador de voluntades y renovador literario. Resulta casi inimaginable que pudiera escribir tanto en una vida de exilio, de penurias económicas, ganándose su pan y el de los suyos, como traductor y periodista, mientras organizaba el Partido Revolucionario Cubano para lograr la independencia de su patria, una patria fuera de la cual vivió la mayor parte de su vida sin olvidarla nunca, llevando en el recuerdo sus paisajes y los nombres extraños de sus plantas y flores.

Martí usó la palabra en todas sus posibilidades. Poeta de poesía mayor, también renovó la forma de escribir poesía con sus Versos sencillos, donde en versos muy breves sintetiza sentimientos profundos:

> Cultivo una rosa blanca
> en junio como en enero
> para el amigo sincero
> que me da su mano franca.
> Y para el cruel que me arranca
> el corazón con que vivo
> cardos ni ortigas cultivo
> cultivo una rosa blanca.

Escribió teatro y novela, cuentos y poemas infantiles, ensayos e innumerables artículos periodísticos. Y fue orador inspirado. Su verbo, que conmovía a las colonias cubanas y puertorriqueñas de Filadelfia y Nueva York, a los tabacaleros de Tampa y de Cayo Hueso, fue su mayor instrumento para consolidar la lucha de 1895. Y en sus discursos se encuentran muchos de sus aforismos, esas frases como talladas a cincel

que recogen la fuerza de su pensamiento: "La patria es ara, no pedestal".
"Los niños son la esperanza del mundo, porque ellos son los que saben
amar". "Honrar, honra". "Ser cultos, es el único modo de ser libres".

Entre sus muchos legados, Martí le dejó al pueblo cubano el aprecio por un buen discurso, donde el énfasis acompañe al contenido de
la palabra.

Todo puede ser una tribuna
1942-1958

La oratoria es parte integrante de la cultura cubana. Un buen orador
puede recibir el aprecio que otras sociedades reservan a figuras del
deporte o del arte.

Mi padre, que admiraba a los buenos oradores, se sentía incapaz
de hablar en público. Él, que cultivaba el arte de la conversación, fascinaba con su diálogo y explicaba con gran claridad su cátedra, no se
creía, sin embargo, capaz de dar un discurso. Y, como ocurre muchas
veces con los padres, quiso que su primogénita lograra lo que él no
había conseguido.

Había el antecedente de que mis dos abuelos maternos, tanto Lola
como Medardo, eran oradores muy reconocidos. Y mi padre sentía
que yo debía seguir sus pasos. Buscaba toda oportunidad para hacerme
hablar frente a un grupo de personas.

Las tribunas que mi padre fue encontrando para desarrollar las
habilidades que él consideraban mi legítima herencia fueron diversas.
Las organizaciones cubanas realizaban frecuentemente almuerzos al
aire libre, en parques o jardines —en La Habana eran famosos los de
la cervecería Cristal—, que se prestaban o alquilaban para estos fines.
Se colocaban largas mesas y se usaban sillas de tijera. Había dos menús
típicos: arroz con pollo, quizá acompañado de plátanos maduros fritos,
o lechón asado, que siempre se acompañaba de yuca con mojo de ajo
y tostones de plátanos verdes. En Camagüey era obligado que hubiera
pequeños tinajones de barro llenos de mantequilla en cada puesto, para
que los comensales se los llevaran de recuerdo.

En todos, sin que importara el tema o la ocasión, abundaban los discursos, porque a diferencia de mi padre, a muchos les gustaba hablar en público. Los catedráticos del Instituto acostumbraban realizar este tipo de almuerzos un par de veces al año. A partir de los tres o cuatro años, mi padre me llevaba. Usualmente era la única niña presente. En el momento que consideraba más apropiado, me sugería lo que podía decir y me subía a la mesa. Sólo la confianza profunda que tenía en mi padre y mi deseo de complacerlo pueden explicar que alguien con mi innata timidez se prestara a aquello. Y, claro, cualquier cosa que una niñita de esa edad dijera debe haber parecido simpática y meritoria de unos aplausos.

Después de un tiempo, aquello de subirme a la mesa no resultaba tan posible. Para continuar venciendo mi timidez externa, pues la interna perdurará toda la vida, mi padre me animaba a recitar en las veladas de la Sociedad Espiritista Fé y Caridad. Ahora, que al tiempo de escribir estas memorias trato de recuperar todo lo que puedo de la memoria familiar, la generosa bibliotecaria de la Biblioteca Provincial de Camagüey al buscar artículos publicados por mis abuelos, ha encontrado también algún suelto periodístico donde se menciona mi presencia en ese sencillo escenario.

Pero mi padre quería que practicara con mayor frecuencia. Tendría unos ocho o nueve años cuando inició una de esas conversaciones en que me comentaba sobre todo lo que ocurría a nuestro alrededor.

—¿Te acuerdas de Enrique, el carpintero? —me preguntó.

Como yo contestara afirmativamente siguió: —Acaba de morir. Era un hombre muy bueno, muy trabajador. Quería mucho a su mujer y a sus hijos. Y ellos, claro, están muy tristes.

Yo suspiré sabiendo muy bien el dolor que deja la muerte de un ser querido.

—Pues —siguió mi padre— una de las pocas cosas que puede traerle consuelo a una familia en el momento de un entierro, es que alguien diga algo hermoso sobre la persona fallecida.

No estaba demasiado segura del rumbo de la conversación, pero, acostumbrada a las reflexiones de mi padre sobre todo y sobre todos, escuchaba.

—Lo malo —continuó diciendo— es que cuando el que muere es una persona rica siempre hay mucha gente que puede hablar sobre él, pero cuando es una persona humilde, como lo era Enrique, no es fácil encontrar quién lo haga…

Y sin darme tiempo a reaccionar frente a lo que seguía, me preguntó:

—¿No lo harías tú? ¿No dirías unas palabras sobre Enrique, el buen padre, el buen esposo, el carpintero trabajador?

Y así me vi, a aquella edad temprana, frente a una fosa abierta en la tierra, en la parte humilde del cementerio de Camagüey, donde las tumbas no tenían monumentos de mármol ni ángeles de alas inmóviles velando sobre los muertos.

A aquella primera experiencia de despedida de duelo siguieron muchas otras. Eran muchos los pobres que morían y la niña que decía cosas conmovedoras y sensibles —de las cuales todo el crédito correspondía a mi padre— era solicitada con frecuencia.

Cuando ingresé en el Instituto a los doce años, me rebelé contra el papel de oradora fúnebre. Y con la tozudez que empezaba a inspirar la adolescencia, anuncié a mi padre que se habían acabado los discursos.

Sabía que le había herido con mi negativa. Y me dolía haberlo hecho. Pero la vergüenza que inspiraba en mí el insólito papel, en esa edad en que se aspira a la aceptación de los demás por la conformidad con las normas del grupo, me llevó a seguirme negando.

Iba a empezar mi quinto año de bachillerato, cuando en una de las tablillas del Instituto apareció un aviso sobre un concurso nacional de oratoria auspiciado por el Club Rotario en celebración del Centenario de Juan Gualberto Gómez. Los concursantes competirían a nivel municipal, luego a nivel provincial y por último a nivel nacional.

La figura de Juan Gualberto me inspiraba admiración y respeto. Un hombre humilde, hijo liberto de esclavos, cuyo padre logró, trabajando en la fabricación de quitrines y volantas, comprar la libertad del hijo aún no nacido. Juan Gualberto logró estudiar en Francia. Orador elocuente, forjó gran amistad con Martí y colaboró con él en las luchas por la independencia de Cuba. Mientras Martí murió muy joven, a los 33 años, Juan Gualberto llegó a ver la instauración de la república, y su voz valiente continuó analizando esos primeros años de vida ciudadana.

Aunque mi admiración fuera grande, la idea de someterme a un concurso no me apetecía. Ya bastante difícil me era hablar en público. Mucho peor sería hacerlo para ser evaluada. En principio no me gustan las situaciones en las cuales para que alguien gane, otro debe perder. Y de eso exactamente se trataba. Sin embargo, ¡qué satisfacción le daría a mi padre si me animaba a concursar! Y el deseo de darle ese gusto me animó a inscribirme.

Tuve la alegría de ganar el concurso a nivel municipal y al nivel provincial. De hecho, la competencia provincial en la que éramos dos contendientes, un chico y yo, se realizó en un almuerzo provincial rotario. Estoy segura de que la práctica recibida en aquellos almuerzos al aire libre cuando era muy pequeña, me dieron parte de la confianza que necesité ese día.

Cuando ingresé en Loretto Heights, uno de los cursos que me recomendaban era de Speech, es decir, del arte de hablar en público. La consejera suponía que me sería útil para mejorar el inglés.

El doctor Bach era un profesor excelente. Enseñaba, además, cursos de teatro y las representaciones hechas por las alumnas eran de primera calidad.

Desde el primer momento se horrorizó al verme mover las manos mientras hablaba. El uso de gestos o ademanes iba en contra de su filosofía de la oratoria.

—Es la palabra, —me repetía— la palabra, la que tiene que hablar... no las manos.

Me daba todo tipo de consejos, que las colocara sobre la tribuna, que sostuviera una con la otra. Y, cuando ninguno de los consejos consiguió domar mis impulsos caribeños, recurrió al proceso extremo. Me ataba las manos a la espalda antes de que comenzara a hablar.

Confieso que me resultaba un poco humillante, pero comprendía que lo hacía con la mejor intención. Y creo que, más que para librarme de las ligaduras, conseguí por fin demostrar que podía hablar sin usar las manos.

Ese verano regresé a Camagüey. En Loretto había concebido la idea de hacerme monja, esta vez no desde la emoción que me causaba el silencio en la Iglesia de las Mercedes, sino desde la decisión de imitar a las hermanas extraordinarias que allí había conocido.

Cuando al conversar con ellas sobre la posibilidad de entrar a la orden me hablaron de su intención de llevar a cabo algunas misiones destinadas a fomentar la justicia social en Hispanoamérica y me dijeron que consideraban que tendría mucho que aportar a ese trabajo, llené mi aplicación.

Las hermanas sabían que mis padres no eran católicos y que no les sería fácil aceptar esta decisión. Pero confiaban en la fuerza de la Divina Providencia. Así que me mandaron a hacer mis hábitos de postulante para el curso siguiente.

Cuando por fin sugirieron que debía confiarles a mis padres mis planes, escribí una carta. La respuesta fue sorprendente. Mis padres estaban encantados de que entrara al noviciado. Les habían impresionado muy bien las monjas y comprendían mis deseos de entrar en su congregación. Sólo me pedían que fuera a casa a pasar las vacaciones. Incluían un pasaje.

Mi ingenuidad de entonces me sorprende hoy en día. Sin hacer ahora un juicio sobre si entrar al noviciado hubiera sido la mejor decisión de mi vida y a qué me hubiera llevado luego, lo cierto es que no se me ocurrió ni por un momento que mis padres me estuvieran mintiendo.

Era una combinación de fe, la fe de las monjas de que así sería y la fe incondicional que hasta ese momento había tenido en mis padres. Nunca me habían mentido, al menos jamás les había conocido una mentira. Y yo, a pesar de que había ocultado algunas cosas, jamás les había mentido tampoco.

Y caí en la trampa. Todo lo bien intencionada que se quiera, pero trampa al fin… Los meses que siguieron no fueron muy gratos. Mis padres no tenían la menor intención de dejarme volver a Loretto. La mejor experiencia de mi vida hasta el momento había quedado truncada. Las monjas, por supuesto, nada podían hacer, sino pedirme que regalara mi baúl que había quedado guardado en el sótano con su contenido: traje de esquiadora, botas y sombrero tejano, abrigos de invierno y otoño, traje largo de baile y mi colección de suéteres y faldas de lana para alguna alumna que pudiera necesitarlos.

Mi madre se convirtió en mi carcelero. Pero no creo que ninguna cárcel hubiera podido sujetarme si no hubiera sido porque a la vigilancia física de mi madre se unieron los barrotes de la presión emocional.

Mi tía Mireya, a quien siempre he querido como una segunda madre, me esperaba en Camagüey, y durante todos los días que estuvo en casa, me echaba sermones sentimentales diciendo que si persistía en mis planes, causaría la muerte de los padres a quienes tanto quería.

La presión moral era enorme, pero lo era más aún ver a mi madre mostrándome tanto desprecio. Mi padre fue siempre el mismo, pero le notaba la tristeza que le causaba el disgusto de mi madre.

Así que para contentar a mi madre, después de seis meses de malas caras, me eché un novio. Acepté la invitación de un chico que estudiaba en los Estados Unidos y había ido a Camagüey para las Navidades, para ir al baile de año nuevo del Camagüey Tennis Club. Como mi madre no era socia, le pidió a su gran amiga de entonces, Pilarín Novell, quien sí lo era, y a su marido Jorge Castellanos, que me sirvieran de chaperones. Faltaban apenas unos días para el baile y no tenía traje largo. Mi madre, loca de contento, se dedicó a coserme uno. Su entusiasmo no tenía límites.

Mis pequeños éxitos hasta entonces, la medalla de oro del Colegio Zayas, mis buenas notas del Instituto, que incluían haber sido la primera en ganar 100 puntos en un examen de álgebra con una catedrática que decía que de 95 a 99 era para la catedrática y el 100 sólo para Dios, mi triunfo en el concurso provincial de oratoria y las obritas de teatro que había escrito, ninguno le había significado tanto. Todo eso se esperaba de mí. Pero el que fuera a un baile al Tennis Club con un vestido largo de blusa de lamé y falda de tul, eso sí la hacía feliz.

Mi madre era una mujer profesional, muy activa, de una gran inteligencia, pero a pesar del feminismo en que había sido educada, en lo profundo de sí seguía rigiendo que el matrimonio es el primer triunfo de la mujer. No cabía duda de que le preocupaba que fallara en ese aspecto. Y yo quería, por encima de todo, la aprobación de mi madre.

Me apena por el chico que realmente se enamoró de mí. Y por su madre que me rogaba que no lo defraudara. Esa mujer maravillosa se dio cuenta de la fascinación que ejercía sobre mí la casona colonial, muy cerca de la plaza de las Mercedes en que vivían. Mi corazón ha suspirado siempre por una casona colonial camagüeyana…

Ella llegó a decirme: "Sé cuánto te gusta esta casa. Si ustedes se casaran, mi marido y yo se la dejaríamos y nos haríamos una en las afueras de la ciudad".

Era hermoso ver feliz a mi madre. Era muy halagador que la madre de mi novio quisiera tanto que me casara con su hijo, porque la admiraba mucho. Era gratificante verme tan halagada por el chico y, por una vez, tener un lugar igual al de las otras chicas de la sociedad de Camagüey. Pero no estaba enamorada y sabía que estaba cometiendo una traición.

De una manera inesperada, las monjas de Loretto vinieron en mi ayuda en la forma de una de ellas que, precisamente, había dejado la orden. La mujer a quien yo había conocido como Sister Ruth Ann vino a visitarme cuando nos habíamos instalado en Miami, según cuento en el capítulo siguiente. Hablamos mucho y le confié lo que me ocurría. Había podido permanecer en el noviazgo porque mi novio estaba estudiando en Washington, D.C. o sea, que nos veíamos muy rara vez, pero sabía que cada día me comprometía más a algo que no quería continuar. No a causa del chico, sino porque mis sentimientos no correspondían a los suyos. Ella, que acababa de tomar una decisión heroica al dejar la orden por su propia verdad, me dio el ánimo necesario para ser honesta. Y para afrontar una vez más el disgusto de mi madre.

Buscando compensar en algo el disgusto que había creado en mi familia y complacer, por lo menos a mi padre, volví a inscribirme en la competencia nacional del concurso en el que había sido ganadora a nivel provincial y que había sido pospuesto por distintas razones. Competiríamos los ganadores de las seis provincias en que entonces estaba dividida Cuba.

Yo me sentía bastante intimidada. Todos los demás ganadores eran mayores que yo por uno o dos años y habían tenido por lo menos uno de estudios universitarios en Cuba, mientras yo había estado en Loretto. Me sentía distante de la realidad cubana. Sin embargo, escribí mi discurso con gran cuidado. Y mi estupenda amiga Marta Carbonell, de vuelta también de su año en los Estados Unidos, me ayudó a memorizarlo y ensayarlo. Recordaba muy claramente todos los consejos que había recibido del doctor Bach, así que le pedí a Marta que me ayudara a tenerlos presentes.

El día de la presentación me tocó, por razones del apellido, ser la primera en hablar. Luego siguieron los otros tres concursantes. Dos de los ganadores provinciales no se habían inscrito para participar.

Los jueces deliberaron largo rato antes de otorgarme el segundo puesto. Todos coincidían en que mi discurso era el mejor escrito, el más convincente, el más rico en metáforas memorables… pero mi presentación había tenido una falla imperdonable: ¡había gesticulado apenas!

Aunque inicialmente no había tenido ilusión de ganar, qué dolor saber que había estado tan cerca del triunfo, puesto que el premio era nada menos que poder repetir el discurso en la tribuna en la que había hablado en Cayo Hueso, José Martí. Sé que estar de pie, en el mismo lugar que había pisado el Apóstol, tocar la madera en la que se había apoyado, me hubiera producido una enorme emoción, semejante a la que el propio Martí sintió al llegar a la ciudad de Caracas y visitar la estatua de Simón Bolívar

¡Qué dos grandes lecciones aquellas!

La primera, la de que no tenía sentido hacer feliz a mi madre haciéndome infeliz a mí misma, no la aprendí del todo. Muchos años después me embarcaría en un segundo matrimonio buscando la aprobación y el hacer feliz a otros con mi maravillosa imagen de señora bien casada.

La segunda, la de que las normas de un lugar no valen siempre en otros y de que no es posible tener éxito tratando de ser quien uno no es, creo que empezó a tener efecto mucho antes. Lo cierto es que ambas han sido motivo de reflexión continua.

16

· ·

En Cuba, como en cualquier lugar del mundo, aunque en unos se produzcan con mayor rapidez que en otros, los cambios son inevitables. Sólo que algunos cambios son frutos de la evolución y otros, productos de las pasiones humanas.

El poema que comparto a continuación, escrito por mi abuelo galante, habla de los cambios que inició el progreso industrial. La narración que le sigue relata hechos consecuencia de los desórdenes que trae consigo la tiranía.

Adiós, Camagüey de ayer

[fragmento]

Medardo Lafuente Rubio

Adiós, Camagüey de ayer,
tierra de dulce leyenda,
tierra en que puse la ofrenda
de la flor de mi querer;
tierra de gentes amigas
de costumbres patriarcales,
de edificios señoriales
y de églogas y cantigas.

Adiós los grandes aleros,
adiós ventana severa
de balaustres de madera
que inspirara a los troveros.
Ventanas de ayer, ventanas
testigos de los amores
que en otros tiempos mejores
tuvieron las hoy ancianas.
Ciudad que en el alma llevo
Puerto Príncipe de antaño

que retrocedes hogaño
ante un Camagüey más nuevo.

Sepulta pronto en olvido
los típicos tinajones,
los guardapolvos llorones
y el callejón retorcido,
modernízate en buen hora,
caigan las cosas pasadas,
¡sobre sus ruinas sagradas
hay un poeta que llora!
[…]

Camagüey, se van tus rejas,
se van tus costumbres santas,
ya se fueron tus volantas,
Camagüey, ¡cómo te alejas!
Ya los tuyos son más fríos
y en tus modernas mansiones
no caben los tinajones
y emigran a los bohíos.
Ya de las cosas aquellas
que cuentan viejos ufanos
sólo en los tiempos que andamos
quedan tus mujeres bellas.

Botas y uniformes
1956

Mi padre no apreciaba ninguna institución militar. Era pacifista
y creía en el diálogo para la solución de los conflictos. "Nunca
nadie ganó una discusión ni una guerra. En las guerras todos pierden
siempre".

Consideraba a los ejércitos una lacra, un atavismo que los hombres y mujeres del siglo XX debían poder superar. "Hasta que no hayamos eliminado los ejércitos, no habremos llegado a una etapa de progreso. Los gastos en armamentos impiden la evolución: hay que hacer la guerra a las enfermedades, a la ignorancia y a la opresión, que son las causas de la pobreza".

Durante sus años de bachillerato había tenido que usar uniforme militar, obligatorio en su época para los alumnos del Instituto. A él le ofendía que en una institución civil y laica tuviera que vestir ese uniforme y asistir a clases de Instrucción militar. El instructor era un coronel. Llevaba al cinto una cartuchera que contenía una bala de plata.

—Es la bala del honor —les repetía constantemente a los alumnos—. Es la que un oficial debe usar antes de tolerar una afrenta.

A mi padre le irritaba la reiterada insistencia en la balita del honor.

Una cosa es dar la vida para salvar la de alguien, por un principio de justicia o por hacer el bien, pensaba, pero el famoso honor militar le sonaba a algo vacío, hueco, sin sentido.

Cuando en 1932 el sargento Fulgencio Batista se insubordinó y tomó el mando del país con un golpe de Estado, la oficialidad de la capital, en pleno, se encerró en el elegante Hotel Nacional, frente al malecón de La Habana.

Allí, atendidos por camareros obsequiosos que les brindaban todo tipo de platos del abundante menú, deliberaron por varias horas mientras vaciaban las copas de coñac o de whisky. Por fin llegaron a la decisión de que no tenían medios para defenderse y anunciaron que se rendían. Batista aceptó la rendición exigiendo únicamente que salieran desarmados, de uno en uno. Así lo hicieron. Solamente uno, entre todos aquellos oficiales, usó la bala del honor y antes de rendir sus armas, y el país, a los insubordinados, murió por su propia mano. Los demás, como decía mi padre, "Se fueron tranquilamente a sus casas y aquí no ha pasado nada".

—No es que crea que alguien deba suicidarse —explicaba—. Pero tampoco debe presumir toda la vida de llevar al cinto una bala de plata.

Luego relataba: "Pasaron unos meses después del golpe militar hasta que un día, doblando una esquina, me encontré frente a frente con el coronel, ahora vestido de dril blanco, como un ciudadano acomodado. Creo que vencí una de las mayores tentaciones de mi vida cuando me limité a mirarle a los ojos y me callé la pregunta que me ardía en los labios: Y de la balita de plata, ¿qué?".

Al final fueron los militares los que decidieron el curso de mi vida y la de tantos otros.

Aquellas casitas que mis padres habían construido con tanto ensueño para cambiar la vida de algunas decenas de personas estaban muy cerca del Cuartel Agramonte. Aunque las soñaron para los obreros, mis padres no pudieron evitar que muchos de quienes las compraran fueran soldados.

—Son infelices también —opinaba mi madre—. Son hombres de pueblo que no han encontrado otro camino.

Aunque mi padre apreciaba como persona a uno que otro soldado, en general desconfiaba de hombres que prefieren ponerse uniforme y gastar sus energías en marchas y ejercicios, en lugar de en un trabajo útil y provechoso.

Él estimaba al herrero que en su simple herrería bajo el puente, un tejado sostenido con cuatro horcones, manejaba la fragua y herraba caballos, burros, mulas, todo el día y siempre estaba dispuesto a echar una mano a todo el que necesitara sus servicios. Había estimado al carpintero Enrique, ebanista cuidadoso, y a innúmeros albañiles y plomeros de manos encallecidas, y respetaba al peón que ponía cuidado al crear la mezcla y lo animaba a observar y aprender para poder llegar a ser él también maestro albañil. Nunca perdía oportunidad de hablar con los hombres del tejar y oírles repetir sus relatos de la terrible batalla por el Ebro, y las marchas forzadas, y el hambre, y la huída, y el dolor por la madre que no logró cruzar la frontera de Francia, y no vacilaba en arrimar el hombro con ellos y ayudarles a destrabar la enorme rueda de hierro cuando se quedaba atrapada en el barro cuando el caballejo que pasaba la vida dando vueltas alrededor de la pisa no tenía fuerzas para liberarla.

Pero no entendía que para un hombre joven y sano, la vida pudiera reducirse a vestir un uniforme y le espantaban las implicaciones de la existencia de los ejércitos. "Si hay ejércitos habrá guerra o golpes militares", decía con profunda tristeza. Cuando Cuba quedó sometida a una nueva dictadura militar en 1953, se lamentaba de haberla presagiado. "Cuánto hubiera querido no tener razón", suspiraba al ver cómo los militares se desmandaban.

El golpe militar trajo como consecuencia que jóvenes universitarios se alzaran para devolver las instituciones democráticas al país. A medida que la guerrilla se asentaba en la Sierra Maestra, que el grupo del Escambray tomaba fuerza, los militares incapaces de vencer el idealismo de los jóvenes guerrilleros, se endurecían allí donde podían: con el pueblo.

Se hizo cosa común el que un soldado se acercara a un establecimiento cualquiera, eligiera alguna mercancía y luego se marchara sin pagar. Como si el mero usar uniforme le diera un derecho absoluto sobre todo.

Aquellos que habían empezado a comprar a plazos casas o solares, dejaron de pagar las mensualidades. Mi padre podía haberles puesto un juicio de desahucio o de incumplimiento de contrato, pero creía en el diálogo y en la búsqueda de soluciones.

¡Cuántas veces había ayudado a los compradores a resolver problemas! ¡Cuántas veces se había hecho cargo él de la cuenta en la farmacia, de la factura del médico, para asegurarse de que el comprador podía pagar su mínima cuota mensual sin dejar de solucionar las necesidades familiares! Y en ocasiones previas, cuando se había tratado de incumplimiento de parte de un soldado, había hablado con el jefe del regimiento y habían acordado una fórmula para descontarle directamente al soldado algo del sueldo mensual para que no perdiera la propiedad que estaba intentando comprar.

Así que esta vez mi padre se dirigió al cuartel con la lista de los incumplimientos. La recepción que tuvo fue, sin embargo, muy distinta que en ocasiones anteriores.

—¿Es que no comprende usted en qué tiempos vivimos? —le increpó el jefe de plaza como si mi padre en lugar de reportar un incumplimiento hubiera ido a insultarlo. Y cuando mi padre trató de decir algo sobre el contrato legal y las cláusulas que contenía, el oficial lo miró con sorna diciéndole:

—Yo que usted me olvidaba de todo esto. A mí me dicen que tiene usted un par de hijas…

Nada de sutilezas, ni amenazas veladas, el lenguaje había sido directo como el proyectil que acierta en el centro de la diana. Al día siguiente nos fuimos a La Habana a tramitar una visa de residencia para los Estados Unidos. En ese momento era fácil. De hecho la Embajada de los Estados Unidos había habilitado toda la planta baja de su amplio y moderno edificio para este fin. Había varias docenas de mesas que recibían las solicitudes y, si se poseía una cuenta en dólares en un banco de los Estados Unidos con una cierta cantidad en depósito, se obtenía la visa casi de inmediato. Mis padres no eran ricos, pero sí trabajadores y ahorrativos, y mi padre inició ese mismo día el traslado de todos sus ahorros en efectivo a un banco estadounidense.

Y así, en febrero de 1957, después de haber esperado apenas un par de semanas en La Habana, llegamos a Miami con nuestras visas de residencia que tanto ansían los millones de inmigrantes indocumentados.

Después de unos meses, mis padres abonaron la cuota inicial para la compra de una casa en la calle 26, entre la Avenida Biscayne y la bahía. Era una casa sencilla pero amplia. Tenía la ventaja de que en el patio posterior habían construido otra casita. En la casa vivíamos mi hermana Flor, mi prima Nancy y yo, acompañadas por Chiqui Prieto que, de secretaria de mis padres había pasado a ser un miembro más de la familia, pues mis padres regresaron a Cuba. En la casita vivieron, por un tiempo, mi tía Lolita, su esposo Manolo y sus tres hijos. Ellos habían decidido emigrar también, no tanto por razones políticas, porque en La Habana la presión militar no se sentía tan opresivamente como en provincia, sino en busca de un mejor futuro económico.

Mi tío Manolo tenía una hermosa voz y era excelente locutor. Por años había soñado ganarse la vida como locutor radial o actor de televisión, pero a pesar de su talento y de su bonhomía, sólo había conseguido pequeños papeles secundarios.

Era, por otra parte, un magnífico técnico. En Camagüey había tenido a su cargo la planta transmisora de la estación radial La Voz del Tínima, que había sido fundada por mi abuelo paterno, Modesto Ada

Barral. La planta estaba en terrenos de la Quinta Simoni y así conoció Manolo a mi tía Lolita.

Al cabo de unos años decidieron ir a probar suerte a La Habana. Ahora seguirían probando suerte en Miami, donde parecía más factible alcanzar un mejor nivel de vida.

Y así empezó la aventura de vivir en Miami, Florida, cuando todavía los cubanos no habían arribado en grandes números ni cambiado la fisonomía de aquel adormecido pueblo turístico.

17

. . . .

*L*a fabricación de cigarrillos, que en Cuba se llaman cigarros, y de puros o habanos, conocidos en cubano como tabacos, ha sido fuente de trabajo y ganancia para la isla desde épocas coloniales.

Consciente hoy del daño que constituye para la salud de quien fuma, y de quien absorbe su humo, es difícil aceptar el papel que desempeñó el tabaco en la economía y la vida cubana.

Casi nadie en mi familia fumaba, salvo mis dos abuelos, Medardo y Modesto, mi tía Virginia y mi tío Manolo. Como muchas niñas, yo ambicionaba conseguir, cuando quedaban vacías, las cajas de fósforos y las antiguas cajetillas de cartulina.

Con ellas construía mueblecitos para las muñecas de papel, pegando con cola las cajitas vacías. Dos cajetillas de cigarros formaban el espaldar y el asiento de un amplio sillón, con dos cajitas de fósforos como apoyos para los brazos. Una cajita de fósforos puesta de lado hacía el pie de una mesa para la sala, a la que le pegaba una cajita horizontal. La forma de las cajas, con sus líneas geométricas reproducía las líneas *Art Decó*. Cuando fui un poco mayor, las forraba con papel madera e incluso les pintaba líneas negras que imitaban los adornos laqueados de los muebles de esa época.

Nos encantaba que mi abuelo Modesto nos regalara los anillos de papel de sus tabacos que tenían lujosas ilustraciones en color oro. Y más preciadas aún eran las cajas vacías de los puros, con sus hermosas láminas interiores. En ellas guardaba cartas, pañuelos, pequeños recuerdos, conchas, piedrecitas, alguna hoja de álamo y mis sencillas joyas hasta que Rafael Respall, un médium espiritista reconocido en toda Cuba, y gran amigo de la familia, me regaló un antiguo joyero de bronce en cuya tapa estaba grabada una reproducción del cuadro de Madame Recamier que cuelga en el Louvre. Me aseguró que su espíritu era uno de mis guías, y que como ella, siempre podría conseguir que aquellos a quienes amara me amaran a su vez. Y ese joyero se convirtió entonces en uno de mis mayores tesoros.

Vendedora de habanos
1956

*H*abíamos llegado a Miami a la mitad del año escolar, en febrero, un año en que a causa del clima político en Cuba se había mantenido cerrada la universidad. Yo tenía dos inquietudes: conseguir ingreso a una universidad en septiembre y trabajar hasta entonces.

Mis padres no habían sugerido que trabajara, pero a mí me parecía necesario. No sabía estar sin hacer nada.

En casa había trabajado desde niña: ayudando en la joyería El Sol, abriendo los envíos de mercancía, poniendo etiquetas con el precio en clave, haciendo inventario, atendiendo al público, cerrando la caja y preparando el depósito del banco, y luego había aprendido a llevar la sencilla contabilidad de la venta de los terrenos y sabía llenar un contrato y extender los recibos mensuales. En Loretto había tenido amplia responsabilidad como profesora. Tendría que poder encontrar algún empleo que pudiera desempeñar y me sentiría mejor ganando algún dinero. Muchas cosas habían cambiado. Mis padres estaban haciendo un sacrificio extraordinario manteniendo esta casa en Miami y allí estaba el ejemplo de cómo ellos, tan esforzados, habían empezado a trabajar desde muy jóvenes.

Me aferré a las páginas de avisos clasificados del periódico. Eran nutridas, pero en aquellos rectángulos de letras apretadas y abreviaturas no siempre fáciles de descifrar, había pocos trabajos que pudiera hacer. Después de varios días de búsqueda infructuosa, de numerosas llamadas en las que siempre me decían que el puesto de vendedora o de cajera ya había sido ocupado, decidí cambiar de táctica. Salía a comprar el periódico a primera hora, ya lista y arreglada de modo que si en el aviso aparecía una dirección, en lugar de llamar por teléfono me presentaría en persona. Así, cuando apareció un anuncio para cajera me apresuré a presentarme.

La farmacia, en el pleno corazón de la ciudad, estaba en una esquina donde paraban muchos autobuses. Me resultaba ventajoso, pues el autobús que pasaba por la esquina de mi casa me llevaba hasta la puerta del trabajo.

El dueño era un hombre desagradable, con la barba mal rasurada. Sostenía un habano apagado entre los dientes y lo iba pasando de una comisura de los labios a la otra. Me miró de arriba abajo, como si en lugar de entrevistarme para el empleo quisiera intimidarme. Me explicó entre gruñidos lo que había que hacer. Era en realidad sencillo, se trataba de atender la caja a la entrada de la farmacia en el mostrador de cigarrillos y habanos. Había que empaquetar y cobrar cualquier mercancía que los clientes trajeran del interior de la farmacia y vender los cigarrillos y habanos.

Pronto descubrí que la venta de cigarrillos y habanos tenía su propia cultura. Éramos tres muchachas en aquel mostrador y a ratos no había mucho que hacer; sin embargo, a la llegada y salida de los autobuses entraba un tropel de hombres a comprar tabaco. Yo me limitaba a saludarlos, oír su orden y servirla, pero las otras chicas ponían un especial empeño en su trabajo, conocían a muchos por nombre, sabían sus marcas preferidas, les hacían chistes y bromeaban con ellos. No faltaba quien les apretara la mano o les agarrara la mejilla, y luego descubrí que les daban propina, casi siempre diciéndoles, al pagar, que se quedaran con el vuelto, el cual se apresuraban a guardar disimuladamente en el bolsillo. Yo, ajena a todo esto por temperamento, prefería quedarme en segunda línea, alcanzándoles a ellas los productos que les solicitaban y dejándolas interactuar con sus clientes. Ellas lo agradecían, porque habían temido tener que repartir conmigo las propinas.

En la joyería El Sol disfruté siempre atendiendo a los clientes. Me alegraba encontrar la mercancía que buscaban y enseñarles los nuevos productos, sobre todo en época de Navidad, cuando pedían figuras de nacimiento o cuando llegaban cajas con porcelanas de la China. Pero ahora se trataba de vender una mercancía que yo no apreciaba a unos hombres que me parecía que, en su mayor parte, trataban a las chicas con un sentido de superioridad que me resultaba ofensivo.

Había otro aspecto desagradable relacionado con esta venta de tabaco. Las instrucciones eran precisas. Nadie quiere comprar los últimos habanos de una caja. En cuanto se vendía la mitad de los puros de una caja se abría una caja nueva. Se colocaba una hilera de habanos de la nueva caja en el fondo y los restantes de la caja anterior en la parte superior. De ese modo, todos creerían siempre que estaban comprando habanos de una caja recién abierta. Aunque comprendía que era algo bastante insignificante, puesto que los habanos se vendían con bastante rapidez, me dejaba un mal sabor aquella argucia.

Otra explicación del dueño me recordó al refrán "El ladrón cree que todos son de su condición". Me mostró un reporte que tenía engrapado un recibo de venta de la farmacia. Incluía fecha, hora y una breve descripción de una compra, y el trato recibido de parte de una dependienta cuyo nombre se incluía. En forma hosca me advirtió:

—Cualquier día, a cualquier hora, el cliente más insospechado, un anciano, una madre con un niño en brazos, puede ser un agente de esta empresa. Y yo recibiré un informe del trato que haya recibido. Alguna equivocación al dar el cambio será motivo de despido.

Desde ese momento supe que no me sentiría feliz trabajando en esa tienda y que seguiría revisando las columnas de avisos clasificados hasta encontrar otro lugar.

Mi disgusto fue pronto en aumento. El dueño de la farmacia, que no el farmacéutico, que era un joven delgado y tímido y meramente su empleado, nos exigía un reporte de las ventas del día y del inventario para poder ordenar las mercancías necesarias. Nos turnábamos para hacer el reporte. Pronto se dio cuenta de que mis reportes eran más detallados, ordenados y precisos que los demás. Me preguntó si sabía algo de contabilidad y si aceptaría trabajar en la oficina con un mínimo aumento de sueldo.

Su oficina era un enorme escritorio, algo destartalado, en una esquina del almacén detrás de la farmacia. Mi responsabilidad sería llevar el inventario, preparar las órdenes de compra, contestar alguna correspondencia y preparar el pago de las facturas.

Allí sus pequeñas mezquindades se hicieron aún más evidentes. Tenía establecido un sistema para demorar el pago de las facturas. Me instruyó que preparara la carta que debía acompañar el cheque exactamente el día que se vencía el plazo y que ese día le solicitara el cheque. Él lo escribía, pero se cuidaba de que no pudiera cobrarse: en unos casos "se olvidaba" de firmarlo; en otros cometía errores al escribir la cifra, creando una discrepancia entre las cantidades escritas con números y con letras; en otros ponía una fecha equivocada, anticipada. Todos esos errores voluntarios hacían que los cheques fueran devueltos. Yo debía entonces escribir una breve excusa que ya tenía él redactada y demorarme unos días en enviarla con el nuevo cheque. Daba órdenes de que las cartas se enviaran siempre en viernes, para ganar, además, el fin de semana.

Otro modo de conseguir unos cuantos dólares extras a base de triquiñuelas era con los reclamos a las compañías de seguro. La mercancía llegaba asegurada por el vendedor. Cualquier reclamo exigía que se devolviera la mercancía rota o averiada acompañada de un informe, excepto en el caso de que la reclamación tuviera un costo máximo de $25.00 a $50.00, según el envío. De ser así, bastaba con llenar la hoja de reclamo, puesto que el monto del reclamo no justificaba los gastos de devolución de la mercancía averiada.

Él revisaba con fruición los papeles del seguro que acompañaban a cada factura y, aunque la mercancía no hubiera sufrido daño alguno, me pedía que llenara las hojas de reclamo por la cantidad máxima que pudiera reclamarse sin pruebas.

Acostumbrada a trabajar con mis padres, para quienes la honradez era modo de vida, me tardé unos días entender lo que estaba ocurriendo. Al principio temía que por diferencias de idioma y costumbres no estuviera comprendiendo bien lo que sucedía, pero una vez que me quedó claro, lo cuestioné. Me contestó con todo desacato que no era mi papel cuestionar sus órdenes, pero que si lo que estaba buscando era un aumento de sueldo, él estaba dispuesto a dármelo.

Pero había decidido no continuar allí, aun si todavía no había podido encontrar otro empleo, y le contesté cortés pero firmemente, que mi decisión era definitiva. Y le dejé mordiendo su habano apagado, sintiéndome feliz de alejarme de esa experiencia y agradecida de no depender de ese sueldo para vivir.

Afortunadamente en la edición de ese domingo apareció anunciado otro empleo de cajera en una farmacia en la calle Collins, en Miami Beach. Aunque me resultaría un viaje en autobús mucho más largo, el lunes a primera hora estaba allí para llenar la solicitud. No quise mencionar siquiera el trabajo anterior, queriendo borrar todo contacto con aquel lugar. Y no tuve dificultad alguna en conseguir el empleo.

Ésta era una farmacia completamente distinta: clara, limpia y ordenada. La diferencia más significativa era que tenía una barra con mostrador de formica roja y banquetas redondas de vinyl rojo, ambas con brillantes ribetes de cromo. La atendían jóvenes que usaban chaquetas y quepis blancos y servían, además de emparedados y refrescos, deliciosos *milk shakes* y copas de helados, altos *sundays* coronados por una cereza encendida, o *banana split,* en los que medias bananas rodeaban helados de tres sabores.

La farmacia era un lugar alegre que en la tarde frecuentaban los estudiantes de bachillerato a la salida de clases y al mediodía, señoras que andaban de compras y una que otra oficinista.

Por su ubicación en la entonces zona comercial más elegante de Miami Beach, la clientela que acudía era gente a la que le sobraba el tiempo para buscar con calma la crema que asegurara la eterna juventud de su piel o el tono exacto de lápiz de labios que hiciera juego con el vestido que acababan de adquirir en una de las boutiques cercanas. Usualmente estaban de buen humor, sonreían y daban las gracias como si cobrar el importe de su compra fuera hacerles un gran favor.

Mis días allí fueron fáciles y sin conflicto, pero sembraron en mí la determinación de ganarme la vida sin depender de un empleo de 9 de la mañana a 5 de la tarde. Nunca podría ser feliz trabajando de ese modo. Y por difícil que fuera el trabajo y el esfuerzo que exigiera, quería cumplirlo a mi modo, en mi tiempo y mi espacio, siguiendo el modelo de mis padres.

La vida se ha encargado de probar que aquella intuición era verdadera y aunque posiblemente he trabajado mucho más que la mayoría de los profesionales que conozco, lo he hecho con la alegría profunda de seguir mi propia iniciativa sin mirar nunca el reloj.

18

· ·

En Cuba, en 1956, no se conocía *El principito* de Saint Exupéry. A su regreso de los Estados Unidos, Marta Carbonell me trajo de regalo una copia en inglés.

A pesar de mi larga amistad con tantos libros, ninguno me había conmovido tanto hasta entonces. La frase "lo esencial es invisible a los ojos" me pareció una revelación.

Como me resultaba imposible quedarme con tal regalo para mí sola, me puse de inmediato a la tarea de traducirlo. Sin conciencia alguna de lo que significan los derechos de autor, me lancé a preparar una edición. Lo único que me importaba era compartir el libro. Estoy segura de que a Saint Exupéry no le hubiera importado en absoluto el humilde resultado. Una vez traducido el libro, lo copié penosamente, en "esténciles", aquellas hojas gelatinosas que se cortaban mecanografiándolas en una máquina de escribir sin cinta. Con un punzón, calqué los dibujos en los lugares indicados. Y luego compré suficiente papel y tinta para producir cien copias.

Fue mi regalo de Navidad a familiares y amigos ese año. Todavía tengo una copia, aunque nunca me he atrevido a volver a leerla, porque para aquel atrevimiento era necesaria la inocencia de mi vida provinciana.

Confieso que hice además una copia a mano, escribiendo con tinta y mi mejor letra, copiando y coloreando los dibujos, en un cuaderno de tapas duras. Pero eso fue un regalo privado; y aunque aquel cuaderno ha tenido un camino bastante extraordinario que jamás hubiera podido imaginar y ha terminado en manos muy famosas, aquí queda como el regalo privado que fue.

De nuevo profesora de español
1957

Mi segunda inquietud de aquellos meses era la de conseguir admisión en una universidad. Deseosa de poder repetir una experiencia tan grata y enriquecedora como la de Loretto Heights College, solicité una entrevista con la presidenta de Barry College, el único *college* católico para mujeres en la zona.

Barry, perteneciente a las monjas dominicas, y que ahora es universidad, tenía un hermoso campus, con edificios blancos de techos de tejas estilo español y cuidadísimos jardines. La primera impresión no podía ser más agradable. Mirando atrás, me maravillo de mi osadía al haber solicitado una entrevista con la presidenta. Pero uno de los tantos regalos que recibí de las monjas de Loretto, fue desarrollar la confianza en mí y enfrentar cualquier situación con sencillez y sinceridad.

El rostro afilado de la monja, enmarcado por el ribete blanco bajo el velo negro, se contrajo al oírme sugerir que podía dictar clases de español a cambio de no tener que pagar la matrícula. Convirtiendo la ira en sarcasmo me increpó:

—Y, ¿crees que yo voy a creer que has enseñado clases de *college* siendo apenas una alumna de primer año?

Comprendí en ese momento que había cometido un grave error pidiendo esta entrevista y presentándome a ella sin nada más que mi persona y mi palabra. Me embargó el deseo de levantarme e irme. Pero logré contenerme. Procurando mantener la serenidad, respiré profundamente y contesté a su pregunta con una sugerencia:

—¿No podría usted llamar por teléfono a Sister Eileen Marie, la presidenta de Loretto Heights? Ella podrá explicarle…

Mirándome con ojos acerados, la mujer cogió el teléfono. Pidió a su secretaria que estableciera la comunicación y mientras esperaba siguió mirándome en silencio, como calculando las posibles ventajas que pudiera ofrecerle una respuesta que comprobara la veracidad de lo que había dicho o la satisfacción que, en cambio, le daría el hacerme retractar si la respuesta fuera contraria. Fue ella la que terminó retractándose. Después de reflejar primero sorpresa y luego admiración al oír las palabras de Sister Eileen Marie, cuando le dijo que me tenía frente a ella en su despacho, su rostro volvió a ser impasible, .

—Es una historia asombrosa —comentó—. Comprenderás que no fuera fácil aceptarla en un primer momento.

—Por supuesto —le contesté. Y permanecí expectante.

—Pues lo cierto es que tenemos necesidad de alguien que nos ayude en las clases de español. Y podemos darte una beca que cubra tu matrícula si estás dispuesta a colaborar como lo hiciste en Loretto.

—Me encantará hacerlo y le agradezco la oportunidad —dije con entusiasmo, porque el año sin asistir a clases se me había hecho muy duro, aunque no me pasaba desapercibido que en Barry no iba a encontrar ni el mismo calor humano ni el mismo respeto que en Loretto Heights. Y no me equivocaba, al contrario, no podía entonces comprender en toda su extensión que mientras en Loretto había conocido a unas mujeres excepcionales, que encarnaban los mejores valores, en Barry conocería el poder destructivo de la envidia y el rencor.

La infeliz monja a la que antes de mi llegada le habían asignado por obediencia —como si la obediencia pudiera sustituir al saber— la enseñanza de los cursos de español, me recibió con recelo. En lugar de sentir alivio de que alguien la relevara de tratar de enseñar un idioma del que apenas tenía mínimos rudimentos, se llenó de resentimiento al ver que la tarea se le asignaba a una chiquilla, extranjera por demás. No valieron de nada mis pruebas de sumisión a su autoridad ni la humildad con la que enfrenté la tarea cuando comprendí que para ella era importante aparecer como la profesora y que mi papel quedara muy bien definido como el de su ayudante.

Los primeros días se sentaba en el aula y me interrumpía a cada rato sin verdadero motivo para ello. Cuando quedó claro que sus interrupciones no aportaban nada e irritaban a las alumnas, deseosas de seguir la clase, dejó de asistir de forma regular, pero entraba y salía a su antojo y me daba órdenes innecesarias como que no me fuera a olvidar de limpiar la pizarra o que le llevara los trabajos a su oficina para revisarlos. Era un intento constante de afirmar su autoridad y disminuir la mía frente a las alumnas.

Yo trataba de que sus desmanes no perturbaran el espíritu de entusiasmo y alegría que existía en la clase, porque sentía que más que a mí, abochornaba a las alumnas que se afanaban por limpiar la pizarra y darme todo tipo de expresiones de afecto. Yo enseñaba con entusiasmo y ellas aprendian con gusto y sin gran dificultad.

Ésta fue mi primera visión de algo que volvería a repetirse varias veces en mi carrera docente: comprender que mi alianza era con los estudiantes y que mi fidelidad se debía a ellos.

Lo que me resultaba más difícil era que la misma monja fuera mi profesora en un curso avanzado de Historia de los Estados Unidos. Yo llegaba a la materia con desventaja.

No la había tomado en Loretto Heights y, claro, tampoco durante el bachillerato, mientras que mis compañeras la venían estudiando desde la escuela primaria. Tenía en cambio a mi favor, haber tenido cursos excelentes de Historia Universal durante el bachillerato en Camagüey, gracias al exigente doctor Carbó, y cursos de Historia de Cuba y de Historia de América que me daban valiosas perspectivas. Además, me encantaba la historia y sabía estudiar.

Como mi inglés académico todavía era incipiente, ponía un empeño enorme para asegurarme de la corrección de mis trabajos escritos. Usaba el diccionario constantemente, los corregía una y otra vez, y, por último, hice un acuerdo con una alumna estadounidense para que les diera una lectura final a mis trabajos de historia, a cambio de ayudarla en sus lecturas para un curso de literatura española que dictaba una profesora laica contratada a tiempo parcial.

En realidad este arreglo terminó resultándome ventajoso de más modos que el anticipado. La monja me había condenado a ser una alumna que sacaba sólo B en los trabajos, sin importar cuánto empeño pusiera en ellos. Y yo, que aspiraba a ser alumna sobresaliente, me había resignado a ese notable. Estaba haciendo un gran esfuerzo dictando dos cursos con más de 30 estudiantes en cada uno y llevaba además un horario de 20 horas de clase a la semana. Pero el día que nos devolvió el trabajo más importante del curso, que determinaría en gran medida la nota final, y vi que mi calificación era una C, levanté la mano para preguntar la causa.

La monja soltó en ese momento toda su animosidad hacia mí:

—Este trabajo es copiado. Nada de esto lo escribiste tú —me respondió—. Ya es mucha condescendencia darte una C.

Me quedé totalmente lívida, sin decir palabra. Y ella, para rematar su argumento, dijo:

—Está demasiado bien escrito. No puede ser tuyo.

Yo continuaba sin decir palabra. Pensaba en defenderme, en pedirle que me examinara al frente de la clase y a la vez, no quería ahondar más la animosidad y, ¡tantas de mis compañeras eran a la vez mis alumnas! ¿Cómo iba a verse este enfrentamiento?

Mientras seguía en silencio, la compañera que me había ayudado a revisar el trabajo se puso a su vez de pie.

—Está cometiendo un error —le dijo a la profesora—. A mí me consta que lo escribió ella. Yo he visto sus numerosos borradores y hemos discutido algunos aspectos gramaticales, pero la investigación y las ideas son suyas. Mire, véalo.

Y acercándose a mi silla tomó la carpeta donde sabía que tenía los borradores y las fichas del trabajo.

Se acercó con ellas en una mano a la mesa de la profesora. En la otra, llevaba su propio trabajo. Depositó ambas cosas sobre la mesa diciendo:

—Allí dejo también mi trabajo. No estoy dispuesta a aceptar una A si ella no merece una también.

Y se dispuso a salir del aula.

Para mi sorpresa, el resto de las alumnas procedieron a dejar también sus trabajos sobre la mesa de la profesora y salieron del aula.

Yo esperé un momento, luego recogí con calma el resto de mis libros y papeles y, bajando la cabeza para no mirar a la monja, salí también.

¡Qué sentimientos encontrados me embargaban! Hubiera dado cualquier cosa por evitar el bochorno que habíamos sentido tanto la monja como yo. Y a la vez, qué claro era que mis compañeras habían visto demasiado bien la injusticia que cometía conmigo y habían decidido seguir el dictado de sus conciencias.

Mi agradecimiento se tornó compromiso. Había comprendido el papel del aliado, de aquel que levanta su voz a favor del inocente, que arriesga su privilegio en defensa de la justicia. Desde aquel momento, nunca vacilaría en asumir la postura del aliado siempre que tuviera ocasión, único modo posible de mostrar mi gratitud hacia aquella acción noble y solidaria.

19

• •

*L*as playas de Cuba son de incomparable belleza. Durante mi juventud, muchas eran inaccesibles. Algunas pertenecían a fincas particulares y nunca se había abierto un camino hacia ellas.

Tuve el privilegio de conocer la playa de Santa Lucía, al norte de
Camagüey, cuando en su mayor parte era una playa virgen que nadie
había pisado en mucho tiempo, quizá nunca.

Los dueños de la finca que la comprendía solicitaron el trabajo de
mi padre como agrimensor, para medir el terreno y trazar un camino
hacia la playa, donde construyeron un par de sencillas casas de madera,
posiblemente provisionales antes de construir algo más amplio. Como
reconocimiento por los esfuerzos de mi padre le prestaron o le alquila-
ron, no lo sé bien, una de aquellas casitas en dos veranos sucesivos.

En *El siglo de las luces,* Alejo Carpentier describe magistralmente la
belleza de las playas vírgenes cubanas. No sé si la frase que se dice excla-
mó Cristóbal Colón "Ésta es la tierra más hermosa que ojos humanos
han visto" fuera inspirada por esas playas. Sólo puedo atestiguar que
quien no las haya visto tiene todavía la posibilidad de descubrir una de
las más claras manifestaciones de la belleza de nuestro planeta.

La magia del Caribe
1958

*E*l esfuerzo y las tensiones de aquel curso escolar fueron excesivos
para mí. Logré terminar todas las asignaturas, las que estudiaba y las que dictaba, pero apenas acabó la última clase me enfermé.
Me salieron moretones por todo el cuerpo. Los análisis arrojaron que
tenía una notable baja de plaquetas en la sangre y el médico diagnosti-
có "mononucleosis" una de esas enfermedades de moda que aparecen
para explicar las bajas del organismo y que luego desaparecen como
llegaron.

Durante el transcurso de ese año escolar, mis padres que habían renunciado a cobrarles a los militares y que ya no disfrutaban vivir en la Quintica, por su cercanía al cuartel Agramonte, decidieron comprar y parcelar una finca que vendían al otro extremo de la ciudad. Formaron una sociedad anónima con un grupo de amigos. Como principales accionistas, se reservaron la sección en la que estaba la vieja casa hacienda, mucho menor que la Quinta, aunque mayor que la Quintica, y desde allí empezaron la urbanización a la que, por colindar con otra llamada Montecarlo, nombraron Reparto Mónaco.

Mi madre decidió que necesitábamos unas buenas vacaciones en Cuba y convencidos de que, puesto que no habían vuelto a hacer reclamaciones, los militares no estarían pendientes de nosotras, nos llevaron a Camagüey.

Viví muy pocos días en la casa de Mónaco y mis recuerdos de ella son muy imprecisos. Era una casa de techos muy altos, fresca y acogedora.

Para mí era como estar de visita. La parte inolvidable de ese verano fue el mes que pasamos en la playa de Santa Lucía. Allí viví la más profunda intimidad de mar y cielo de mi vida.

Nadie en la playa desierta. Diminutos cráteres de espuma, abandonados allí un instante después de retirarse la ola, eliminados casi de inmediato por el aire y el sol, y por la propia arena que se los tragaba. ¿A dónde se lleva la arena a la espuma que se traga, como un niño goloso que lamiera un merengue? Por largos minutos observo a la espuma aparecer, desaparecer. Sólo dejo de mirarla para observar a una gaviota.

Se diría flecha disparada hacia un blanco, tan segura, y, sin embargo, no puedo saber hacia dónde va, sólo que si descubre el fulgor de algún pececillo entre las aguas, se lanzará sobre él. Observo con atención la cresta de las olas, para ver si advierte el relampagueante lomo de alguna sardina, posible desayuno de la airosa gaviota.

Al ponerme de pie para observar mejor, siento desprenderse algunos de los granos de arena que habían estado adheridos a mi cuerpo. Ya nunca más podré reconocerlos y, sin embargo, me dan su caricia, los sentía como parte de mí mientras los tenía pegados a la piel.

Miro la blanca extensión de arena matizada de pequeños fragmentos de conchas, de brillantes puntos de sal. ¿Habrían sido alguna vez uno con otro cuerpo aquellos granos que ahora ya no podría reconocer? ¿Habrían nacido allí en tiempos tan antiguos que no me era posible imaginar? ¿O habrían llegado arrastrados por las olas desde lejanos lugares misteriosos?

Camino lentamente, con la lentitud que aquella playa exige, temerosa de sentir un doloroso crujido que anuncia que una de aquellas irisadas maravillas, conchas casi transparentes de tan finas, hubiera comenzado por acción de mis pasos el lento proceso de ser reducida a arena. Qué dolor pisar, sin saberlo una concha, y comprobar luego la destrucción del hermoso abanico tornasolado, deshecho, irreparable ya para siempre.

¿Cuántos días recorrí aquella playa, siempre la misma y siempre única?

Recuerdo vivamente el último día de aquel mes de arena y azul de mar y cielo. Por ser el de la despedida, había querido ser más dueña de la playa que nunca y madrugué pensando que así no compartiría con nadie la inmensa extensión. Pero aquella vez, además de mi hermana y mis primas, habíamos llevado con nosotros a Jacqueline, hija de unos buenos amigos. La niña de grandes ojos oscuros y hermosos cabellos negros, me oyó levantarme y quiso ir conmigo. No pude rechazarla y me escapé con ella en dirección a la caleta de pescadores de careyes.

Llegamos casi hasta la palizada que encierra las primeras chozas. No quiero acercarme más, para que la niña no vea el espectáculo de las grandes tortugas echadas boca arriba, su inútil pataleo que nunca les permitirá llegar a enderezarse, bajo los precarios techos de guano que apenas mitigan el ardor del sol para impedir que mueran antes de la llegada del pequeño vapor que vendrá en busca de la carne recién sacrificada. Me estremece pensar en la vida de aquel grupo de hombres y mujeres, de aquellos niños semidesnudos, cuya vida transcurría sin más visita que la de los rudos marineros del barquichuelo aquél. ¿Qué sentirían? No es que considere imposible ver transcurrir los años en la inmensidad plenísima de aquella playa cuya virginidad es diariamente renovada. Aquella playa que tomaba cada amanecer un rostro distinto, obra de la luz, de las olas. Delicadas conchas de todo tipo, de suave transparencia, tenue rosa o encendido naranja; pequeños abanicos de algas moradas que alguna marejada arrancara del fondo; grandes caracoles, sonoros cobos que reproducían en su interior el ruido del mar; algún cangrejito rosado yendo a ocultarse con su andar trasnochado en la pequeña cueva, dejando en la arena el último rastro de sus patas; un macao que arrastraba tras de sí oscuro caracol, casa prestada; o maderos pulidos, retorcidos, de formas sugerentes, jamás repetidas.

Pero, para las gentes que pasan allí toda la vida, ¿sería la playa la misma inagotable cantera de maravillas o sólo un marco monótono, en poco diferente de una cárcel?

En una de las visitas anteriores a la caleta me había separado del grupo, mientras mi madre, mi hermana y mis primas se dedicaban a mirar a las tortugas, a comprar ovas y carne y a oír las explicaciones de los pescadores que les contaban cómo apresaban a los inmensos animales, después de haber desovado en la arena y antes de que subiera la marea que les permitía sobrenadar el arrecife que las apresaba como una trampa natural. Al regreso no quise unirme a las otras , que se preguntaban, cuchicheando y riéndose entre sí, qué me pasaba, por qué andaba cabizbaja y pensativa por la orilla del agua.

Les encantaba bromear, y sin malicia alguna, se habían reído ese día más que nunca de mí, burlándose de mis ensoñaciones. Creían saber más de mí de lo que en realidad sabían.

Mi melancolía se había iniciado al ver, por un momento, en la puerta de uno de los bohíos, a una chica, aproximadamente de mi edad. Todo el regreso me había preguntado: ¿Cuál será su vida? ¿Conocerá el amor? ¿Con quién se casará? ¿Con algún muchacho de otro de los bohíos? Si es así, me decía, habrán corrido juntos semidesnudos entre las piedras; habrán buscado huevos de tortuga en la arena; se habrán metido en los carapachos vacíos de los careyes; habrán desprendido, ayudándose, cuidadosamente, las escamas de carey, posiblemente preguntándose para qué todo aquel trabajo, pues, ¿qué pueden saber de peinetas y peines de carey?

Y entonces me asaltaba el pensamiento: ¿Cómo puede casarse una con alguien a quien ha conocido toda la vida? ¿No requiere el amor de misterio, de descubrimiento? Otra posibilidad es que despertara el interés de alguno de los marineros que arribaban en el pequeño barco carenero cada mes. Pero como había visto el aspecto sórdido del barco, los rostros hirsutos de los hombres, sus broncas voces, no podía superponer a aquella imagen la de la silueta frágil y el rostro asustadizo que viera a la puerta del bohío.

Me aparto de los recuerdos de aquel otro día, para no preocupar a Jacqueline y me la llevo, en cambio, un poco más allá de los bohíos, para enseñarle cómo rompe el mar en el extremo del promontorio. Allí me sorprende ver un curioso y sencillo monumento sobre el acantilado. Tras un cristal ennegrecido por la humedad, la foto amarillenta de un mambí que allí desembarcara para unirse a la insurrección libertadora.

El nombre inscrito bajo la foto no me es familiar. Pero debía ser venerable para las gentes sencillas, pues no faltaban unas cuantas flores bajo el retrato. Sé qué difícil es ver asomarse la más breve florecilla silvestre en los manglares. Éstas eran flores sembradas y cuidadas en algún tiesto despostillado o alguna lata vieja.

De regreso, mientras la leve espuma se deshace a nuestros pies, ensortijándonos los dedos, alcanzando a ratos nuestros tobillos, y mientras Jacqueline recoge entusiasmada concha tras concha, me pregunto: ¿Será la chica quien va a cambiar esas flores que el sol agostará muy pronto sin remedio? ¿Sabrá quién es el patriota de la borrosa foto? Y se me ocurre pensar: a lo mejor es su abuelo, porque, quién dice que, cansado del peligroso viaje que lo trajera hasta estas costas, al preguntar a los antecesores de estos pescadores por una ruta al interior, no dejara el mambí un poco de su pasión, de sus inflamadas ansias de libertador en el pecho de alguna muchacha que, como la que he visto, se asomara tímidamente a la puerta del bohío. Quizá ella, continúo pensando, al llevar los pequeños tributos, amarillos, morados, blancos, va movida menos por el deseo de honrar al patriota, porque, ¿qué puede ser la Patria, libre o no, para estas gentes siempre aisladas aquí?, que por la ilusión de estar alimentando el espíritu revolucionario que pueda traer a estas costas remotas a otro gentil rebelde, capaz de compartir con ella el amor.

Ya de regreso, cargando a la niña rendida de tanto caminar, miro atrás las huellas que voy dejando en la arena y que muy pronto borrarán o las olas o el viento. Y hoy escribo estas líneas, porque la huella que dejó en mi alma aquella playa no se ha borrado nunca.

20

· ·

Cuba ha sido pródiga en grandes figuras literarias, baste recordar a José Martí, Nicolás Guillén, Alejo Carpentier… Ser camagüeyana significa sentir el orgullo de ser coterránea de una de esas grandes figuras, Gertrudis Gómez de Avellaneda.

Desde la adolescencia sentía el ansia de viajar, de conocer lugares distintos, de ver el mundo fuera de Cuba y, amándola profundamente, mi ciudad se me hacía pequeña. Nunca imaginé que viviría la mayor parte de mi vida fuera de ella… y si lo hubiera sabido, el pensamiento me hubiera sido insufrible, la pena inmensa.

Cuando en los días del bachillerato empecé a leer a la Avellaneda, su soneto "Al partir", cargado de nostalgia por la patria que va a dejar, se me hizo propio. Y cuando caminaba a solas por las calles, tocaba los viejos muros de las iglesias, observaba la esquina de un callejón, la cornisa de una casona, el torneado de los balaustres de una ventana, atesorando estas minucias como una colección de piedras preciosas, guardada muy hondo, intuyendo que quizá algún día necesitaría desempolvar el estuche que las encerraba y encontrar en cada una de aquellas piedrecitas la fuerza para seguir adelante.

Sería falso decir que al irme a España, llena de ilusiones, me embargaba la misma nostalgia que inspiró este soneto, y sin embargo, es cierto que me llevé conmigo, junto con mis dos grandes tesoros, el libro de poemas de mi abuelo y sus cartas a mi abuela, el tomo I de las Obras de la Avellaneda, publicado en 1914, que había encontrado entre los libros de mis abuelos y que mi tío Mario Ada, me había hecho encuadernar. Porque me llevé ese volumen entonces a España, aún lo conservo. Y junto al libro me llevaba, grabados en la memoria, resonando muy dentro, estos versos:

Al partir

GERTRUDIS GÓMEZ DE AVELLANEDA

¡Perla del mar! ¡Estrella de Occidente!
¡Hermosa Cuba! Tu brillante cielo
la noche cubre con su opaco velo
como cubre el dolor mi triste frente.

¡Voy a partir!... La chusma diligente
para arrancarme del nativo suelo
las velas iza y pronta a su desvelo
la brisa acude de tu zona ardiente.

¡Adiós, patria feliz, edén querido!
¡Doquier que el hado en su furor me impela,
tu dulce nombre halagará mi oído!

¡Adiós!... Ya cruje la turgente vela…
el ancla se alza… el buque estremecido
las olas corta y silencioso vuela!

Y añorando la quietud profunda de aquella playa y la paz del patio
de mi infancia, en algún momento escribí:

Un nuevo día
flores blancas en un árbol querido
pistilos
sin pretensión de pétalos
reunidos en haz suave
sugerentes
de caricia en la piel.

Tengo sed de sol
de brisa cálida
de palmeras

de fresca agua de coco
y mangos firmes
recién madurados en un árbol
      vecino
de matas de plátano y malanga
      con hojas de orejas de elefantes
de la fragancia
      de los frangipani
del rojo de los mar pacíficos
de un embrujo especial
      en el aire de atardecer
      temprano
de la profundidad oscura
      de las noches
de arena blanca y suave
      de conchas delicadas
de un mar azul sin límites
con sabor soterrado
      a ron y especias.

Tengo sed de quietud
      de no hacer nada
de que nadie pregunte
de que nada se explique
de ir sin tener que venir

de reencontrar mi yo
que anda perdido
entre fechas y horas.

Y crucé el Atlántico
1958

*E*l verano llegaba a su fin y era necesario hacer planes para el curso siguiente. Yo no deseaba volver a Barry College. Todo el amor que había sentido en Loretto, que me había hecho desear pasar el resto de mi vida como una de sus monjas, hacía aún más difícil de soportar a Barry. Había hecho grandes amigas entre las alumnas, pero el ambiente del lugar me asfixiaba.

Conversé con mi padre diciéndole cuánto me gustaría poder estudiar en un país de lengua española y le sugerí que me dejara ir a México. No conocía a nadie en ese país, salvo a un par de hermanos estudiantes, Ada Paulina y Hernán Augusto Díaz Batista, a quien había conocido en un congreso de juventudes católicas en La Habana y que, por esos increíbles juegos del destino, luego resultaron ser primos de un muy querido amigo y colega en la creación de libros infantiles, el fotógrafo y autor Jorge Ancona.

Pero mi ilusión por ir a México se basaba en varios factores que nada tenían que ver con tener conocidos allí. En primer lugar México era, desde Cuba, el gran país hispanoamericano donde se había llevado a cabo una Revolución que había dado impulso a las artes y la literatura. En aquel entonces no había todavía descubierto a Frida, pero estaban los grandes gigantes, los muralistas, Diego Rivera, Orozco, Siqueiros. Me había conmovido la literatura de Juan Rulfo, de Agustín Yáñez. Y para darle un toque humano a mi deseo, estaban los cuentos de mi tía Mireya y de su compañera Zoila Martínez Estévez, quienes habían estudiado con el Ballet Folklórico de México.

Para mi padre la idea era totalmente peregrina. ¿Cómo iba a ir yo sola a un país desconocido? No existían cursos organizados para extranjeros y en aquel paleolítico pre-Internet, de lentas y difíciles comunicaciones, no era extraño que mi padre no aceptara mi sugerencia.

Sin embargo, lejos de echar mi ruego en saco roto, me ofreció otra alternativa: la de venir a estudiar en España. Y escribo "venir" conscientemente, porque es en España donde escribo estas líneas.

En Madrid vivía el tío José Luis, el hermano menor de mi abuelo Medardo. En su juventud había visitado a mi abuelo en Cuba, cuando mis dos tías mayores eran apenas unas niñitas y mi madre aún no había nacido. Regresó a España con la intención de volver a Cuba, pero se casó en Madrid y la Guerra Civil destruyó todos sus planes. Escribía con gran asiduidad a sus sobrinas. Mi madre fue su mejor corresponsal y, como ya comenté, en algún momento me había pasado a mí el honor de responder las cartas del tío. Ésta fue una de mis primeras grandes aventuras epistolares.

Y ahora mi padre me sugería venir a estudiar a España y vivir en casa de los tíos. Salí de Santa Lucía con los ojos llenos de mar y cielo, y qué bueno que así fuera porque su imagen tendría que durarme mucho tiempo.

Alguna vez podría volver a Cuba, pero no antes de que pasaran 20 años y para entonces habría vivido muchas vidas, y Cuba y yo seríamos muy distintas. Pero eso es otra historia que sólo ahora empiezo a contar.

TIEMPO SEGUNDO: QUENA

La lengua se hizo matria

[Madrid y Salamanca, ESPAÑA -
Miami, Florida, EUA -
Lima, PERÚ -
Cambrige, Massachussets, EUA -
Lima, PERÚ]

21
La casa en la palabra

• •

Subir a aquel avión rumbo a España produjo una escisión con lo que había sido mi mundo, algo que mis viajes previos no habían ocasionado, el inicio de una auténtica transformación existencial.

Es para mí fascinante que la importancia de aquel hecho sólo se me revelara al iniciar esta segunda parte y descubrir que no me era posible usar un estilo similar al de la primera.

Y es que, hasta los 20 años, fui una sola verdad, que se enriquecía, modificaba, profundizaba con el fluir de los días, en diálogo con el entorno, siempre unitaria. Sin embargo, a partir de entonces, al iniciar relaciones de pareja, al volverme una profesional, educadora y escritora, y sobre todo, al convertirme en madre, no fui ya un ser único.

En busca de una metáfora que me ayudara a comprenderlo, me he identificado con un árbol. Consciente de mis raíces, familia y patria, esos primeros 20 años fueron el tronco, ávido de alturas desde donde vislumbrar horizontes. Pero luego el tronco único se desdobló en ramas: mujer en búsqueda de identidad y compromiso social, una de ellas; educadora en constante reflexión espiritual, otra; escritora ansiosa de encontrar respuesta y vida en la palabra; mitad de una pareja, varias ramas débiles y al fin, una robusta; y una rama mayor, la más directa prolongación del tronco, madre, desdoblada en cuatro ramas que a su vez sostienen otras, la alegría de ser abuela.

Cada rama tiene su historia propia, historias que a ratos se complementan, a veces se contradicen, sufriendo su propia evolución y creando entre todas la copa del árbol.

Esta realidad explica por qué de ahora en adelante el libro toma aspectos estilísticos distintos de la primera parte. Ya no cabe el mismo diálogo con el entorno, porque el entorno dejó de ser quien definía la personalidad. Y ya no cabe tratar de contar en forma cronológica porque hay varias historias paralelas que tienen su propio ritmo. Y así elijo algunos momentos significativos para presentar la imagen de este árbol en que me he convertido.

Mi vida transcurre en distintos lugares. Por ello tengo más de un lugar donde escribir. En España, en las afueras de Alicante, en la Albufereta, el antiguo Lucentum de los romanos, el estudio es mínimo, y la mesa apenas tiene espacio para mi ordenador portátil, pero su ventana me permite ver el Mediterráneo, e imaginar siglos de vida viajando sobre su superficie.

En el norte de California, en Lake County o el Condado de los Lagos, tenemos, Isabel y yo, dos casas a las que nos retiramos a descansar siempre que podemos. Allí hemos escrito numerosas páginas. Algunas en esa extraordinaria colaboración en que, después de dialogar y tomar notas, una de las dos escribe y la otra añade sugerencias, nunca en el mismo orden, pero siempre con la alegría de ver que el producto de la interacción brinda riqueza al texto y encanto al proyecto. Otras veces, en cambio, cada una escribe sus textos. Allí Isabel le da alas a la imaginación para crear esa poesía sutil en que las palabras toman vuelo y cada verso es una invitación a descubrir nuevos matices en la realidad que más creíamos conocer. Allí también investiga cómo acercar más a nuestros niños y jóvenes a la riqueza de su herencia cultural y escribe páginas para lograrlo.

En la más antigua de las dos casas tengo una mesa de cristal, que antes pertenecía a mi hija. Me gusta escribir allí porque es un modo de mantener un contacto simbólico, pero profundo con ella. Desde esa ventana puedo ver el nido de los halcones —y hace dos veranos, las cabezas de sus pichones, a las que el plumón blanco hacía parecer tres grandes lunas llenas. En la casa nueva, en lo alto de la colina, mi ventana está a la altura de las ramas de un viejo roble y mientras escribo, me acompaña un pajarillo de rostro blanco y antifaz negro, que camina cabeza abajo buscando insectos en la corteza rugosa del tronco.

En Mill Valley escribo en un espacio abierto que no es siquiera un estudio. La mata de camelias rosadas se llena de flores en el invierno y le agradezco que cree esta fiesta frente a mi ventana cuando los días no tienen la luz del verano.

Tengo además un lugar especial, un cuarto diminuto, que fue primero de mi hija, Rosalma, y luego de mi hijo, Alfonso. La falta de espacio la compensa la luz que entra por las ventanas. Los muebles son blancos y, aunque no paso mucho tiempo allí, es mi pequeño nido. En las paredes, las fotos de mis abuelos, de mis padres, de mis hijos, de mis nietos.

Y la foto de la Quinta Simoni, la casa que me vio nacer, engalanada para la celebración del 10 de octubre, en 1943. Las figuras al frente somos mi abuela, mi tía Virginia, mi prima Virginita y yo. Me ha acompañado toda la vida, como prueba de que esa casa y esa niñez existieron, que mi abuela, ese personaje tan importante de mi vida, verdaderamente vivió y yo fui parte de su vida que terminó precisamente al día siguiente de tomada esa foto.

Hace poco, la arquitecta que dirigió el trabajo de reconstrucción de la Quinta, ahora Museo Amalia Simoni, me envió gracias a la Internet, una foto de la casa reconstruida.

La foto primitiva, en blanco y negro, muestra la casa en la que viví, con el portal de grandes arcos abiertos, el portal donde jugaba y donde cada noche mi abuela me contaba sus cuentos inigualables. La nueva foto en color, muestra el portal cerrado por las persianas reconstruidas y pintadas de color marrón. Sólo una pequeña puerta, dentro de la enorme persiana que cierra uno de los arcos, está abierta. Es significativo que la recibiera justo al iniciar esta segunda parte. Ahora escribo de una vida vivida lejos de aquel lugar. Y la casa cerrada es símbolo de esta otra vida —una casa ahora pública, dedicada a honrar a una mujer extraordinaria y a todas las mujeres, restaurada y perteneciente a toda la ciudad, aunque para mí continúe siendo siempre fuente de apoyo, de inspiración, de seguridad. No vivo en ella y es más mía que nunca. No la habito físicamente y, sin embargo, es el ámbito de mi espíritu.

Sí, es propio que la foto de esa Quinta Simoni cerrada me acompañe en la búsqueda de lo vivido en tantos lugares distintos, para que, aunque mi vida se abriera en tantas ramas, los recuerdos sigan representando la esencia de un mismo espíritu.

22
Al otro lado del Atlántico

· ·

*E*l cielo se ha oscurecido. La ventanilla del avión no deja entrever claridad alguna. Las nubes, grandes borrones de tinta, ocultan todo rastro de luz. Estoy acalorada en el vestido de pana con amplia falda volandera; el sombrerito desusado me ajusta las sienes. No me reconozco, acostumbrada a flotantes vestidos ligeros, a piernas desnudas y pies apenas sujetos por las delgadas tirillas de las sandalias, el pelo largo y suelto, hija libre del trópico, en este atuendo que me ha comprado con tanto cariño en Miami mi madre, tratando de acertar con lo que pueda ser ropa apropiada, para que arribe a España, la primera de la familia en ir a conocer el terruño.

Mi madre posiblemente se inspiró en las señoras que aparecen en los noticieros cinematográficos españoles, con su gran logo NODO, que pasan los cines en Cuba, porque en esa época a Cuba también la rigen militares. A esas señoras, afortunadamente, no las vi en persona nunca.

Este cuatrimotor al que he subido en Nueva York, después de hacer trasbordo desde Miami, no ofrece películas ni música, el único acompañamiento es la vibración constante de las hélices. He agotado el libro *Castilla* de Azorín, que inicié como lectura obligada, pero cuyas imágenes me han traído transparencia de aire límpido y el sueño de conocer una España de pueblos vetustos, no imaginada hasta ahora. Pero ya lo he leído dos veces, una primera lectura ávida, una segunda, regodeándome en cada frase, saboreando estos nombres desconocidos, disfrutando el ritmo suave y lento de la prosa. Y ahora me gana la impaciencia por pisar esa tierra que, gracias a sus lentas descripciones, ya creo conocer.

Todavía no me he acostumbrado a viajar sin temor en avión —parece que no se restaña nunca la herida de aquella cabina asesina que cegó para siempre una vida en flor, dejando un reguero de sangre en los campos de rosas. Y ahora de momento, ese ruido reiterado de las hélices, monótona música de fondo de este vuelo, se descompone. Por un instante creo que el sonido de un motor que estornuda, tose, se queja y se apaga viene de los recuerdos, que con frecuencia me asaltan; pero, no, el avión se ha inclinado y ahora vuela en un ángulo inquietante, y alcanzo a ver por la ventanilla las llamas que se escapan del motor que el piloto acaba de apagar.

Se oyen gritos, risas histéricas y bisbisear de rezos, sobre los que se impone la voz del piloto asegurándonos que el avión está bajo control, que los tres motores restantes son suficientes para continuar el viaje.

Minutos más tarde nos notifica que, demasiado lejos de Nueva York para regresar, descenderemos en las islas Azores.

La oscuridad de la noche se apodera de la cabina. Todavía no he aprendido a amar el negro de oscuro terciopelo de la nada profunda, que muchos años más tarde aprenderé a recibir agradecida en la meditación, y me sobrecoge la absoluta falta de luz.

Cuando descendemos continúo sobrecogida, por el aeropuerto escuálido, y la mirada intensa y hostil de las mujeres vestidas de negro silencioso, mal dispuestas a servirnos. Ventilando en cólera el temor de la última hora, cansados, hambrientos, los viajeros protestan, llenos de críticas despiadadas.

Siento hervir la rebeldía. Minutos atrás también me decepcionaba no encontrar una Coca-Cola helada, un emparedado, quizá un platillo portugués, desconocido e invitante. Pero comprendo que esta gente no tiene culpa alguna. A esta hora de la madrugada no podían esperar la llegada de un avión. Y me indigna la postura arrogante de viajeros engreídos de la cual casi había sido parte.

Una de las mujeres, más joven y abierta, me explica en vacilante portuñol, que la tormenta —que para nosotros se resolvió en un cielo amenazante y una hora de angustia— había, en cambio, hecho zozobrar tres barcas pesqueras. Lo que los forasteros creían falta de hospitalidad, era el silencio de la isla entera, respeto a la tragedia y el dolor de familias que sufrían pérdidas irreparables.

Trato, en vano, de pasar la noticia a los demás viajeros, quienes me lanzan miradas sospechosas, no sé si motivadas por mis jóvenes 20 años o por mi inglés pintoresco, y continúan implacables, diciendo todo tipo de atrocidades.

Sola en un rincón, rumio un bocadillo no muy fresco y la rabia que me causa la incomprensión. Poco a poco logro abandonar todo sentimiento y me uno silenciosamente en solidaridad a la pena de la isla. Y así, agotada, reponiéndome del susto y la tristeza, llego a media mañana a Madrid.

Hay una foto de mi arribo a Barajas. Me capta de perfil. Paso largo, decidido, nariz respingona, en alto, la mirada que trata de absorberlo todo. Qué cantidad de ensueños incubados en las tardes de hastío en esa aldea provinciana que los camagüeyanos llamamos ciudad noble y legendaria. Ese Camagüey donde nací y donde me he criado, que amo, pero que me queda pequeño en las ansias de horizontes.

Los horizontes que descubriré en España. Los horizontes sin límites de Castilla, donde el cielo tan límpido parece poder alcanzarse con la mano. Los horizonte sin límites del Museo del Prado, los mundos fantásticos de Brueguel y las pinturas negras de Goya, la naturalidad con la que ofrecen la vida las tablas flamencas y los cuadros de Velázquez, la sugerente trascendencia de El Greco, la invitación de un pequeño bodegón de Zurbarán a descubrir la dignidad del barro, ese barro alfarero de mi propia infancia. Los horizontes sin límites de la Biblioteca Nacional, donde hay que esperar a que una bibliotecaria agria le traiga a uno cada libro, como si el solicitarlo fuera una profanación, pero que guarda tesoros escondidos que toda una vida no me alcanzarían para leer. Los horizontes sin límites que van descubriéndome, clase a clase, los profesores de la Universidad Complutense. Pero sobre todo los horizontes, fuera y dentro de mí, que son en gran medida el tema de este libro.

23
El tortuoso camino hasta Madrid

. . . .

*H*e llegado a Madrid de forma casi inesperada. Y ahora estoy aquí, en Barajas, sin saber que este viaje determinará el resto de la aventura de mi vida.

Abrazo al tío José Luis, muy distinto en físico y en espíritu de mi abuelo Medardo, su hermano mayor. Mi abuelo era pálido, de cara afilada. El tío José Luis, de cara redonda, mofletuda y sonrosada. Mi abuelo, poeta, orador y periodista, era de verbo fácil y cautivador, tenía "cántara lírica" como me había enseñado mi abuela, su eterna enamorada. El tío José Luis, en cambio, es callado y hasta tímido en la expresión vacilante. Pero detrás de los lentes redondos, siempre medio caídos sobre la nariz demasiado pequeña, sus ojos son nobles y cariñosos.

La tía María Luisa, su mujer, aunque no muy alta, tiene mucho garbo. Lleva muy corto el pelo prematuramente blanco, ondulado y radiante. Tiene ojeras profundas contra las que resaltan los ojos expresivos, verdes y penetrantes, que se me antojan llenos de pasión contenida .

No me sorprendo cuando una noche de otoño, mientras tratamos de calentarnos con el fuego del brasero, con las piernas debajo de las faldas de fieltro de la mesa camilla, me confiesa que está escribiendo una novela. Sí me sorprende el texto, porque abunda en imágenes eróticas que culminan cuando la heroína, emulando a Lady Godiva, galopa desnuda a la luz de la luna.

Años después de su muerte, mi primo José Luis me obsequió una copia de este libro publicado en México, en la Editorial Diana, bajo pseudónimo. Y fue una alegría saber que María Luisa había tenido el gusto de dar a la luz, aunque ocultando su nombre, aquellas páginas que fueron su única compensación a la vida gris de tantos años de franquismo.

Cada mañana, mi tío desmenuza la mitad del único pan que le tocaba para el desayuno —la posguerra en España fue larga, sus privaciones duras y se vivía con escasez espartana. Convierte la miga en bolitas que echará a los gorriones a la hora del almuerzo. Por trabajar para la empresa extranjera Singer de máquinas de coser, comía en el trabajo. Llega apenas para merendar y se marcha a su club, donde comentará las noticias del periódico con otros amigos. Consciente de las dos camas estrechas, colocadas en ángulo recto en la habitación que compartían, me dolía la pasión reconcentrada de la tía María Luisa. Y por eso la acompaño con gusto al cine, a la zarzuela, a caminar por las calles, oyendo sus comentarios, profundos y sarcásticos, su ironía mordaz frente a la vida o sus agudezas llenas de humor.

Y me fascina verla volcar todo aquel amor acumulado sobre su hijo, mi primo José Luis, un mozo alto, de piel lechosa cubierta de pecas, heredada por vía de su abuelo y mi bisabuelo, Lorenzo Lafuente Garoña, de los pastores de Ameyugo en Burgos.

A José Luis le envidio la libertad y los amigos, mientras me duele saber que lo he desterrado de su habitación, la mejor de la casa, con balcón a la calle, la única, aparte del salón, con luz, en aquel piso largo y oscuro, Infantas 23, 3° derecha, apenas a unas cuadras de Cibeles. Un piso que me permite irme andando cada tarde después de comer a aquel Madrid de los grandes horizontes.

Después de tantos años y tantos viajes, Madrid es una de mis ciudades más entrañables. Y, como me ocurre en Cuba, lo que veo se me antoja un palimpsesto. No puedo disfrutar la ciudad de hoy sin ver detrás la ciudad que aprendí a querer en 1958 y, detrás, la ciudad que mi tío, apenas con unos trazos, me esbozaba.

A mi tío José Luis le gustaba caminar en las mañanas de domingos por Rosales. Lo acompañaba en silencio, sintiéndome a su lado, parte de la ciudad, esperando las raras ocasiones en que compartía algún recuerdo.

Una mañana me invitó: "Quiero que hagas este camino conmigo".

Fuimos desde el Manzanares, que entonces parecía más río que ahora, hasta Cibeles. No habló una sola palabra en todo el trayecto. Y al llegar, en voz baja, como si hablara consigo, reveló:

—Así traíamos los sacos de arena, uno a uno, al hombro. Y aunque estábamos desfallecidos de hambre, así protegimos la fuente, así protegimos los monumentos.

Se negaba a hablar de la Guerra Civil.

—Tantas atrocidades —repetía cuando le preguntaba—. Tanta atrocidad. Tanto dolor. Y que al final los aliados nos dieran la espalda.

Más allá no decía nada. Pero ese día me permitió vivir, con sus pasos en silencio, a su lado, algo de lo que se había vivido en Madrid…

24
Libros y lienzos

· ·

Sin conocer a nadie de mi edad, me dediqué a explorar Madrid sola, agradecida por los días todavía largos del principio del otoño, en que la brisa fría y cortante me acicateaba las pantorrillas con revoloteo de hojas secas.

Y fue el Parque del Retiro. Fuentes, estatuas, estanque, acogedoramente tranquilo en los días de semana, con ancianos señores leyendo periódicos interminables en las bancas, niñitas vigiladas por doncellas de delantal blanco y chicuelos que se detienen en sus carreras a tomar un trago de agua del botijo, que alguna mujer mantenía a la sombra, esperando unas moneditas de poco valor en pago por el agua fresca, con sabor al barro húmedo del botijo panzudo.

Y fue la Biblioteca Nacional. Al principio, mañanas enteras, luego, una vez que empecé a ir a clases, a primeras horas de la tarde. Terminaba la comida, rigurosamente predecible —lentejas los lunes, tortilla de patatas los martes, pescadilla los miércoles, ensaladilla rusa los jueves, boquerones los viernes— y me lanzaba a paso ágil, hasta Cibeles y luego el Paseo del Prado. Entraba con reverencia. En la biblioteca todo era ritual. En la semipenumbra silenciosa, se usaban señas o gestos, y la voz parecía una blasfemia.

Primero buscar los datos del libro deseado en los altos archivos de madera; luego, entregar en silencio la papeleta y esperar a que la bibliotecaria me alcanzara el libro, que sólo haría después de haberme escudriñado con la mirada; todo un mundo de advertencia y amenaza en aquella mirada. Sólo una vez que parecía satisfacerse de que mi intención no era secuestrar, profanar ni ingerir o violar el objeto sagrado, lo dejaba a mi alcance.

Entonces lo llevaba con toda ceremonia a una de las mesas, bajo la lámpara de pantalla verde y luz amarillenta. Y burlado el celo de la bibliotecaria y en sus propias narices, devoraba, devoraba, devoraba…

Y así fue el reencuentro, ahora en su propio suelo, con San Juan de la Cruz y con la gran Teresa. Y tardes del inagotable Azorín, de lectura lenta y deleitosa. Y horas de Sánchez Albornoz —aquí, claro, no se puede leer a Américo Castro— que conoceré después. Pío Baroja me resulta desconcertante y Ortega, interesante aunque pálido y frío. No me canso, en cambio, de leer a Unamuno, deseosa de conocer todos y cada uno de esos rincones que recorrió por tierras de Portugal y España, y de recorrer también esos otros paisajes del alma humana, que a ratos creo me está describiendo de viva voz, hablándome al oído en el silencio de los inmensos salones de la biblioteca.

Y fue el Museo del Prado, tarde tras tarde. Entraba con la clara determinación de no dejarme seducir por el deseo de verlo todo, de restringirme para poder saborear a fondo cada sala: "Hoy sólo pintura flamenca, Alma Flor. Mañana sólo El Greco. Pasado, Velázquez, o Zurbarán, o El Greco, o Goya, Goya, Goya.

El Goya de los tapices alegres que reproducían mi ánimo de descubrimiento y fascinación por la gracia de la ciudad, me parecía un aliado, como si él, más que la familia, me hubiera invitado y recibido en Madrid. Lo sentía cómplice, instándome a mirar, a ver, a oler, a probar las nuevas realidades que se abrían ante mí, casi animándome a descubrir el secreto de la luz castellana, a ver el contraste de la luz filtrándose a través de las hojas de los árboles y su sombra en el suelo, lo que me animaba a recorrer la ciudad a la espera de cada nueva sorpresa.

Luego fue el Goya de los retratos con su capacidad de ver el interior de los seres humanos, mostrando frente a unos incisiva crítica y frente a otros un devoto respeto a la persona. Qué contraste entre la dignidad que plasma en la familia del Duque de Osuna, en la inocencia de los rostros infantiles, y la lascivia, la estupidez que nos revela al pintar a la familia de Carlos IV y a Fernando VII, tan desacertadamente llamado "el Deseado". Y esos cuadros extraordinarios me inspiraban a tratar de ver también el alma de quienes se cruzaban conmigo por la calle. Y luego, su propio retrato, fiel y múltiple, ¡tantos rostros en uno! ¡tanta vida vivida!

Y el Goya de la angustia, de la denuncia a gritos negros del mal de las dos Españas, en continuada lucha fratricida, prolongación de la de Caín y Abel.

Regresaba luego. Otra tarde a Velázquez, por la serenidad, queriendo recrearme en la sabiduría; me dejaba elevar por El Greco, trascendida, como en mis momentos de quietud mística en el viejo convento colonial de las Mercedes, en mi propia ciudad, pero luego volvía a sentirme arrastrada por Goya.

Era un Prado distinto del de hoy. Mal alumbrado, quizá algo polvoriento, por cierto muy vacío —excepto por la ocasional visita de alguna clase de arte y la presencia callada, de algún copista casi tan inmóvil frente a su caballete, como los propios cuadros.

Se oía el eco de los pasos al ir de sala en sala, y en aquella vastedad silente me sentía tan privilegiada como si de veras existiera el cielo y hubiera llegado a él.

Y ahora se me antoja que en aquella trilogía, vivida y revivida tarde a tarde, Velázquez, El Greco, Goya, quedó cristalizada, metáfora en óleo sobre lienzo, la trilogía de fuerzas —intelecto, espíritu, pasión; sabiduría, devoción, amor—, no siempre en total armonía, pero si en constante diálogo, sobre la cual giraría mi vida.

25
La Universidad Complutense

. . . .

Qué privilegio éste de mirar la vida hacia atrás. Con qué claridad se ven ahora algunas cosas que, mientras estaban ocurriendo, no se entendían. Gracias a aceptar, por fin, que para llegar a la comprensión, a la compasión, es necesario evaluar las circunstancias.

Me inspira ternura comprobar con cuánta ingenuidad provinciana se habían desarrollado mi vida y las de mis padres. Tan activos, creadores y llenos de éxito en su ambiente, ¡qué poco sabían del mundo!

Me enviaron a estudiar a España sin tener la menor idea de lo que significaba. Siempre me habían dado mucha libertad para mi educación. Ya a los quince años decidí ir a una verdadera escuela en Pennsylvania. A los diecisiete años, Yolanda Faggioni me había procurado una beca para Loretto Heights College en Colorado. Y a los dieciocho años había conseguido por mi cuenta la beca de trabajo en Barry College.

Ahora me encuentro en Madrid, con mi título de bachiller debidamente lleno de sellos —Ministerio de Relaciones Exteriores de Cuba, Consulado de España en La Habana— pero sin ninguna orientación de qué iba a estudiar ni cómo.

Empiezo por ir a la Universidad Complutense. En esta verdadera ciudad universitaria, camino largas distancias de edificio en edificio buscando orientación, con la vaga idea de estudiar periodismo. Por fin termino en la Facultad de Letras donde me informan que necesito solicitar una revalidación del título, que no será difícil pues hay reciprocidad con Cuba, pero que tardará cierto tiempo. También me entero de que en España el bachillerato incluye varios años de latín y griego y que se esperará que tenga el conocimiento necesario.

Alguien me sugiere que vaya al Instituto de Cultura Hispánica que ofrece orientación a estudiantes extranjeros. Allí me informan que existe un Curso de Estudios Hispanos dirigido por Dámaso Alonso. En contraste con otros cursos para extranjeros, éste es un programa riguroso que se imparte en la Facultad de Letras y dura todo el año académico. Concebido para profesores que enseñan español en institutos

y universidades europeas, resulta de interés también para algunos hispanoamericanos y allí me encuentro con que mis compañeros de clase
incluyen a dos peruanos, un joven limeño, alto y apuesto, que simula
tener más años de los que tiene, Mario Vargas Llosa, y un arequipeño,
muy fino, Jorge Cornejo Polar, que ha llegado a ser un intelectual muy
reconocido. Hay también dos cubanos, una pareja fascinante, Silvia
Gil y Ambrosio Fornet , que con el tiempo pasarán a tener gran importancia en la cultura cubana. Me hubiera gustado pasar más tiempo con
ellos, pero terminé compartiendo mucho más con los peruanos que
con mis compatriotas.

Cuando empecé a salir con otro peruano, como narro más adelante, llegamos a formar un grupo de tres parejas: Mario y Julia, Jorge y su
esposa, joven y delicada como él, quien lamentablemente moriría muy
poco después de regresar al Perú, Armando Zubizarreta y yo.

Mario y Julia tenían un apartamento amplio donde nos reuníamos.
Los Cornejo traían vino y yo el resto de las vituallas. Julia cocinaba. Y
las reuniones duraban toda la noche. Yo tenía coche y a veces salíamos
en él o nos íbamos todos al cine o al teatro.

Sería muy divertido cuando años más tarde leyera la novela *La tía
Julia y el escribidor,* reconocer cuán bien había reproducido Mario en
esa novela con trozos autobiográficos, aquella experiencia que viví tan
de cerca. Ya en aquellos días de Madrid, Julia reconocía, y nos lo comentaba mientras preparábamos la cena en su cocina, que sabía que esa
aventura no podría durar mucho, pero que estaba dispuesta a disfrutar-
la al máximo mientras durara. Y era evidente con cuánto entusiasmo la
disfrutaban los dos.

En contraste con los cursos para españoles, que empiezan a las diez de
la mañana, nuestras clases comienzan a las ocho. Aunque este horario
me obliga a madrugar, también me deja libres las tardes para mis descubrimientos en el Prado y la Biblioteca Nacional.

Los profesores seleccionados por Dámaso Alonso son buenos ex-
positores y hablan con pasión y entusiasmo. Pita Andrade, que años
después llegará a ser Directora del Museo del Prado, entonces muy
joven, aunque ya curadora del tesoro artístico de los Duque de Alba, en

cada clase de historia del arte devela un nuevo aspecto de la expresión artística.

Carlos Bousoño, también muy joven entonces, nos deslumbra con sus análisis estilísticos. En sus clases descubro un Lorca nuevo, aunque este descubrimiento no cambiará en nada la emoción que me dejó marcada el alma para siempre en aquel Teatro Principal de Camagüey cuando por primera vez vi, oí, viví, *Yerma*.

El doctor Cepeda, mayor que sus colegas, parece resguardarse en una coraza de deferencia y dignidad, no sé muy bien de qué, aunque imagino que todo profesor de historia en la España franquista tenía que vivir temeroso. La historia antigua de España se hace viva en sus explicaciones y bebo cada palabra para sentirme parte de las escenas que describe.

Hay un joven profesor de geografía cuyo nombre no recuerdo. Me apena la ingratitud porque curó la vieja herida que me había causado la geografía tenebrosa, memorización impía de listas de nombres, en mis años de escuela primaria. Entiende que la geografía, si no puede visitarse, puede leerse. Y basa su curso en descripciones de paisajes de los novelistas españoles. Gracias a mi padre, conozco a muchos de los que menciona: Emilia de Pardo Bazán, Fernán Caballero, Pereda, Blasco Ibáñez; en los últimos años he leído a Azorín, Unamuno, Valle Inclán, Baroja. Él me descubre a Cunqueiro y algunos más.

Y está la doctora Elena Catena, mi mentora entonces, mi amiga a lo largo de la vida. Su cariño hacia mí fue generoso. Sugirió a sus colegas que nunca había habido una alumna que pusiera tanto entusiasmo en seguir los cursos ni los aprovechara tan a fondo. Y les propuso crear un Premio Extraordinario. Es cierto que me siento en primera fila, que tomo apuntes desesperados tratando de no perder una palabra y que por las noches los paso a máquina, en la Royal portátil —regalo de mi madre cuando cumplí dieciocho años y que me ha acompañado a España. Y, claro, mis exámenes han dado muestra de tanto esfuerzo.

El día de la graduación, Dámaso Alonso me confiere el premio y me coloca la Beca de Honor, una cinta de color celeste con el escudo de la Complutense bordado en hilos de oro, el cual he guardado siempre como uno de mis tesoros. Será la primera vez que mi nombre aparezca en un periódico español. Y qué poco podía imaginar entonces que apenas en unos años, Dámaso aceptaría publicar mi tesis doctoral en su colección Románica-Hispánica.

Elena me ha invitado varias veces a su casa, algo poco usual en la España de aquellos tiempos. Me ha presentado a su marido, Antonio Vindell, junto a quien la diminuta de Elena se hace aún menor. Y disfruto viendo el respeto y admiración de este hombre apuesto, ingeniero de gran éxito, por su mujer. Conozco también a la pequeña Pichu, hija única de ambos, y me deleito con la biblioteca personal de Elena.

Estas visitas tienen un propósito ulterior, Elena quiere convencerme de que si bien el Curso de Estudios Hispánicos está siendo una valiosa introducción para mí, debo asumir la responsabilidad de iniciar estudios regulares. Le hablo del interés que me despierta la Historia y me convence de que si estudio Filología cubriré tanto historia como literatura y haré honor a mi pasión por el lenguaje. Y bajo su estímulo —más bien admonición—, aunque el curso ya ha comenzado, me matriculo en primer año de comunes, por la libre.

Ahora tengo un doble horario de clases. No me es posible asistir a todas. De hecho omito por entero las de Latín y Griego, que estudiaré privadamente en el verano. Y asisto al mayor número posible de las demás, todas las que se imparten a partir de las doce del mediodía, hora en que acaban las del Curso de Estudios Hispánicos.

Para no comprometer demasiado mis horas del Prado y de la Biblioteca, no voy a casa a comer. Me conformo con un bocadillo o con la comida del comedor universitario, para poder refugiarme en aquellos dos recintos que se han convertido en mi verdadero hogar.

Los almuerzos del comedor universitario son una revelación de la dureza de la vida española en aquellos tiempos. En casa de los tíos se vive con economía, pero no se siente tanta estrechez porque hay tres adultos con buenas posiciones de trabajo. La tía María Luisa y su hermana, Concha, son funcionarias, que ganaron puestos por oposición. Y el tío José Luis, gracias al inglés que aprendió de joven, trabaja para una firma extranjera.

En cambio, en el comedor universitario, hay estudiantes que no tienen con qué pagar por la comida a pesar de que es muy económica.

La comida es simple y repetitiva. Un caldo de papas unos días, lentejas otros, como primer plato. Y luego huevos y ocasionalmente pescadilla. Y una barra de pan. Eso sí, una vez pagado por la bandeja, era posible volver con el plato vacío y recibir una segunda ración del primer plato. Y los chicos que no pueden pagar, esperan por si alguien les da su plato la segunda vez o un trozo de pan.

Para mí ver esto es una herida. Hago lo que puedo, comparto mi comida, invito unas veces a unos, otras a otros, sin llegar a conocer a ninguno. Pero almaceno con dolor la experiencia y sé que abomino de sus causas.

Las clases de primero de comunes no son como las del Curso de Estudios Hispánicos. Hay muchos más alumnos y gran parte no presta atención. Conversan en voz baja, "hacen manitas", como se dice cuando una pareja se coge las manos, y hay incluso quien mordisquea un bocadillo. Los profesores a veces llegan tarde, otras veces faltan y en ocasiones es un asistente quien dicta la clase. No se dirigen directamente a los alumnos y no hay diálogo. Las únicas que disfruto verdaderamente son las de Historia del Arte Universal y son las únicas de las que guardo algún recuerdo. Estoy experimentando dos mundos completamente distintos dentro de una misma universidad.

No era fácil tener un doble horario de clases. Sin embargo, Elena no me permitía flaquear. Cuando se puede, se debe, es el mensaje que me trasmite constantemente. Su vida ha sido prueba de esfuerzo constante y considera que tenemos una obligación de cultivar los dones que hemos recibido.

Tenía un incomparable sentido del humor y sabía administrarlo para reafirmar los puntos que quería destacar tanto dentro como fuera del aula. Y a lo largo de los años, escucharla ha sido siempre motivo de deleite.

Fue una de las primeras mujeres en recibir un doctorado en España después de la Guerra Civil y llegó a ser, como le gustaba repetir con orgullo en sus últimos años de lucidez, la primera vice-decana de la Facultad de Letras, en una época en que la administración estaba dominada casi en forma absoluta por los hombres. Su vida fue activísima, porque además de la cátedra y las labores administrativas, dirigió la investigación de muchos alumnos y realizó la edición anotada de múltiples obras mientras tenía también una labor de dirección en la Editorial Castalia.

En los años después de su jubilación le gustaba rememorar anécdotas de su vida, a cada cual más interesante. Sentía gran orgullo de la hermosa relación que había llevado con su marido, y un dolor profundo por su pérdida. Pero vivía a gusto en su casa, llena de recuerdos, y con su amplia biblioteca, donde muchos de los libros tenían anotaciones. Me ha causado mucho dolor oír que esta biblioteca ha sido desbaratada, vendida sin esperar a que terminaran los trámites que hacía la universidad para rescatarla, con una insensibilidad que posiblemente merece una calificación más dura, de parte de quienes no han sabido merecer su herencia.

Una de las anécdotas que le gustaba contar a Elena era cómo supo responder a un director de la policía que, en su época de vicedecana, en los últimos años de la dictadura, vino a reclamar que le indicara cuáles de los profesores tenían ideas de izquierda. Imagino la escena y veo a Elena, diminuta y enérgica, irguiéndose detrás de su escritorio diciéndole al director de la policía que si quería hacerle alguna pregunta sobre las especialidades académicas de los profesores podría informarle con todo gusto, porque era de su competencia, pero que no lo era el informar sobre las ideas personales de nadie.

En una época de terror esta actitud requería mucha valentía, pero la valentía nunca le faltó a Elena ni la voluntad de trabajo y perfeccionamiento, ni la dedicación a su tarea docente, ni la generosidad hacia sus alumnos.

No sólo le debo el interés que puso en mí. Cuando le sugerí que quizá lo que haría sería entrar a la Escuela de Periodismo, asumió el papel de mis padres ausentes y no cejó hasta arrancarme la promesa de que no dejaría de estudiar hasta completar el doctorado, como una cuestión de obligación moral conmigo.

Uno de los mayores regalos que me hizo fue venir a Alicante, sólo por visitarme y concederme unos días de largas conversaciones. ¡Qué extraordinario libro de memorias podía haber escrito! ¡Qué riqueza de anécdotas contaba! Y, como si no fueran suficiente sus relatos y enseñanzas, qué alegría cuando en estos últimos años, ya ambas en la etapa final de la vida, me repetía:"¿Sabes cuánto te quiero? ¿verdad? Porque te quiero mucho…", con toda la dulzura con que pudiera decirlo una madre.

También le agradezco su actitud de verdadera mentora, la que he procurado replicar con los alumnos a quienes he guiado. ¡Cuánto querría pensar que pude darles algo de lo mucho que recibí de ella!

En esta expresión de gratitud debo incluir que, gracias a Elena, conocí a Marina Mayoral, que también había sido su alumna, y de quien hablaré luego.

Mi vida de peregrina ha tenido pocos pilares de sustento. Elena Catena ha sido siempre uno de ellos.

26
La Pilarica en Canencia de la Sierra

. . . .

Mi viaje a España era un privilegio incomparable. Mi madre y mis tías conocieron de cerca la nostalgia de mi abuelo montañés por España y soñaban con visitarla. Mi padre sabía que el suyo no volvería jamás a Coruña mientras durara la dictadura, pero aunque él también la aborrecía, tenía grandes deseos de conocer la tierra de sus mayores. Y he aquí, que era yo quien había tenido esta oportunidad.

Tratando de compensar con algo el privilegio, escribía largas cartas a máquina, con varias copias a carbón, en papel cebolla. Las enviaba a mi madre y tías, quienes a su vez las hacían circular entre amigos y amistades. Mi viaje terminó siendo una experiencia compartida.

Tengo ante mí algunas de esas cartas guardadas por mi madre. Son 64 folios a un espacio —casi un libro—, llenos de datos históricos y artísticos de cada lugar que visité, de lo que hice y a quienes conocí, entre octubre del 1958 y febrero de 1959. No sé qué pasó con las siguientes, pero éstas me ayudan a reavivar la memoria. España ha cambiado mucho. Me complace poder leer mis descripciones de entonces, que autentifican las imágenes tan grabadas en el recuerdo.

Llevaba mes y medio en España. Y, aunque cada momento me ofrecía nuevas experiencias, extrañaba compartir con gentes de mi edad y empezar a conocer el país más allá de Madrid.

En la casa de los tíos servía una chica llamada Angelines. Una noche de octubre, sentadas en la mesa camilla, la tía María Luisa con un libro, yo tecleando en la máquina de escribir y Angelines zurciendo un delantal, la tía le comentó que el siguiente fin de semana serían las fiestas de su pueblo. Ella dijo que no tenía ganas ningunas de ir al pueblo. No pude evitar la exclamación: "¡Hay fiestas! Y tú, ¿no quieres ir?". Con su gran perspicacia, la tía María Luisa replicó: "Se ve que quien quisiera ir eres tú". Como reconociera que sí, que me encantaría, se entabló una gran discusión. Angelines insistía en que era imposible; que en su casa no había verdaderas camas y que no se comía con platos y cubiertos como en la ciudad.

Yo le expliqué que conocía el campo de Cuba por mis largos recorridos con mi padre por el campo, durante sus trabajos como agrimensor. Y que había pasado unos días felices con la hija de la señora que cocinaba en mi casa, en un bohío de piso de tierra, sin luz eléctrica, agua corriente o baño. Tomó mucho persuadirla y sólo lo conseguí aceptando sus condiciones. Diríamos que yo había venido de Cuba al servicio de una señora cubana.

—De ningún modo puedo llevar al pueblo a una "señorita" —me insistía—. No me lo perdonarían nunca.

—Para mí, hasta que no te cases, tú eres tan señorita como yo —le decía—. Y cuando te cases serás señora.

Pero ella muy seria se quejaba:

—Fácil para usted decir eso. Pero no sabe lo que está diciendo.

Y así, entre sus refunfuños y mi entusiasmo, y jugando el papel que me había asignado, subimos al autobús que nos llevaría hasta el pueblo después de atravesar campos de centeno y cebada, sierras calvas y uno que otro pueblecito de casas blancas, techos rojos y geranios en las ventanas.

Canencia, sin diferenciarse mucho de los pueblos cercanos, tiene un encanto especial, posiblemente por hallarse en la ladera de una montaña. "La calle principal —escribía entonces, y lo copio para que puedas sonreír, lector, con la ingenuidad de mi prosa y apreciar mi inocencia— es una pendiente que termina en un riachuelo de agua límpida que salta alegremente entre las piedras".

Me sorprendió la frescura en un lugar tan rudimentario, de casas de techos bajos, blanqueadas hasta brillar de limpias.

Anoto que el pueblo tiene teléfono, en singular, pues hay sólo uno, y electricidad por las noches. Sin embargo, comento: "…estos adelantos modernos no parecen cambiar en nada la vida de sus habitantes. Parece vivirse igual que hacen cien o tal vez doscientos años. En cada casa hay un hogar. Allí se cocina en ollas que penden de una cadena y se refugian cuando el invierno cubre todo de nieve. Los hombres visten pantalón de pana, sandalias de cuero, chaquetón suelto y faja a la cintura. Las mujeres, trajes oscuros y largos y pañuelo en la cabeza. La gente joven viste ropa más moderna en los días de fiesta y cuando van a Madrid, pero de faena y de diario, es la misma que la de los mayores".

Aunque simplifico el texto de mi carta, así describí la experiencia:

Se celebra la fiesta de la Virgen del Pilar, la Pilarica. Llegan muchos a celebrar, desde Madrid y pueblos vecinos, en omnibuses, coches, carros, motos, bicicletas y mulas.

En la plaza hay carros que venden chucherías: almendras saladas y dulces, semillas de girasol o "pipas", caramelos, chicles y los churros imprescindibles. Allí se congrega la gente, saludando a los conocidos, a muchos de los cuales no veían desde la fiesta del año anterior.

La fiesta comienza al mediodía, con una misa solemne. Los bancos de la iglesia de Nuestra Señora del Castillo, vieja, amplia y hospitalaria, se llenan de vecinos y visitantes ataviados con sus mejores ropas: las mujeres y niños, a la izquierda, los hombres, a la derecha. Sigue una procesión, que a diferencia de las de Camagüey, no tenía espectadores, ya que todos participaban en ella.

Luego, frente a la iglesia se hace una subasta para ver quiénes entrarían de nuevo la imagen de la virgen y quiénes llevarían los ramos de flores. Las varas alcanzaron precios entre 60 y 70 pesetas y los ramos de 40 a 50 pesetas. No puedo menos que cuestionar esta práctica porque sé con cuánto esfuerzo ganan las pesetas esos jóvenes. Los fotógrafos, venidos de Madrid, sacan numerosos planchas. Las venderán por 15 pesetas por tres copias chiquitinas.

A las cinco de la tarde, comienza la corrida. A falta de una plaza, se crea un ruedo amarrando carros, formando un círculo. Se le añade una valla sencilla y unos burladeros, más toscos aún. La corrida se ve puestos de pie sobre los carros. El torerillo, muy joven, trató de refugiarse en un burladero, pero era tan rudimentario que el toro pudo alcanzarle aun dentro de él, y lo lastimó algo. Desde entonces el chico perdió toda la serenidad y más parecía que bailaba en lugar de torear.

Después de la corrida, el baile, con dos orquestas, una en la sala de fiestas, la otra en el mismo ruedo. Al principio el público —o como hubieran dicho ellos mismos "el personal"— se dividió entre ambos. Pero después de un rato, el aire frío de la sierra los fue llevando a congregarse dentro de la sala. Y ¡qué divertido cuando tocaban una jota o un pasodoble y terminaban todos unos sobre otros!

Éste fue entonces mi comentario: ¡Qué día agotador! Ni un minuto de descanso desde las seis de la mañana hasta las cuatro de la madrugada, porque no perdí ni una pieza del baile. Jamás soñé con pasar por tantas manos distintas… jóvenes, viejos, altos y bajos, rústicos, menos rústicos y por último algunos madrileños.

Bailé con todo tipo de personajes: un cantaor flamenco con pelo crespo y patillas; un señor apuesto, de aspecto señorial, me confesó que le encantaba estar conmigo porque su secreta ambición era ser "internacional" respecto a las mujeres y que, además, yo tenía el mismo 'complejo de cultura' que él… No era fácil contener la risa.

En estos bailes es imposible tener compañero, pues los chicos del pueblo tienen derecho a interrumpir y reclamar la pieza. Después de haber recorrido kilómetros, porque su estilo de bailes es empezar en una esquina, llegar hasta la opuesta, darle la vuelta a la sala y así seguir recorriéndola, me sentí más cómoda bailando por un rato con un chico que bailaba sobre un ladrillo, pero sin esperar que lo compartiera. Me permitía mantener cierta distancia, cosa que con los demás sólo conseguía a base de empujones, más lucha libre que baile.

Lo llamaban "El Golfillo" porque aunque se decía estudiante de medicina, tenía fama de no hacer mucho. Pero su conversación era agradable y me contaba cosas de Madrid que ignoraba. Pronto, porque rehusaba bailar con otros chicos, se corrió la voz de que éramos novios. Nos lo tomamos a broma, claro. Pero yo pensaba en las pobres chicas del lugar, obligadas a pasar de mano en mano, para evitar comidillas.

Cuando ya estaba convencida de que, por haber rechazado a tantos, nadie volvería a insistir, tuve una sorpresa agradable. El chico, alto y rubio que me invitaba a bailar, era el médico del pueblo. Y ahora sí ya no bailé con nadie más, porque el resto de la noche se nos fue en gran camaradería y como un par de chiquillos nos reíamos, en total despreocupación, de las escenas de aquella fiesta.

La experiencia del día siguiente fue, en cambio, horrible. Hubo una "charlotada", un grupo de payasos toreó a unas pobres vacas. Tenían limados los cuernos y las habían golpeado de tal modo que apenas se tenían en pie. De hecho una de ellas se cayó al suelo cuando le clavaron un par de banderillas y tuvieron que matarla allí mismo porque no lograba levantarse.

¡Ay, los contrastes de España, qué pronto se me hicieron presentes! Y si el lunes sufrí con aquella mal concebida corrida de payasos y vacas, el martes me ofreció una hermosa experiencia. Angelines quiso visitar a su familia en Buitrago y nos levantamos al amanecer para caminar los veinte kilómetros. Íbamos con su madre y su hermana. Un tío nos acompañó porque había que atravesar una dehesa de toros bravos. Así tuve el privilegio de hacer parte del recorrido montada en un burro que, además, llevaba un saco de manzanas y nuestras maletas, mientras yo sujetaba en los brazos los abrigos de todas, que nos habíamos quitado cuando el sol empezó a disolver el frío de la madrugada. ¡Qué lástima no tener una foto de aquella cabalgadura! Y cuánto agradezco tener en cambio mis propias palabras:

> … qué hermosos los paisajes de la sierra. Desde la altura podíamos ver la extensión del valle, salpicado por unos cuantos pueblos, con torres en las que anidan las cigüeñas. Y luego el campo… liebres que corren libremente, encinas cargadas de bellotas que comimos por el camino, setas que recogimos para la sopa, y por todas partes tomillo, el tomillo que le da olor a frescura a la ropa y aroma las casas de la sierra.

"No creo haber visto nunca", escribí entonces y reitero ahora, que puedo añadir una larga vida a estos recuerdos, "un lugar y unas gentes tan limpias como en aquel pueblecito de la sierra." Una vez más comprendí la necesidad de entender cada realidad desde sus propias perspectivas y no desde las ajenas. Escribía:

> En Buitrago el ayuntamiento ha hecho unos lavaderos municipales de cemento, con 30 llaves, pero las mujeres no los usan. Prefieren ir al río, aun en invierno, cuando tienen que romper la capa de hielo, porque consideran que es más higiénico lavar la ropa en el río que donde la lavan otros.
>
> El río es inmenso, con mucha corriente, y muy limpio, de él sale el agua de Madrid. Y naturalmente, tienen razón en verlo más higiénico. Pero hay que amar mucho la higiene para hacer tamaño sacrificio: lavar en agua helada, a la intemperie, en lugar de bajo techo, con agua templada.

A la vez, estas mismas personas comen del mismo plato. La mesa del comedor es pequeña y la ocupa casi por entero la fuente de la que comíamos todos, hasta doce personas. El padre se coloca sobre el hombro un pan enorme, como una rueda, sujeto con la barbilla cual violín y corta tajadas para cada uno con un gran cuchillo. Cada persona recibe una cuchara y un tenedor. A nosotras, las visitantes, nos dan una servilleta. Las mujeres y muchachas del pueblo se ponen un delantalito sólo para comer.

La sopa la tomábamos cada uno de la misma fuente con su propia cuchara, escurriéndola en el pan, con la mayor cortesía natural, dejándose espacio los unos a los otros, y a la vez con la mayor destreza, ni una gota de sopa cae sobre la mesa como no sea frente a mí. A la sopa la seguía un guiso de cabrito o de conejo, ambos exquisitos. Volvíamos a comer todos de una misma fuente, esta vez usando el tenedor y las rebanadas de pan como plato si era necesario partir un pedazo de carne demasiado grande.

¿Cómo comprender este modo de comer en gente tan amante de la higiene? Basta con pensar en el agua. Todas las casas están en la ladera, muchas hasta tienen escalones, y el agua hay que irla a buscar abajo, a la fuente del pueblo. No cabe duda que será más fácil lavar dos fuentes que doce platos. Así además pueden comer una cosa a la vez —sopa, cocido, guiso o asado— que es como les gusta comer aquí. Y yo metí mi cuchara con los demás, compartí un mismo vaso de vino con tres o cuatro, y al final rebañé la fuente con un trozo de pan como lo hacían todos.

Buitrago es un pueblo situado en la carretera a Burgos, o sea la carretera a Francia. El río, al que cruza un puente romano, describe una media luna que encierra al pueblo y su castillo del siglo XIII, donde vivió la reina doña Urraca y estuvo por algún tiempo la pobre Juana la Loca, sobre la cual escribí una de mis primeras obritas de teatro, como he relatado.

No puedo creer que estoy en un verdadero castillo y sólo me apena que mi hermana y mis primas no estén conmigo para convertir este recorrido en una verdadera aventura. Aunque el castillo luce muy bien externamente, algunos de los pasadizos interiores se han caído y no es posible entrar en algunas de las torres. Camino por las murallas, por los patios abiertos en uno de los cuales pace una ovejita. El Alguacil va a darle cuerda al reloj del pueblo que está en una de las torres. Nos deja ver la maquinaria y no puedo creérmelo. La cuerda es una soga de cuyo extremo cuelgan dos enormes pedruzcos y la cual se enrolla dándole vueltas a una enorme manivela. ¡Qué lejos me siento en tiempo y en espacio cuando pienso en mi padre, con su lente de relojero, arreglando las delicadas maquinarias de los relojes en la joyería El Sol!

Y me lo imagino contándome el cuento de los primeros relojes, de todos los medios que los seres humanos han buscado para medir el tiempo y haciéndome ver que el principio de esta maquinaria que se me antoja tan primitiva, es básicamente el mismo que el de los relojes suizos de maquinaria sostenida por diamantes.

El pueblo me maravilla. Pienso que las ciudades, por más que tengan sus características propias, a la vez, por su condición de ciudades tienen también mucho en común. En cambio aquí todo es diferente de lo que he conocido en Cuba o en los Estados Unidos. Escribo:

> Las escobas son un mazo de ramas secas. Las sillas de fondo de paja tejida. Las cocinas, con una lumbre baja, casi en el suelo, luego una chimenea cuadrada, con un reborde donde se colocan los platos y los tazones de la leche. No hay un solo detalle moderno que contraste.
>
> Y sobre todo me maravilla la limpieza. Todo blanco y reluciente aun en las casas de piso de tierra. Y la gente tan limpia, sin un roto, sin una mancha. Todavía conozco muy poco de España. Y sé que es muy diversa, pero esta primera experiencia de la Pilarica en la Sierra me ha dejado llena de múltiples emociones.

27
Encajes de piedra en Burgos

• •

En la España de 1958 a los profesores más progresistas a menudo se les exiliaba de Madrid. En Salamanca estaba Tierno Galván. Pasaba con porte distinguido, a veces envuelto en una capa, rodeado de tres o cuatro discípulos que le seguían, con enorme respeto, un paso más atrás, y le cargaban la cartera. Y también en Salamanca estaba don Alonso Zamora Vicente y su extraordinaria mujer María Josefa Canellada.

Don Alonso, junto a la erudición, a su profundo conocimiento del idioma, era un maestro de la ironía. Ironizaba contra todo: la sociedad en la que vivía y la universidad que se anquilosaba por las limitaciones impuestas por el régimen; contra quienes se dejaban coaccionar y se olvidaban de quienes eran o podían ser. Pero aquella ironía fina y perspicaz, encubría una sensibilidad fuera de lo común no sólo para las manifestaciones artísticas, sino también para la belleza del vivir cotidiano en sus formas más humildes y sencillas, y encerraba un pozo insondable de ternura.

Detrás de la ironía sutil y constante —que disimulaba la profundidad de lo que decía— era la ternura la que regía. Ternura hacia su mujer, sus dos hijos, sus discípulos e incluso hacia una chica hispanoamericana advenediza, que no estaba matriculada en ningún curso suyo y de quien, sin embargo, fue maestro en el mejor sentido de la palabra. Y a la que siguió recibiendo con cariño, e inspirando, a través de los años, cuando ya no vivía en Salamanca, sino en Madrid. Primero, en una torre, donde pude conocer a su amigo don Rafael Lapesa. Y luego, Director del Diccionario de la Real Academia en aquel piso maravilloso en la propia Academia donde le visité tantas veces.

¡Qué privilegio haber podido conocer al Zamora Vicente de *Primeras Hojas!* Este libro repleto de nostalgia y ternura, que permite vivir con él los días de su infancia, a través de una prosa sorprendente en que diálogo y descripción se hacen uno, para dejarnos ver aunados el mundo exterior y el de los sentimientos del niño, es una joya que se instala junto a *Platero y yo,* como libros supremos en castellano de memorias infantiles. Ambos han sido inspiración para escribir mis libros de memorias infantiles. Agradezco al jurado de la American Library Association que al otorgar el prestigioso premio Pura Belpré a *Bajo las palmas reales,* incluyera en su exposición a *Allá donde florecen los framboyanes,* que había sido publicado con antelación, pues para mí sigue siendo uno de los libros que más me he alegrado de escribir como sencillo y silente homenaje a don Alonso.

Cuando al final de mi primer año en la Complutense, en que además del Curso de Estudios Hispanos había llevado el primer año por la libre, le confesé a don Alonso que me habían suspendido en filosofía, sin dudar un instante, y con la mayor sinceridad, me felicitó. Me propuso que el único modo de aprobar aquel curso era olvidar lo que sabía y convertirme en un loro repetidor del libro del profesor. Para hacérmelo más posible, me sugirió que lo mirase como si fuera un guión de teatro y yo la artista que representaba.

—Una actriz memoriza su papel —me decía—. Haz lo mismo.

¡Qué buen maestro, don Alonso! Yo llegaba aterrada y avergonzada del único suspenso en mi vida y él lo trataba como una prueba de que sabía pensar. Durante el tiempo que estudié en España, don Alonso estuvo unos meses en Burgos con su familia. Y allí les visité.

En Burgos, la piedra gris es encaje en las altas torres de la catedral y yo soy toda asombro. La he visto ya, esta catedral que obsesionará mi alma por años y por décadas, pero ahora la estoy viendo paso a paso de la mano de don Alonso, quien se regodea explicando cada momento histórico, pero sobre todo, señalando la mejilla mofletuda de un ángel, el pie desnudo de una santa, el ángulo que forma una capilla, esa tabla flamenca en un retablo mal iluminado… sabe descubrir los detalles que a otros se nos perderían en el conjunto. En sus ojos, es la sensibilidad la que ve, pero como la acompaña la erudición, todo toma nuevo significado, se acentúan los contrastes, se muestran los matices. Tan honda huella dejará en mí esa visita que, años más tarde, me llevará a escribir la novela juvenil *Encaje de piedra.*

Regreso sola a Madrid, conduciendo el Citroen que le compré en Francia a Javier Martínez de Velazco, guía de tantas de mis excursiones del Instituto de Cultura Hispánica. Y don Alonso me traza la ruta del viaje. Sabe que ya me he deleitado con la Cartuja de Miraflores. Que he admirado el Monasterio de las Huelgas Reales. Conoce el éxtasis que he sentido en el Monasterio de Silos, y que, con el ciprés al que cantó Gerardo Diego, con las notas de los monjes del coro, en aquel claustro de medidas tan humanas y tanta belleza, he ascendido a esos lugares que sólo visita el alma de cuando en vez.

Ahora me envía por rutas olvidadas. Por caminos, que no carreteras, de pueblín en pueblín. Sabe lo que cada uno encierra en aquellas iglesias que sólo abre el sacristán en las fiestas. Conoce a los guardianes de las llaves.

—Se llama Andrés. Estará por el campo y es un poco sordo, así que grítale un poco. Insiste para que te la abra. Se resistirá, pero tú, convéncele, hija —me dice al describirme una de las iglesias.

O aclara: —La llave la tendrá la señora María. Estará alimentando a los cerdos. Perdonarás el olor a pocilga, pero, vale la pena, hija, lo que vas a ver.

Y así recorro aquellos pueblecitos burgaleses, oyendo, una y otra vez aunque vaya sola en el coche, sus sugerencias. No se limita a recomendarme retablos o torres, también me advierte de los paisajes. Y así, le sentiré a mi lado cuando se me llenen los ojos de anchura observando desde Lerma el valle que se extiende frente a mí —una amplitud que me recordará luego la vista desde la plaza de San Juan Bautista en California, de la que hablo en la tercera parte de estas memorias.

Años mas tarde, viviendo en California, será un gran gusto escribir un artículo, "Un *lei* de romances. Vestigios del romancero castellano en Guam", para el homenaje en varios volúmenes que le dedicaron sus discípulos, como sencillo modo de retribuir sus maravillosas anécdotas con una no menos sorprendente.

En el verano de 1978 fui invitada a dictar un curso en la Universidad de Guam, en el Pacífico. Esta isla, junto con las Islas Marianas, las Filipinas y Puerto Rico, pasó a ser posesión de los Estados Unidos en 1898 como despojo de guerra, cuando España perdió la guerra que nunca quiso librar con los Estados Unidos. Como consecuencia, el español dejó de usarse oficialmente. Y como se prohibió que llegara más clero hispano, también dejó de enseñarse.

En 1978 la presencia del español era mínima. El idioma vernáculo, el chamorro, había incorporado algunas palabras del español, sobre todo las que coincidían con objetos o prácticas culturales traídas por los colonizadores. Se cantaba, en español, *De colores,* vieja canción de la cosecha con enorme fuerza de pervivencia y los dos primeros versos de *Tengo una muñeca vestida de azul,* el resto en chamorro. Y contaban en chamorro cuentos de Pedro Urdemales.

Visitaba a la Profesora Dungam cuando vi a su hermano trepar, descalzo, con verdadera agilidad, a un alto cocotero que se inclinaba sobre un hondo barranco. Al culminar esta hazaña peligrosa, gritó con fuerza: "¡Aragón!" Ante mi sorpresa, explicaron que aunque el apellido de la familia era Camacho, en momentos de orgullo usaban el patronímico Aragón.

Compartí en clase mi interés en estos vestigios culturales y una alumna me invitó a conocer a sus abuelos. En la primera visita, el señor Tenorio, se mostró renuente a compartir mucho. Al fin, consintió en cantar dos canciones deliciosas. Al ver cuánto me conmovía una de ellas, que hablaba sobre las hermosas muchachas aragonesas que esperaban a los balleneros en el puerto de San Francisco, me invitó a regresar prometiendo contarme una larga historia.

Vivían en una casita de madera, techada con hojas de cocotero, en una colina en medio del monte. El señor Tenorio, de rasgos totalmente indígenas, hablaba español perfectamente. La señora, muy blanca y rubia —también hubo presencia alemana en estas islas— hablaba sólo chamorro.

Después de advertirme que lo que oiría sería largo y de esperar que tuviera lista la grabadora, el señor Tenorio anunció que narraría un cuento para enseguida aclarar solemnemente que no era cuento, sino romance, la historia de Baldovinos. Se sabía el extenso romance casi entero, y allí donde le faltaba algún verso lo suplía con naturalidad. A medida que avanzaba en el relato —aprendido muchos años atrás de un tío que vivía en Filipinas— iba aumentando la emoción. No sólo la suya, que se estremecía al hablar gesticulando con todo el cuerpo, sino la de la señora, porque aun sin saber español, conocía el desarrollo del romance que iba siguiendo por el tono de voz y los gestos de su marido, hasta el punto de llorar de emoción y de gritar en el momento en que, culminada la traición del rey, que ha hecho matar al pobre Baldovinos durante una cacería, para cortejar a su mujer, el señor Tenorio declamaba que:

el cuerpo había quedado
en dos partes dividido.

Por la puerta abierta podíamos ver cómo el sol tropical alumbraba el verde de los campos, del monte nos llegaba el canto de los pájaros y el olor de los *frangipanis,* mientras en la sala de aquella casa rústica, en penumbra, Baldovinos vivía y moría en medio de la mayor emoción.

Fue una de las experiencias más interesantes de mi vida, y no podía, durante ella, sino pensar en don Alonso y María Josefa. Filóloga brillante y mujer de inmensa erudición, María Josefa Canellada ocupaba poco espacio. Sonreía silenciosa detrás de don Alonso que hacía comentarios difíciles en aquella España en que todos callaban. Él deslumbraba manejando la aguda espada de la ironía. Pero desde su silencio, María Josefa era su mayor apoyo. Y en los ojos buenos de ella se producía el balance frente a las audacias de él. Ojos que traspasaban y llegaban al hondón del alma, pero no sólo para entender lo que allí vivía, sino para acariciar y consolar con la mirada.

La sonrisa de María Josefa, al igual que su palabra y el roce de sus manos, era delicada y sutil. Junto a ella no sentía la nostalgia por la familia lejana que me acongojaba en otros momentos, ni la incertidumbre por el futuro, porque, aun sin palabras, trasmitía que es posible sufrir sin perder la esperanza.

El adjetivo "bueno" lo atesoro con cuidado. En esta larga y rica vida ¡cuánta gente talentosa he conocido! Pero este adjetivo, en su sentido machadiano, cuando decía al describirse: "soy, en el buen sentido de la palabra, bueno", me lo reservo para los escogidos, para aquellos en quienes es consustancial. María Josefa Canellada era buena.

El personaje de mi libro *La moneda de oro,* esa historia que se me apareció una noche después de trabajar hasta tarde con padres campesinos, mientras regresaba por los campos, conmovida por los ejemplos de generosidad que había presenciado, ese personaje de la curandera incansable que a todos ofrecía su moneda de oro, se llama doña Josefa, como un pequeño homenaje.

Y es que además de su bondad, esa mujer culta y admirable que era María Josefa Canellada, sabía curar. No sólo había sido enfermera durante la guerra, experiencia que contó en un libro delicado y sensible como ella, *Peñón de Ocaña,* sino que curaba con arcilla, quemaduras, como alguna vez presencié, y según me relató, también tumores. Y esa arcilla era también objeto de su arrobo, cuando manos artesanas la transformaban en platos y cacharros.

No soy demasiado apegada a los objetos materiales. Y habiendo recorrido tanto mundo he ido dejando muchas cosas por detrás. Pero conmigo han viajado, desde España a Miami, de Miami a Lima, de Lima a Atlanta, a Michigan, a Illinois, a California y de allí a varios lugares de la Bahía de San Francisco, el juego de café y varias jarras y vasos y platos que una vez me llevó a comprar María Josefa en Talavera de la Reina. Los disfruto por su belleza, pero sobre todo, porque ella los fue seleccionando, uno a uno, con reverencia, como las más preciadas obras de arte, eligiendo, entre muchas, las piezas en que el artesano ha dejado la fuerza personal que trasciende el objeto y lo convierte en expresión del espíritu.

María Josefa tenía un profundo amor al bable, el idioma de su Asturias natal. No sólo era una autoridad en ese idioma, sino que incluso escribió un hermoso libro para niños en bable y en castellano, *El pastorín.* El amor por su lengua era casi palpable y para mí, en esta intensa saga por defender el derecho de todo niño, de toda niña a mantener y desarrollar su idioma materno, María Josefa ha sido siempre inspiración.

Guardo con inmenso cariño, una jarrita amarilla y panzona, que me dio un día, en el instante de despedirme, en la puerta de su casa, en la época en que vivían en los altos de la Real Academia. "Mira, parece un fruto...", me dijo poniéndomela en las manos. Procuro siempre tener en ella algunas espigas de trigo castellano, pero lo que realmente atesora es amor indescriptible.

Cuando regresé a Burgos años más tarde, invitada por el director de la Editorial Hijos de Santiago Rodríguez con quien había acor-

dado crear un programa de lectura en español para los niños hispanohablantes de los Estados Unidos —programa que luego llegó a
ser *Hagamos caminos* y que considero uno de mis mejores aportes—,
volví por supuesto a visitar la catedral. No me impresionó menos.
Pero esta vez, mi consciencia se inquietaba por el proceso mismo de la
creación, las muchas manos que la habían construido. Volví a sentir,
como en las primeras visitas, que se debía hacer un libro sobre ella
para los niños.

Unos años después hice un breve viaje a Madrid con un propósito
único: conseguir que el gran ilustrador e igualmente gran amigo Ulises
Wensell terminara el arte de *Hagamos caminos*. Tras muchos avatares
había la posibilidad de que estos libros pudieran al fin publicarse. Con
mucha cordialidad, Ulises y Paloma me invitaron a quedarme en su
casa. Viendo a Ulises ilustrar diligentemente todo el día, decidí escribir el libro imaginado tanto tiempo atrás. Así nació *Encaje de piedra*,
escrito en una semana sin alto ni descanso, muchas veces escribiendo
la noche entera.

De vuelta en San Francisco recibí el anuncio de un concurso literario para honrar la memoria de Marta Salotti. Me había quedado
algo de mal sabor de la ocasión en que la conocí. Celebrábamos el
Segundo Congreso de la Asociación Internación de Literatura Infantil
en Español y Portugués, en Coyoacán, México, un evento que tuvo
gran trascendencia para el desarrollo de la literatura española en Hispanoamérica y los Estados Unidos. Nadie había pensado en invitar a
esta escritora argentina, pedagoga y promotora de la literatura infantil,
posiblemente porque pertenecía a una generación anterior. Y de repen-
te apareció, como en algún cuento en que se hubiera olvidado invitar
a una de las hadas. Fue una situación difícil y no creo que la manejára-
mos con suficiente cordialidad.

Puesto que los concursos se enriquecen con las participaciones,
puse mi manuscrito en un sobre y lo envié como pequeño homenaje
póstumo. Fue una enorme sorpresa cuando meses después, habiendo
olvidado por completo el concurso, recibí un sobre casi cubierto por
sellos argentinos, con la invitación para ir a Buenos Aires a recibir la
medalla de oro.

Quienes lograron con tanto esfuerzo crear la maravilla de piedra que a través de los años me conmoviera, ahora me hacían un nuevo regalo. Fue mi primer viaje a Buenos Aires, ciudad sede de tantas lecturas.

Para aumentar la emoción del momento, mi querida amiga Suni Paz estaba en la Argentina y accedió a cantar durante la ceremonia de entrega de la medalla. Así tuve la dicha de que muchos de mis poemas a los que ella ha puesto música se oyeran en vivo en Buenos Aires, incluyendo uno de los para mí más importantes, *Cuando termina el nacer...*

Después de la ceremonia nos reunimos con mis amigos del exilio argentino, que habían regresado a Buenos Aires, Kuki Millar, Daniel Divinski, Marta Dujovne, Víctor Zavalía y Ester Jacob, en una noche interminable; para siempre un tesoro en mi memoria.

Suni me acompañó luego a visitar las cataratas del Iguazú. Las tenía pendientes porque recordaba la emoción de una de mis alumnas en el Colegio Lincoln de Lima, Gabriela Canziani, después de visitarlas. Era una niña sensible y la visión de esas múltiples caídas de agua, en medio de la selva, siempre floreciendo en arco iris, la había conmovido extraordinariamente. Me tardé 30 años en vivir la experiencia y creo que me conmovió tanto como a ella. De hecho ocurrió algo para mí muy especial.

No me engaño frente al hecho de que todo lo que escribo es muy sencillo, y me parece algo fatuo hablar de inspiración, pero he tenido la dicha de encontrarla a ratos. La visita a Iguazú fue uno de ellos. Jamás hubiera soñado con escribir la letra de canciones. Fue Suni quien decidió ponerle música a mis poemas. La música es algo que recibo con enorme gratitud y disfruto como uno de las mayores placeres, quizá precisamente porque carezco de talento musical. Sin embargo, en la pasarela sobre el río, mientras Suni conversaba con el guía que nos había llevado allí directamente desde el aeropuerto, y las sombras empezaban a apagar los últimos destellos de luz, encontré flotando sobre las aguas, no sólo la letra de una canción sino su música. Escribí la letra enseguida. Sólo el genio de Suni podía transformar mi sugerencia de la música intuida en la canción *Iguazú,* que además de estar en el cassette

Como una flor, ella ha incluido en su último CD, *Bandera mía* (Folkways, Smithsonian Institute). Que mi sugerencia fuera precisamente el ritmo de una guaraña, uno de los ritmos indígenas de la zona, es una prueba más de que la canción flotaba sobre las aguas y antes de lanzarse a convertirse en espuma, se me ofreció como un regalo más.

Y para mí todo aquello empezó en las torres agudas con las que alguien soñó penetrar el cielo burgalés.

28
La Granja y Segovia

• •

*Y*a está avanzado el otoño y en la sierra de Guadarrama el aire es seco y frío.

Mi amor a los árboles se apodera de mí. En los jardines de La Granja, en 1958, los árboles han perdido algunas hojas, han adquirido una cierta transparencia que los hace casi irreales a veces. Una resplandeciente fiesta de rojo y oro.

Estos árboles de La Granja que tanto me impresionaron entonces han seguido siendo a lo largo de los años amigos dilectos. En cada viaje a España procuro una escapada hasta Segovia y si la consigo me llego a saludarlos.

Durante varios veranos enseñé un curso de Literatura Infantil en la Complutense. Fue un proyecto sugerido por mí a José María Antón, y abrazado por él con entusiasmo. Mi esperanza era conseguir que educadores estadounidenses no sólo se familiarizaran con la literatura escrita en español, sino tuvieran la experiencia de conocer a España en su riqueza y complejidad y así contrarrestar en algo la visión monolítica prevalente. Deseaba también crear mayor interés en España por nuestra lucha a favor del español y de una riqueza cultural hispánica en los Estados Unidos. Fue un ciclo más de mi vida: enseñar allí donde había estudiado. Y una constante: tratar de que mis muchos mundos se conozcan y respeten.

El curso incluía algunos viajes. Durante una de las visitas a La Granja sufría de un terrible dolor de espalda, mi punto más constante de encuentro con el dolor, a causa de unos discos intervertebrales lastimados.

El ataque era agudísimo, no lograba enderezarme y cada paso era un martirio. Aunque iba apoyada en dos alumnas me parecía imposible llegar hasta el autobús, cuando me sentí llamada por uno de los árboles inmensos. Me acerqué hasta él, y penetré debajo de las ramas que llegan prácticamente al suelo, pidiéndoles a las alumnas que me dejaran allí. En aquel espacio sagrado logré, aunque con dificultad, acercarme al tronco. Recosté contra él mi espalda adolorida... sentía la fuerza del árbol circular por su tronco, como lo ha hecho por un par de siglos... y en comunión con el árbol sentí que mi espalda recobraba la capacidad de enderezarse, de sostenerme, que el dolor se alejaba y me llenaba de seguridad y confianza...

Hay en mí, por la herencia gallega, decididos rasgos de sangre celta: la saudade, profunda nostalgia por la tierra, los míos; ciertos momentos de melancolía; el regusto en el cariño dulce... Más fuerte que ningún otro rasgo, posiblemente, este amor, cercano a la veneración, por los árboles, que quizá legó a mi ADN algún druida reverente.

Los árboles han sido siempre mis grandes amigos. Los títulos de mis dos libros de memorias para jóvenes, *Allá donde florecen los framboyanes* y *Bajo las palmas reales,* más que una alusión a una realidad geográfica son expresión de gratitud a los árboles que acompañaron mis primeros años.

Así como a lo largo de la vida he ido creando amistades en lugares diversos, así también he ido reconociendo árboles que para siempre han pasado a ser parte de mí misma.

No he leído estas cartas desde que las escribí. Las recogí de entre los papeles de mi madre e hice copias para mis hijos, por si algún día les interesaban. Pero cada vez que traté de leerlas me detuvo cierto pudor, el temor a avergonzarme de mi simpleza.

Ahora, en cambio, me sirven de testimonio, busco en ellas el aroma del recuerdo y me encuentro con que algunas de mis impresiones de entonces han permanecido a través de estas décadas, más de medio siglo de vida. Segovia me sigue emocionando como entonces, pareciéndome una de las más hermosas ciudades posibles.

Y es la fuerza grácil del acueducto y el Alcázar cargado de historia, enclavado como una nave que surcará los mares de trigo que lo rodean. Un castillo que es a la vez fortaleza y palacio. La hermosa torre de Juan II, sólida, imperecedera, flanqueda por torrecillas de techo de pizarra que más parecen de un cuento de hadas nórdico que de bastión castellano. Y, por dentro, los artesonados árabes le dan el encanto de las Mil y una noches.

El año pasado, visité Segovia con mi nieta Camila, entonces de once años, la ví aspirar profundamente el aire en el salón del trono. Luego se volvió hacia mí y me dijo:

—Imagínate, Abuelita, estoy respirando el aire que respiraba la reina Isabel.

En mis cartas reconozco una emoción similar tratando de imaginar los pensamientos de esa misma Isabel, un 13 de diciembre de 1474 cuando salía del Alcázar para hacerse coronar Reina de Castilla, de modo que pudiera hacerse cierto el lema que todavía hoy puede leerse en el salón del trono: *"Tanto Monta Monta Tanto Isabel como Fernando"*

Y Segovia es también esa especial luminosidad que la rodea de una sutil transparencia. La luminosidad que inspiró a San Juan y a Machado, a Azorín y a Sorolla, artistas distintos y a la vez sensibles todos ellos a la armonía sutil de esta ciudad castellana y la vega que la rodea.

En mi primera visita Segovia me deparó, según leo ahora en mi carta testimonial, una especial despedida, "una inmensa luna llena brillando sobre las piedras del acueducto."

Tu luz, Segovia, inigualable en su tenue claridad sigue iluminando tu recuerdo.

29
El legado de Unamuno

· ·

*D*urante aquella primera estancia en España leía apasionadamente a Unamuno. No me deleitaba como Azorín, ni despertaba nostalgias como Machado, ni sueños como Salinas, no me hacía estremecer como Lorca, pero me inquietaba, me acicateaba el alma, me invitaba a la reflexión.

Poco podía imaginar el efecto que tendría en mi vida. Una vida que ha sido tan influida —y qué justo que lo fuera, porque he vivido amando la poesía— por los poetas. Años más tarde, Jorge Guillén cambiaría el rumbo de mi vida y lo haría en respuesta a mi devoción a Salinas. Pero primero fue Unamuno.

Visité Salamanca en uno de los viajes organizados por Cultura Hispánica. Había asistido a otros y animé a acompañarme a una pareja de cubanos, Amalio Fiallo y Marta Moré, por quienes sentía admiración y cariño. Dirigentes de Acción Católica, fundadores en Cuba de un partido de democracia cristiana, coincidieron conmigo en España, huyendo de la dictadura de Batista.

Después de visitar la Universidad entramos a la antigua casa del Rector, ya en ese entonces Casa Museo Unamuno. Vivía en ella Felisa, una de las hijas de don Miguel. Había invitado a compartir la casa a un joven peruano, Armando Zubizarreta, que escribía su tesis doctoral sobre Unamuno y que había descubierto un diario inédito cuya existencia había escapado a todos los investigadores previos. El joven nos impresionó con su familiaridad con la vida y obra de don Miguel. Y a mí, me parecía mentira estar allí en la propia casa del pensador que venía abriéndome tantas inquietudes.

Salíamos de la Casa Museo cuando mi amiga Marta se torció un tobillo. Como no podía andar, la invitaron a sentarse en el zaguán. Mientras buscaban cómo transportarla hasta el autobús, ella le comentó al joven investigador que su segundo apellido era Zubizarreta y empezaron a intercambiar referencias genealógicas. Poco podía sospechar que aquel encuentro en la vieja casa rectoral no sería la última vez que viera a aquel joven peruano. A fines de año participé en otra excursión organizada por Cultura Hispánica, esta vez a París.

Fue un París con aguacero, triste y gris como un poema de Vallejo. Allí me enteré del triunfo de la Revolución cubana. Aunque aborrecía los horrores de la dictadura de Batista, en lugar de la euforia que sentían mis familiares y amigos allegados, sentía dudas y temor. Luego, ellos abandonaron la isla y yo fui acercándome cada vez más a ella. Pero todo esto vendría después… sólo sé que en París, en aquel invierno de 1959, viví una verdadera crisis existencial y lo más cercano a una depresión que he conocido nunca. Cumplía 21 años y me parecía que mi vida había acabado. Pasé la noche de mi cumpleaños presa de un llanto desgarrado.

Los 21 años representaban entonces la mayoría de edad. Mi padre me los había mencionado reiteradamente como el momento en que llegaría a la adultez. Pero en aquel París lluvioso me sentía cualquier cosa menos adulta o segura de mi vida en el futuro. Había albergado siempre el deseo de que las injusticias sociales de Cuba terminaran y se lograra mayor justicia. Y a la vez, sentía en cada fibra de mí que el mundo que conocía había terminado y no tenía idea de qué lo sustituiría.

Al día siguiente regresábamos a Madrid. En el momento de salir del hotel, el organizador del viaje se encontró en el vestíbulo al joven Zubizarreta de la Casa Museo. Como sobraban plazas vacías en el autobús le ofreció una para regresar a Madrid.

Y entran en mi vida, un libro, cosa nada sorprendente pues han sido mis constantes compañeros… y un paraguas.

El tiempo seguía gris. Y, cosa inusitada, no tenía conmigo nada que leer. El joven peruano, sentado detrás de mí, me oyó preguntar si alguien tenía algún libro que no estuviera leyendo. Y se acercó. Se sentó en el brazo de mi asiento preguntándome si quería leer con él, y, con tono de gentileza, dijo que estaba dispuesto a reiniciar la lectura.

Yo había leído mucho, pero no la *Divina Comedia*. Tal vez me hubiera alertado del peligro que podía encerrar compartir la lectura de un libro. No imaginándolo, acepté con total inocencia leer en la misma página. El libro era *Mientras agonizo* de William Faulkner. Quizá si hubiera habido sol en lugar de la lluvia persistente, todavía hubiera sido posible que el rumbo de mi vida hubiera sido otro. Pero cuando bajamos del autobús, en Lourdes, la última etapa del viaje, la lluvia no cejaba. Apresuré el paso para no empaparme demasiado, cuando el joven peruano me cubrió con un enorme paraguas y pronunció las palabras definitivas para que me resguardara bajo él:

—Es el paraguas de don Miguel. Felisa no cree que las cosas deben dejarse sin usar...

El paraguas de Unamuno, bajo la lluvia pertinaz de Lourdes, al día siguiente de cumplir 21 años lejos de mi familia, en un París "vallejiana-mente" triste, tres días después del triunfo de la Revolución cubana.

Ay, mi buen don Miguel, qué difícil me lo pusiste...

30
Salamanca, Salamanca: la dorada maravilla

. . . .

Y así, por haberme dejado resguardar de la lluvia con el paraguas de don Miguel, llegué a conocer bien y a recibir el cariño de la bondadosa Felisa de Unamuno.

Mientras escogíamos las lentejas o pelábamos patatas, en la cocina de la vieja casa rectoral, me hablaba de su infancia y su familia con total sencillez, como si su padre no hubiera sido uno de los pensadores más significativos de los comienzos del siglo XX, uno de los primeros que pudieran recibir ese calificativo de "contemporáneo" que con tanto orgullo utilizábamos. Para ella era "mi padre" y en su voz se encerraba todo el cariño y la admiración que una hija puede sentir por su padre con la mayor naturalidad.

Así, natural y sencilla, era Felisa. Mantenía la Casa Museo con amor y respeto. La alegraba que vinieran visitantes de todo el mundo, pero si bien aceptaba su interés por la vida de su padre, no consentía en convertir nada de su entorno en objeto de fetichismo. Y así, no era sólo el paraguas de don Miguel lo que estaba en uso, sino la casa toda.

Una mujer pequeña y de aspecto dulce y sonriente, Felisa era además sólida y segura. Me acude recurrente la imagen de Platero. Blanda por fuera, en todas sus expresiones hacia los demás, pero sustentada por una fuerza de acero bien templado.

Acogió a Armando con total generosidad, impresionada por la devoción que él sentía hacia su padre, pero también porque era un hombre joven lejos de patria y familia. Y cuando aparecí, me recibió como a otro miembro de la familia. La llamábamos con todo afecto tía Pilicina, apodo que ya usaba Armando y que nunca me pregunté de dónde había salido, pero que ella aceptaba como muestra del mismo cariño con que lo usábamos. Porque su delicioso sentido del humor no tenía igual.

Como a tantas mujeres de su generación en España, donde gran parte de los hombres jóvenes habían muerto en la guerra, sobrevivían en presidio político o habían tenido que huir, le tocó vivir sola. Y lo hacía con dignidad y certidumbre.

Por las tardes se reunía con un grupo de amigas a jugar a las cartas y conversar. Y así como cuando de pequeña me gustaba colocarme entre mis abuelos, porque sentía el amor que fluía entre ellos, en la casa rectoral me gustaba sentarme a leer cerca de Felisa y sus amigas sólo por sentir la amistad, cálida y acogedora, que emanaba del grupo.

Extendía su generosidad a todo el que se le acercaba, entre ellos a una gitana y sus chiquillos. A la madre le compraba la leche en polvo que repartía Caritas, porque por mucho que quiso persuadirla de que la bebieran, no lo había conseguido. En realidad sólo lograba que comieran la fruta que compraba especialmente para ellos. Se empeñaba en vano de vestirlos, porque toda la ropita que les daba desaparecía al día siguiente. Sin embargo, llena de comprensión, no se enfadaba y, en cambio, llegó a ganarse el corazón de la niña mayor, quien empezó a andar con la carita sonriente bien lavada y a quien llegó a enseñar a leer. Tengo una foto de esta niña de ojos brillantes que parecían resplandecer de gozo frente a cada palabra de estímulo y enseñanza de Felisa.

Ese verano vino a visitarla su hermana María, quien vivía y enseñaba en los Estados Unidos. Aprovechando mi querido Citroen, con aspecto y capacidad de taxi, hicimos varios paseos y excursiones. Me conmovió profundamente Las Hurdes, ese pueblo de calles retorcidas y casas donde las personas vivían en habitaciones sobre establos que habitaban vacas y cabras; era como un viaje en el tiempo a la España de varios siglos atrás. También guardo recuerdos inolvidables de los Picos de Europa y de Ávila, la ciudad amurallada de la gran Teresa.

Las dos hermanas ofrecían un gran contraste en lo físico y el temperamento. María, más alta, delgada y firme, hablaba de temas intelectuales y profesionales, Felisa compartía lo cotidiano, que llenaba su vida.

Recuerdo a Felisa sentada en la mesa camilla, veo sus manos separando con cuidado las piedrecillas de las lentejas, fabricándome una pajarita de papel, tan diminuta que la crea con pinzas, y que luego me entrega metida en un sobrecito de celofán. La veo ofreciéndole frutas a los niños gitanos, enseñándole las letras a aquella niña, con el deseo de darle algo de mayor valor que unas monedas. No hace declaraciones profundas. No pregona ni proclama nada. Un día, sin decir más que "Toma, es para ti" pone en mis manos una hermosa estampa con bordes perforados, como un encaje, detrás de la cual hay un poema escrito, con su letra menuda y angulosa, por su padre.

A veces no la veo, pero la siento, cuando el sol es tibieza y no calor, cuando la brisa es fresca, pero no despeina, cuando la luz del amanecer es todavía azul. O la reconozco en esas florecillas, tan diminutas que apenas se las ve, que aparecen muy temprano en los campos alrededor de mi casa en Lake County, California. Esas florecillas que hacen que mi nieta Collette y yo nos inclinemos para verlas, a ras del suelo, y que no arranquemos porque de tan menudas se desharían entre los dedos, pero que hacen brillar los ojos de Collette, como los de aquella gitanilla cuando oía la voz tierna de Felisa de Unamuno.

En Salamanca, gracias a la recomendación de Elena Catena me alojé en la residencia universitaria de Toñi Andrés, Plaza Mayor número 1. Hoy me pregunto cómo pude sobrevivir, y no morirme de puro gusto, viviendo en una habitación con un balcón a la plaza churrigueresca. Pero si me deslumbraba la arquitectura de esa plaza en que la piedra dorada salmantina es filigrana, como la de la platería charra, también me fascinaba saber que cada sábado vendrían a darnos serenatas los chicos de la tuna. Les tirábamos cajetillas de cigarros envueltas en cintas y ellos nos regalaban con canciones.

A lo largo de todos estos años, de enfrentar tantas realidades, he guardado siempre el recuerdo de la ilusión que provocaban aquellas canciones acompañadas de bandurrias y panderetas. Y, qué alegría cuando en su primera visita a Santiago de Compostela, mi nieta Camila oyó cantar a los once años a la tuna compostelana. Y vi en ella el mismo entusiasmo que yo había sentido. Y ella, tímida todavía con su español, no tuvo dificultad alguna en aprenderse las canciones y durante el resto de nuestro viaje por Galicia cantaba con entusiasmo: "Mocita, dame el clavel…" o se entusiasmaba entonando: "Triste y sola, sola se queda Fonseca…" o se reía con "El día que yo me case, ha de ser a gusto mío…"

Pero Salamanca era mucho más que las canciones de los tunos y las largas noches estudiando latín mientras el reloj de la plaza desgranaba las horas a campanadas, la una, las dos, las tres, y yo estudiando, tratando de cubrir siete años de latín en un verano; era sobre todo las buenas horas en casa de don Alonso y María Josefa, aprendiendo de ambos, y la amistad entrañable de Berta Pallares Garzón, que aunque española, y sobre todo salmantina de pura cepa, por un azar había nacido nada menos que en Camagüey.

Berta era la encarnación de la estética. El piso que ocupaba con su madre tendría que haberse calificado de diminuto y, sin embargo, qué ambiente tan hermoso. Berta, filóloga, discípula de don Alonso, preparaba oposiciones de lengua y literatura. Y ¡cuánto aprendí de ella!

Trabajaba en la biblioteca de la universidad y por eso podía rescatar los catálogos de las editoriales europeas una vez sustituidos por otros más actuales. En aquellos tiempos de escasez qué valor cobraba todo, cuánto se lo apreciábamos. Berta recortaba las reproducciones de obras de arte que aparecían en los catálogos y minuciosamente las pegaba en fichas de cartulina. Así logró la más extraordinaria pinacoteca.

Su inteligencia, su finura, su capacidad de crear belleza a su alrededor, una belleza que emanaba de la luminosidad de su propio espíritu, han sido fuerza inspiradora a lo largo de mi vida. Nos hemos visto en muy pocas ocasiones desde entonces, en algunos veranos en que ella regresaba a España desde Dinamarca y coincidíamos en casa de don Alonso y María Josefa, alguna vez que la visité en Copenhague. Pero la amistad será siempre entrañable.

Salamanca fue también la luna llena que iluminaba la torre del Palacio de Monterrey y la fachada de encaje, dorado no gris como en Burgos, de la iglesia de Santo Domingo. Y paseos nocturnos con un profesor de arte que perdió el juicio después de unas oposiciones a cátedra y sólo salía de noche diciéndonos que la sombra que habíamos visto era la de Calixto saltando la tapia del huerto de Melibea, o que la mujer vestida de negro que acababa de doblar una esquina era la Celestina, y los pasos furtivos, los del Condestable don Álvaro de Luna.

Años más tarde, cuando un verano llevé a un grupo de educadores que asistía al curso de Literatura Infantil a Salamanca, decidí repetir

con ellos la experiencia del paseo nocturno y quedaron tan hipnotiza-
dos como lo había estado yo… y comprendí que su emoción no la había conseguido el profesor de arte, como no era yo quien la conseguía,
sino el embrujo irresistible de Salamanca. Otro ingrediente más en la
complicidad que decidió mi historia.

31
Y otra vez el Atlántico

. . . .

Después del triunfo de la Revolución, la correspondencia con los míos cambió de tono. Ya no se trataba de que les contara mis viajes y descubrimientos y ellos los comentaran. En las que me enviaban, se unía al júbilo por la Revolución, la crítica a mí por tener preguntas. Y mientras lamentaba los juicios sumarios y centraba mis esperanzas en la reforma agraria, ellos justificaban los fusilamientos y temían las reformas sociales.

Una carta de mi madre cuyo tema central no era la transformación que vivía Cuba, sino el ruego de que siempre velara por mi hermana Flor, me llenó de inquietud. La compartí con Toñi Andrés y ella corroboró mi interpretación. Mi madre creía estar muriendo. Después de unas semanas de angustia se aclaró que lejos de tener un tumor, como temía, estaba en estado. Y esto determinó la necesidad de mi regreso.

En los últimos meses, mis padres no habían podido enviarme dinero. Conseguir trabajo en España entonces no era posible. No lo había ni para los propios españoles, pero como antes me habían provisto bien y había sido cautelosa, con los ahorros y vendiendo el coche hubiera podido vivir en España un tiempo más.

No hubiera querido dejar España por ningún motivo. A pesar de la dictadura franquista, y al margen de ella, había descubierto un mundo intelectual riquísimo, me habían dispensado su amistad personas extraordinarias y había un mundo de arte y paisajes por descubrir. Pero este nacimiento creaba una necesidad distinta.

Mi madre no quería tener al bebé en Cuba, sino al lado de su hermana. Y viajó a Miami. Mi padre coordinó que regresara de España en un barco portugués. El Santa María hacía escala en Cuba antes de arribar a la Florida. Mi padre se uniría a mí en La Habana para hacer conmigo el último tramo de la travesía hasta Fort Lauderdale. Quería ser el primero en darme la bienvenida a casa y ponerme al día sobre su situación. La travesía tenía un enorme significado. Aunque regresaba al punto de partida, no era un retorno a casa, al contrario. Dejaba detrás el lugar donde deseaba estar, donde me había ubicado y me sentía partícipe, para enfrentar una situación inestable y conflictiva. Cuando por fin sentía que estaba trazando mi camino, tenía que abandonarlo. Agradecí que mi padre hubiera elegido que regresara en barco y que este barco hiciera un viaje largo con múltiples etapas.

Embarqué en Coruña y ése fue el último regalo de mi padre. La oportunidad de partir de la ciudad donde su propio padre, mi abuelo Modesto Ada Barral, había nacido, en la calle Florida 26, y de donde se embarcó, de polizonte, hacia Cuba, como describo en *Allá donde florecen los framboyanes.*

Hubiera querido poder hacer lo contrario de lo que él hizo y que-darme en su ciudad, pero no había más remedio que grabarme el paisa-je del amplio puerto y su faro de Hércules desde la cubierta del barco.

Era diciembre y esa noche estábamos luchando contra una tormen-ta feroz. ¡Qué horribles pueden ser las consecuencias de una tormenta en alta mar! Pasé dos días tirada en mi litera, presa de vómitos horribles. Todavía bendigo al camarero generoso que me ayudó varias veces cuan-do creí estar al borde de la muerte. ¡Qué alegría descubrir las costas de Madeira! Mi corazón se regocija siempre al ver una isla, pero aquella, además de su propia belleza, me ofrecía la solidez de un suelo, aunque al principio me fue difícil caminar en él.

Las múltiples paradas antes de llegar a La Habana, Funchal, Islas Canarias, Curazao y La Guardia, no sólo complacían mis ansias de conocer nuevos lugares, sino que prolongaban la llegada, ayudándome a acoplar mi espíritu a los cambios.

La parada en La Guardia me permitió visitar en Caracas a Beatriz Leal, mi mejor amiga en Barry College. Fue la primera vez que tuve la satisfacción profunda de llegar a un país extraño y saber que tenía allí algún amigo.

Y ¡qué emoción La Habana a pesar de que sólo estaría allí unas ho-ras! Mi tía Virginia, mi tía Mireya y su compañera Zoila me acapararon de tal modo que no llegué a experimentar mucho de lo que ocurría en la ciudad, aunque el cambio se respiraba en el aire.

Mi padre y yo pasamos toda la noche en el barco conversando. Con gran sinceridad me expresó sus preocupaciones y su dolor. Apoyaba el deseo de mi madre de acogerse a la paz de la Florida, después de todo, los cubanos llevamos un par de siglos refugiándonos en "el Norte". Lo hicieron los independentistas cubanos que formaron una colonia en Filadelfia alrededor de la figura de Félix Varela. En Nueva York vivió Martí gran parte de su vida —y allí está su estatua en el Central Park, la cual visito con la reverencia con que él visitó la estatua de Bolívar en Caracas—. En Tampa y Cayo Hueso había colonias de tabacaleros cubanos. Y todos consideraban ese tiempo en "el Norte", etapa necesaria pero transitoria.

Pero mi padre presentía que esta vez si nos quedábamos en los Estados Unidos se haría muy difícil el retorno. Y en Cuba permanecerían su padre y sus dos hermanos, ninguno de los cuales estaba interesado ni dispuesto a abandonarla. Y esto le producía un dolor inmenso. Porque se veía forzado a elegir entre sus dos familias, la propia y la que había formado con mi madre, entre sus dos lealtades, una hacia el padre y los hermanos, la otra, hacia la mujer y las hijas. Estaba claro que elegiría por nosotras, pero le era imposible hacerlo sin dolor.

Apenas unos años después, a pesar de su buena salud, del mucho ejercicio que le exigía el trabajo de agrimensor al que tuvo que regresar en los Estados Unidos, a pesar de que nunca bebió ni fumó y comía sanamente, murió muy joven fulminado por un ataque cardiaco. Recordando el dolor que me confesó aquella noche y el que reflejaban sus cartas al referirse al padre anciano dejado en Cuba y a las dificultades para insertarse en una realidad tan culturalmente distinta de la suya, siempre he pensado que mi padre no murió del corazón, sino del dolor, que murió de ausencia de Cuba.

Esto, claro, estaba entonces en el futuro. Y en aquel diciembre de 1959, como muchas otras personas de mi familia lo harían luego, me alojé en casa de mis tíos Lolita y Manolo. Una casa sencilla que parecía estirarse para acoger siempre a un familiar más.

32
La Florida del exilio: cuando no salí de Cuba

. . . .

Mi experiencia como cubana ha sido atípica. Siempre he tenido dificultad con la pregunta inevitable: "¿Cuándo saliste de Cuba?" En mi aventura no encuentro modo de contestar esta pregunta, de compartir la primera experiencia del exilio.

Tal como lo he narrado, no salí de Cuba. Estudiaba en España por razones que no tenían que ver con la Revolución, sino con la situación que la hizo necesaria. Mis padres decidieron irse, y aun esa ida no fue decisiva y tajante. Mi madre salió primero, porque mi padre una vez que me acompañó a Miami regresó a Cuba. Y regresaría varias veces más antes de quedarse definitivamente en los Estados Unidos. Para entonces yo vivía en el Perú.

O sea que esa experiencia de la partida no la viví nunca, pero además, el haberme quedado poco tiempo en Miami y el haber pasado los años siguientes en el Perú, le dio a mi experiencia una dimensión distinta de la de la mayoría de quienes se fueron de Cuba al principio de la Revolución y se asentaron en Puerto Rico y Los Ángeles, en Nueva York y Nueva Jersey, y principalmente en Miami.

Exploro la complejidad de identificarse como cubano cuando se ha pasado la mayor parte de la vida fuera de Cuba en la novela *En clave de sol*. No sé con cuánta claridad logré plasmarlo allí, pero no me parece adecuado intentarlo una vez más.

Llegué a Miami para las Navidades de 1959. ¡Cuánto había ocurrido en poco más de un año! ¡Qué distinta persona era! Para siempre quedaría en mí la relación con España, paisaje, pueblo, arte y sobre todo amigos. Y para siempre quedaría en mí el amor por la investigación, el ansia de rigor intelectual y el amor a los poetas y escritores en cuyas obras me había inmerso.

Y qué contraste con el Miami de entonces. Si me había resultado pueblerino antes del viaje a Europa, ahora me resultaba asfixiante. Sin embargo, haber trabajado el verano antes de asistir a Barry me ayudó mucho a conseguir trabajo inmediatamente. Ésa era mi única satisfacción, sentir que podía colaborar en algo. Aunque fuera insignificante frente a todo lo que había recibido, me ayudaba a sentirme útil. Este sentimiento se incrementó cuando pude recomendar para trabajar en la misma empresa a mi tía Lolita y, más adelante, a mi tía Mireya.

La única alegría de aquella temporada fue el nacimiento de Lolita Anabell. Siempre fue y ha continuado siendo un ser exquisito, como destinada a dar alegría a todos los que la rodean. En la familia todos la consideramos un ángel, aunque afortunadamente es un ángel alegre, bullicioso, juguetón, de mucha ternura, pero también de gran afectividad. Entonces, lo único que veíamos era que representaba la promesa de la continuidad de la vida. A pesar del cariño de la familia y de este nuevo nacimiento, me embargaba una profunda tristeza.

Primaba la necesidad de supervivencia y no había mucha oportunidad de reflexionar sobre lo que me ocurría. Ahora, tantos años después, lo veo como una continuación de la depresión que había vivido en París frente a la incertidumbre de mi vida. Mi padre, que me oía llorar por las noches, pensaba que lloraba de amores por el peruano que me había seducido albergándome con el paraguas de Unamuno. Lo cierto es que Armando escribía animándome a ir al Perú, adonde él ya se encontraba y a terminar mis estudios allí.

Mi padre, tan acertado en tantas cosas del vivir, tenía en esto una filosofía que no comparto. Desde su postura de padre pensaba que lo esencial no eran mis propios sentimientos sino que alguien me quisiera mucho, porque creía que uno siempre llega a querer a quien lo quiere. Y apoyándose en esta idea decidió que debía irme al Perú. Y se abrió un nuevo horizonte en mi vida.

33
Una ciudad sin cielo

. . . .

Sebastián Salazar Bondy hablaba del "cielo sin cielo de mi ciudad" porque en Lima ver el azul del cielo es poco frecuente.

Me tardo en darme cuenta que al hecho de llegar a una ciudad extraña donde sólo conocía a una persona —los otros peruanos que había conocido en Madrid no estaban en Lima, Mario y Julia seguían en Europa, Jorge Cornejo Polar y su mujer, vivían en Arequipa— y al encontrar que las costumbres limeñas eran muy distintas —en Lima sentí mucho más choque cultural que en los Estados Unidos o en España—, se unía el hecho de que por meses nunca vi brillar el sol. El cielo estaba siempre encapotado por una niebla espesa que, además, atrapaba las emanaciones de las fábricas de harina de pescado, hiriéndome donde más vulnerable soy, en el olfato.

Y así como no me daba cuenta de que me faltaban azul y sol, vivía de nuevo una depresión sin saber reconocerla. No hay duda, en Lima había edificios coloniales que me fascinaron. Y en sus museos vislumbré la riqueza de las civilizaciones indígenas. Pero las gentes me parecían distantes y calladas y me era difícil entender su modo indirecto de decir.

En las reuniones a las que asistía acompañando a Armando, de gente de la Universidad Católica, entonces ámbito social de privilegio, las mujeres vestían de negro y formaban grupo aparte. Como las conversaciones de la mayoría de ellas tendía a derivar al tema de las criadas y sus defectos, procuraba acercarme a algún grupo de hombres, aunque me mantuviera prudentemente en silencio, para escuchar conversaciones más interesantes. Mi situación personal era precaria.

Cuando, persuadido por las cartas de Armando y conmovido por mis lágrimas —sólo que yo lloraba ¡por España!— mi padre decidió que debía irme al Perú, lo hizo además estimulado por una normativa de aquel momento que permitía a los alumnos que hubieran estado estudiando fuera de Cuba antes de la Revolución y que desearan seguir haciéndolo, comprar en Cuba pasajes y recibir remesas de dinero de sus familiares. A mi padre le dolía que, habiendo trabajado tanto mi madre y él, ahora no tuvieran acceso fuera de Cuba a sus ahorros. Conmigo se presentaba una situación especial y él deseaba aprovecharla.

Por eso volé de Miami a La Habana, para seguir a Lima, con un pasaje comprado por mi padre en Cuba, con pesos cubanos. Nuevamente estuve en Cuba, sólo unas horas. Mi padre lo creía más prudente. Les había pedido a mi tía Mireya y su compañera Zoila que me prepararan un ajuar de estudiante. Ellas habían rastreado por las tiendas de La Habana, entre la poca mercancía que quedaba, y habían conseguido cortes de tela finos, que llevaron, con mis medidas, a distintas modistas. Con gran sensatez eligieron modelos muy básicos, de corte adulto, que pudieran sobrevivir con pocas modificaciones, los cambios de la moda, en colores enteros, blanco, crema, gris, negro y azul marino. Para completar la maleta incluyeron zapatos y carteras de piel, sábanas y toallas, pañuelitos de hilo bordado y un par de frascos de mi perfume favorito de Guerlain.

Armando le había asegurado a mi padre que en Lima podría continuar la carrera, trabajar y labrarme un futuro. Por más de media vida viví desconcertada al no poder entender su insistencia. El trato que recibí de él demostraba no sólo que no me quería, sino que no me apreciaba como ser humano, y que en un plano íntimo hasta resentía mi presencia. Lo único que conseguía al reflexionar sobre ello, era aceptar mi responsabilidad, porque posiblemente tampoco tenía que haberme ido al Perú sin haber aclarado mis verdaderos sentimientos.

Hace apenas un par de años, en esta etapa de madurez y en proceso de escribir estas memorias, tuve un instante de revelación. Siempre me ha fascinado tratar de imaginar el instante en que se han producidos los grandes descubrimientos que luego han cambiado el curso de la humanidad. Pero no creo que el estupor de Arquímedes, Galileo, Marie Curie, Edison o Marconi pueda haber superado el mío al darme cuenta de que por fin entendía lo que había motivado aquel reclamo insistente.

Y es que Ortega estaba en lo cierto al recordarnos el peso de nuestras circunstancias. Lo que aquí escribo es mi interpretación, pero no dudo en absoluto de que sea cierto. En otras ocasiones he obviado el hablar de mi matrimonio, pero mi hija me ha reclamado que no es lógico que deje fuera esa parte de mi vida. Creo que antes no podía hablar de ello, porque yo misma no lo comprendía. Ahora, debo aclarar, lo comparto con la mayor comprensión, y mucha compasión, hacia aquellos jóvenes que fuimos.

No creo que al insistir en que yo fuera al Perú, Armando lo premeditara con la claridad con la que hoy lo veo y que me ha tardado tanta vida adquirir. Pero había, sí, circunstancias. Y eran éstas.

El Perú de 1960 era una sociedad de castas. El lugar en las castas lo establecían: la raza —determinada por el mayor o menor grado de sangre indígena y el color de la piel—, el origen social, la posición económica, la educación y las escuelas a las que se hubiera asistido. Era importante también el nivel de manejo del español.

La posición social de Armando era ambigua. Tenía, de una parte, un apellido vasco y cierta ascendencia española; de otra, una abuela indígena. Por parte de madre estaba relacionado con los Gabaldoni, una familia de origen italiano y gran fortuna, pero esa familia no lo reconocía. Había estudiado en un colegio privado y en la aristocrática Universidad Católica, pero estas instituciones no le habían permitido olvidar su calidad de becado y lo trataban con distancia. Les inspiraba temor porque lo calificaban de inconforme. Y hete aquí, que este hombre quiere mujer e hijos. Y, además, desearía que su mujer le sirviera de apoyo en su labor intelectual, necesita alguien que haga un buen papel en los ámbitos a los que aspira ascender y, muy importante, que domine algún idioma extranjero, ya que él no sabe ninguno además del español.

En el Perú había muchas jóvenes finas y educadas que hubieran podido dar la talla y que, en muchas instancias, hubieran sido superiores a mí. Pero, ¿hubiera aceptado alguna de ellas un matrimonio que según la sociedad en que vivían hubiera significado "rebajarse" muchísimo? ¿Hubiera alguna de ellas sido capaz de entender que la humildad y la ausencia de educación formal de los padres de Armando encerraba una profunda humanidad, que eran unos seres de inmenso valor moral? En aquella sociedad limeña de 1960 esto era poco menos que imposible.

Varios de los intelectuales peruanos que habían ido a estudiar a Europa se habían casado con mujeres europeas. Y si él no había conseguido a una española, esta chica cubana podía llenar el papel.

Las cualidades eran claras: era estudiosa y capaz de enfrentarse al trabajo sin reparos, como había quedado demostrado al haberle hecho en España, con gran minuciosidad, la revisión de las numerosas notas de los dos libros que publicó allí; hablaba, leía y escribía bien el inglés, ese idioma cada vez más necesario en la investigación; su español era culto; sabía ser discreta en público y se movía con facilidad en cualquier ambiente; no tenía prejuicio alguno de raza, casta o clase y apreciaba los valores humanos por encima del dinero o la posición social. Y, además, había mostrado gran respeto y admiración por su inteligencia y estaba dispuesta a oírle por horas y mostrar genuino aprecio por su idealismo.

Que hubiera claras indicaciones de que no éramos personas compatibles fue algo que pasamos por alto los dos. Él por el apremio de sus circunstancias, yo, por confiar ciegamente en mi padre y porque el Miami de 1960 me resultaba imposible después de Madrid y Salamanca y deseaba, por encima de todo, estar en un ámbito de lengua española.

Ambos confiábamos, estoy segura, con la arrogancia que da la juventud, que lograríamos grandes cosas y ayudaríamos a salvar al Perú de la injusticia de siglos. Éramos dos buenas personas. Y si nos engañamos el uno al otro fue porque nos engañábamos a nosotros mismos. Con este trasfondo, que sólo han hecho claro, lo repito, muchos años y mucha vida, llegué al Perú.

Iba equipada con aquella maleta cuya ropa usaría por muchos años y con trescientos dólares en efectivo. Mi padre había prometido que, en cuanto le enviara los documentos que probaran que estaba matriculada, me podría enviar más dinero. Sin embargo, como la mayor parte de los fondos se fueron inmediatamente en la matrícula y habiendo sufrido el que a mi padre no le hubiera sido posible girarme dinero a España, decidí ser muy cautelosa.

Me alojé en la más módica de las pensiones. Mi cuarto era sólo una esquina de una habitación, separada por unas paredes de cartón, que me subalquilaba una de las inquilinas de la pensión. Allí cabía apenas un catre estrecho debajo del cual fue a parar la maleta. Tenía en la pared un alambre sujeto de unos clavos para colgar la ropa. Y lo que se volvió esencial para mí: un balde para lavarme.

En la casa había un inodoro comunal, pero no duchas. Así que por meses anduve muy bien vestida por Lima, habiéndome lavado sólo con el agua de un balde. Cuántas veces en la elegante casa de María Amelia Fort Barrenechea, mientras el mayordomo ponía a mi alcance, con sus manos enguantadas, una pesada bandeja de plata labrada, para que me sirviera una copa de vino, conversando sobre España o los Estados Unidos, pensaba "Si supieras lo que daría por poderme dar una ducha en tu baño", pero eran pensamientos que nunca se expresaron en palabras.

Para sobrevivir busqué todo trabajo posible. ¡Qué carencia de ellos! Confiaba que por saber inglés, escribir bien a máquina, tener algo de práctica de oficina y contabilidad, encontraría algo. Pero, ¡qué va! Los trabajos eran escasos y, si los había, eran para la sobrina de alguien o la hija de un amigo.

Conseguí, sí, varios niños a quienes repasarles las lecciones. Muchos eran niños engreídos y lidiar con ellos, verdadero sacrificio; algunos tenían verdaderas deficiencias y a ellos me volqué con gran cariño. Pero estas clases sólo podían darse por unas breves horas después de la escuela, lo cual limitaba el número de alumnos. La compensación era muy modesta y debía descontar el gasto en autobuses, pues esos niños vivían, claro, en Miraflores o San Isidro, muy lejos de donde vivía. Las chicas de una organización católica me pidieron que copiara a su libro de actas las notas que tomaban de sus reuniones. Y yo escribía con mi mejor letra, aquellas frases repetidas e insulsas, agradecida por los pocos soles con que me compensaban. Hubo algo grato. Armando me recomendó con la Directora de la Radio Nacional —quiero creer que se llamaba Maruja Torres— , quien lo apreciaba pues de niño había sido un participante estrella en programas infantiles. Y ella me contrató para grabar las *Tradiciones peruanas* de Ricardo Palma.

Leer en voz alta ha sido uno de los mayores goces de mi vida, como he descrito en "Lectora de tabaquería". Leer para la radio lo era aún mucho más. Mi abuelo Modesto Ada Barral era el fundador y director de "La voz del Tínima", una de las emisoras de Camagüey. Aunque la mayor parte de su labor era de dirección, radiaba personalmente un programa de noticias. Me invitó algunas veces. Sentarme en aquella mesa cuadrada, a la que se le habían socavado cuatro medias lunas, que permitían a los locutores sentarse más cerca del micrófono colocado en el centro, me resultaba especial privilegio aunque permaneciera en silencio. Me emocionaba saber que la voz profunda y bien modulada de mi abuelo se estaba oyendo en toda la ciudad. Pero por mucho que disfrutara grabar para la radio, nada de aquello, ni todo junto, daba para vivir.

Cuando me enteré que en el Colegio Maryknoll había una plaza de maestra me presenté llena de esperanzas y mi alegría fue inmensa cuando me ofrecieron el puesto. Me entregaron los libros correspondientes y aunque faltaban algunos meses para el inicio del curso, comencé a preparar mis clases con entusiasmo.

Ese verano, fui al colegio para recibir instrucciones. Me pareció apropiado decirles a las monjas que me había casado y estaba embarazada. Mi intención era que supieran de antemano que en algún momento sería necesaria una suplente y a la vez asegurarles que no me ausentaría muchos días. En mi familia las mujeres se reincorporan al trabajo de inmediato después de dar a luz.

Pero las monjas no quisieron saber nada de ello. Insistieron en que una maestra en estado creaba preguntas embarazosas. Quise aducir:

—Pero, estos alumnos tienen hermanitos y primos. No voy a ser la primera mujer en estado que vean…

Pero no me dejaron hablar. Rescindieron el contrato allí mismo sin ninguna consideración.

El que estuviera en estado no había ayudado mucho en la situación de tensión que vivíamos en la casa de los padres de Armando, en condiciones económicas precarias. Como nota simpática, allí tampoco había ducha. Si me cansaba de bañarme con un balde, y el día no era demasiado frío, le pedía a Celestina, la infeliz mujer que ayudaba en la casa, que me echara agua con un cubo, en el traspatio, de pie en el gallinero, asustando a las pobres gallinas con el inesperado chaparrón.

Mi sueldo de maestra hubiera sido una salvación. Y ahora, justo cuando iba a empezar, se esfumaba. En el verano había conseguido algunos alumnos particulares de inglés. Era una ayuda, pero no suficiente.

Por eso seguía infatigablemente mi búsqueda de empleo. Habiendo obtenido tan buen resultado de los anuncios clasificados en los Estados Unidos, los revisaba a diario, aunque me descorazonaba que sólo buscaban mucamas o cocineras, electricistas o mecánicos. Un día, sin embargo, mi persistencia se vio recompensada y así empezó un nuevo episodio en la aventura.

34
La creación de un diccionario bilingüe

Respondí, como aferrada a tabla de salvación, al anuncio clasificado que pedía traductores. A vuelta de correos recibí dos textos que debía traducir, uno al inglés, otro al español. Y me citaron para un lunes a las ocho de la mañana.

Llegué a la Plaza de San Martín a las siete. No podía creer a mis ojos. La larga fila de individuos esperando frente al mismo edificio parecía escena de película neorrealista italiana. El entusiasmo con que me había levantado se transformó en angustia. ¿Cómo conseguir un trabajo compitiendo con tanta gente? No ayudó mucho que el señor alemán que me antecedía, procediera a mostrarme un fichero que traía bajo el brazo, lleno de fichas con palabras cuya traducción exigía especial atención. Era traductor en una agencia noticiosa y estaba lleno de ideas sobre la traducción, aun cuando tanto su inglés como su español tenían grandes interferencias del alemán.

Al fin me llegó el turno. Había visto salir algunos con sonrisas y otros con rostros graves; no sabía qué me esperaba. Quedé bastante sorprendida. No buscaban a una persona, sino a cuarenta. ¡Se trataba de compilar un diccionario bilingüe!

Como estudiante de filología sentía gran respeto por cualquier gestión lexicográfica y me parecía que el modo de elegir a los compiladores no era muy ortodoxo. Pero no podía sospechar las sorpresas que me esperaban. La labor comenzó al día siguiente. En el piso superior del edificio nos esperaban dos amplias salas. En una trabajaría el equipo español-inglés, y en otra el nuestro, inglés-español. En cada una había veinte mesitas de pino, cuyas superficies ocupaban casi por entero flamantes máquinas de escribir. Si antes estaba sorprendida, al oír las instrucciones quedé atónita. Nuestra misión era copiar en fichas cada una de las entradas de un diccionario bilingüe bastante conocido y luego intercalar nuevas fichas con palabras, que a nuestro juicio fueran importantes, del diccionario tecnológico Robb que traduciríamos.

Cuando nos hicieron firmar un contrato que estipulaba que trabajábamos para una compañía panameña y que por lo tanto no tendríamos derecho a participar en la seguridad social peruana, me quedó claro que la empresa no era sólo de locos sino totalmente sin escrúpulos. Pero allí aprendí que la necesidad nos puede llevar a tomar decisiones en contra de algunos principios. Porque firmé y me puse a trabajar.

Nos pagaban por línea, unos céntimos por cada tantas líneas. Ahí vi mi oportunidad. Y esa tarde me llevé a casa el diccionario que querían que plagiáramos —no hay otro modo de decirlo— y cientos de fichas en blanco. No dormí más que un par de horas diarias —no era lo mejor en mi estado de embarazo, pero ya he dicho que la necesidad era muy grande— durante toda la semana; al final de cada día entregué las fichas hechas en la oficina y las que había escrito durante noche y madrugada.

El lunes, apenas llegué, me pidieron que fuera a encontrarme con los dueños del negocio, el señor Kline y el doctor Forbath, un lingüista húngaro que dirigía el proyecto. Tenían sobre la mesa mi montón de fichas. Mi subterfugio había sido descubierto. El Sr. Kline me conminó a contestar:

—¿Todo este trabajo lo ha hecho usted?

—Sí —le contesté, y añadí no sin cierto temor—. No había ninguna estipulación sobre cuánto podía hacerse, ¿verdad?

Se miraron entre ellos y el Sr. Kline dijo:

—Le tengo una propuesta. Con estas fichas ha ganado usted… —y mencionó una cantidad de soles, no muchos la verdad, pero más que lo que ganaba hasta entonces con mis múltiples trabajitos—. Estoy dispuesto a pagarle esa misma cantidad por semana, pero no quiero que haga ninguna ficha, quiero que revise las de los demás.

—Y así no tendrá que trabajar toda la noche —añadió, no sin cierta comprensión el doctor Forbath. Desde ese momento me pareció tan víctima como yo.

Así quedó acordado lo que sería el comienzo de una pesadilla. El grupo de compiladores no podía ser más heterogéneo. Entre ellos, un piloto retirado, que a juzgar por el estado en que llegaba los lunes debió haber perdido su licencia por su afición al alcohol; un encantador escocés, que no esperaba a los viernes para empezar a beber, pues a lo largo del día sacaba con frecuencia su petaca de plata llena de whisky; el consciente señor alemán, que interrumpía a cada momento, con diatribas hacia los diccionarios y quienes los habían hecho sin consideración hacia los traductores de los teletipos; una señora limeña de apellidos compuestos heredera de una de las grandes fortunas del Perú, que se aburría en su casa desde que la había dejado el marido y se pasaba el día escribiendo sonetos en inglés, afortunadamente no entregaba muchas fichas, porque las que entregaba eran muy poéticas pero inservibles para un diccionario; una madre y su hija, argentinas ambas, muy finas, que debían estar en una situación semejante a la mía y eran las únicas que enfrentaban aquello, con responsabilidad y sensatez, aunque con aquellas directivas no podía esperarse nada que valiera la pena.

Después de pasarme varios días corrigiendo fichas, comprendí que debía hacer algo. Mis compañeros estaban todos indignados conmigo. Cada ficha corregida tenían que copiarla de nuevo y sólo les pagaban por la ficha final. A mí me daba muchísima pena con ellos, sobre todo con el señor alemán que escribía múltiples explicaciones que luego tenía que reducirle a una o dos líneas. Por un momento estuve tentada a hacer todas las fichas, tarea más fácil que corregirlas, y repartir equitativamente el dinero con todos, pero pronto comprendí que era imposible. Y la loma de fichas que no alcanzaba a corregir iba en aumento. Gran parte del problema era que estaba tratando de unificar y darle sentido al trabajo de cerca de veinte personas porque nadie les había dado verdaderas instrucciones.

Entonces decidí hacer lo necesario. Dediqué un fin de semana, en el que apenas dormí, a crear un manual de estilo, indicando cómo debía tratarse cada entrada y dando un número de ejemplos de los distintos tipos de situaciones que podrían encontrarse.

El lunes fui a ver a Kline y a Forbath, les presenté mi idea y les pedí que les dijeran a todos que se atuvieran a estas normas y así se evitarían tener que rehacer las fichas. Aproveché para plantearles una propuesta para resolver algo que personalmente me molestaba: el plagio en que se cimentaba todo aquello.

Les propuse que, en lugar de basarnos en otro diccionario bilingüe, ya que estábamos haciendo éste porque no había ninguno al día, nuestra selección de palabras debía partir de los diccionarios en uso en cada lengua. Sugerí partir, en español, del diccionario manual de la Academia y en inglés del Webster.

Como les molestaba perder el trabajo hecho, no se decidían. Entonces les ofrecí que, si aceptaban la propuesta, ahora que con un manual de estilo el nivel de corrección sería menor, me ofrecía personalmente a cotejar las fichas creadas y añadir las que fueran necesarias. Así aceptaron mi propuesta, sólo que para el inglés decidieron combinar el Webster con la versión abreviada del Oxford.

Usar como base esos diccionarios garantizaba una selección de términos bien avalada. Creó en cambio un problema distinto. Mientras copiaban de un diccionario bilingüe, los compiladores escribían equivalentes en español a la palabra en inglés, ahora, trabajando desde el léxico original, en lugar de buscar la palabra equivalente en español, escribían la traducción de la definición que daba el diccionario de la palabra en inglés. Cuánto me costó convencerlos. Al final fue el número de fichas que tuvieron que rehacer lo que los persuadió. Ayudó también que el señor Kline aceptó pagar por ficha y no por línea. A ellos les simplificaba mucho a la hora de calcular lo que pagarían cada semana y ayudaba a controlar la verborrea.

En algún punto de todo este proceso nos trajeron un director. Este doctor Reparaz era un señor portugués, cuyo conocimiento del inglés era bastante reducido, y para compensar que se notaba mucho que el español no era su idioma nativo, decidió ser más purista que el Papa.

Nadie se imaginará nunca cuántas veces aparecen en las definiciones de un diccionario términos como "tejer" o "tejido" hasta que alguien decida que son galicismos (entraron al español en el siglo XVIII) y que como galicismos no pueden usarse y haya que sustituirlos por "hacer punto de calceta". ¿Se imaginan definir telaraña como red en punto de calceta creada por la araña?

Este señor se sentaba en la gran mesa de despacho que le habían colocado al frente de la sala, manteniendo siempre un rostro severo, sin dirigirle apenas la palabra a nadie, revisando las fichas que yo ya

había aprobado buscando galicismos… creo que con la única persona
con quien se relacionó fue con la señora peruana, que había descubierto que como el portugués no tenía que preocuparse de cuántas fichas
podía hacer, estaba dispuesto a escucharla leer sus sonetos en inglés,
aunque dudo que pudiera entender mucho de lo que oía.

¡Cuánto aprendí sobre lexicografía en aquel trabajo! ¡Y cuánto sobre el espíritu humano! Después de un tiempo, tratando de unificar el
trabajo de las primeras semanas, comprendí que mi sencillo manual de
estilo no era suficiente guía para todas las complejidades que era necesario tener en cuenta y lo amplié considerablemente.

En una vida tan itinerante como la mía, he perdido o he tenido
que deshacerme de muchas cosas materiales y en general me he resignado a ello. Pero entre las varias cosas que sí hubiera querido conservar
está aquel manual. No tanto por su valor intrínseco —estoy segura que
hoy le vería deficiencias— sino por lo que significó de esfuerzo intelectual a mis 22 años.

Mi maternidad era inminente. El doctor Reparaz, aburrido de per-
seguir galicismos o considerado superfluo por el dueño del proyecto,
había dejado el cargo. Yo había asumido mucho de la tarea administra-
tiva. Y ahora había la preocupación de que si faltaba, no habría nadie al
frente del proceso. Tuve la idea de sugerir que contrataran a Armando.
Es cierto que no sabía inglés, pero era un filólogo. En realidad no estuve ausente muchos días. A la mañana siguiente de dar a luz ya me había
llevado Armando al hospital un puñado de fichas.

Cuando estuve de regreso, el señor Kline me asignó una tarea especial. Me pidió que dejara de lado por un par de semanas las revisiones y
que hiciera personalmente las fichas correspondientes a las páginas que
me entregaba. Para facilitar el trabajo, habíamos desencuadernado dos
ejemplares del Webster y se habían pegado las páginas sobre hojas más
grandes de papel blanco. El señor Clive D. Page, un británico encargado de la sección español-inglés había ido añadiendo en las márgenes
las palabras del Oxford y del Robb que debían intercalarse. El señor
Kline eligió páginas, de seis o siete letras distintas, incluyendo algunas
al final del alfabeto. Me insistió en que confiaba en que haría mi mejor
trabajo. No tenía idea de cuál era el propósito de aquellas fichas en las

que trabajé un par de semanas, pero poco después de entregárselas supe que había viajado a Nueva York. Luego me enteré que le había vendido el diccionario, que todavía andaba por la A, a una editorial estadounidense como manuscrito casi terminado.

Lamento haber sido, sin saberlo, responsable de que aquel diccionario se hubiera adquirido en esa forma. Sólo puedo imaginar el enorme esfuerzo realizado luego por el equipo editorial en los Estados Unidos para convertirlo en el excelente diccionario que es el *Simon and Schuster International Bilingual Dictionary*.

Me he atrevido a contar la historia porque, después de todo, ellos se atrevieron a poner mi nombre bajo la categoría Administración, que no retrata ni por asomo lo mucho que colaboré en aquel proyecto, y también me adjudica responsabilidades que no asumo, puesto que permanecí en ello sólo unos meses, hasta que conseguí mi primer puesto como maestra, el comienzo del resto de mi vida profesional. Pero antes, hablaré de otro cambio sustantivo en mi vida.

35
Y dejé de ser quien había sido, y comencé a ser madre

· ·

En Lima tuvo lugar el hecho más trascendental de mi historia. El nacimiento de Rosalma cambió no mi vida sino mi propia esencia. Con su nacimiento, y a continuación el de sus tres hermanos, dejé de ser quien había sido y comencé a ser madre.

La revelación no se dio hasta el nacimiento, pero fue instantánea, repentina. Cuando, después de un parto largo y difícil me vi con mi hija en los brazos, sentí que desde ese momento su existencia tomaba prioridad frente a la mía, que nada me importaría tanto como su salud, su desarrollo, su felicidad.

Gracias a mis hermanas y primos estaba acostumbrada a los niños pequeños. De hecho acababa de tener una hermanita, apenas meses mayor que mi hija. Cuidé de ella con toda facilidad y alegría. Por eso no podía entender mi temor a vestir y bañar a mi hija. Sin que lo fuera, la imaginaba frágil y me abrumaba la responsabilidad. ¡Qué falta me hicieron mi madre y mis tías, alguna amiga de la familia!

El insensible ginecólogo nunca me observó los pezones ni me mencionó que me diera masaje con alguna crema. Así sufrí grietas horribles y al dolor físico se sumaba el que trataran de disuadirme de darle el pecho.

Lo que daba por sentado era tan natural que no me había preparado para ello, me resultó una odisea. Pero qué alegría cuando triunfamos la nena y yo. Y si el reconocimiento de haberme vuelto madre fue algo repentino, con ella fui aprendiendo cómo serlo de un modo hondo y total.

Cada menudo cambio en su crecimiento me parecía extraordinario. Veía su inteligencia en la atención con que miraba su alrededor. El día en que, echada boca abajo, la vi levantar la cabeza por primera vez, me la imaginé siempre capaz de mantenerla erguida frente a la vida, segura en su propio ser, en su verdad. Nunca habrá habido sonrisas que causen mayores alegrías que las primeras que surgieron en su rostro.

Vivíamos en el centro de Lima, en una casa vieja y pequeña. Me angustiaba que no respirara más que el aire viciado de la ciudad donde no había verde alguno. El único jardín era el de la iglesia de Santa Rosa de Lima, donde había concebido su nombre. Y la llevaba allí a enseñarle las rosas de las que ella era una más.

Cuando llegó el verano, me la llevaba en colectivo, esos autos que siguen rutas fijas por las que recogen tantos pasajeros como puedan cargar, a San Isidro. Allí, en un pequeño parque entre mansiones, extendía una colcha y la dejaba gatear sobre el césped o sentarse a mirar las plantas y las flores.

Al verano siguiente la llevaba en tranvía hasta el Callao. En la playa jugaba con los cantos rodados, pasaba la manita sobre su superficie pulida, salpicaba con el agua de su balde; allí se dio los primeros baños, sostenida en mis brazos a la orilla del mar y me conmovía al ver que la inmensidad azul la alegraba tanto como a mí.

Cada nuevo nacimiento, Alfonso y Miguel en Lima, Gabriel en Boston, me trajo iguales alegrías e intensificó esa nueva definición de mi ser. Verlos crecer combinó júbilo y sorpresa.

Como casi todas las madres creo que no hay hijos más inteligentes, más encantadores, más buenos que los míos. Y no voy a someterte lector a mis entusiasmos de madre. Pero hay tres anécdotas que me parecen particularmente entrañables porque demuestran el impacto del medio sobre los niños.

Rosalma y Alfonso aprendieron a leer muy pronto. Ella aprendió sola, a los tres años, con un silabario. A Alfonso le enseñé, a ruego suyo, a los cuatro años, cuando empezó a ir al *kindergarten* del Colegio Humboldt. Viajábamos en el ómnibus del colegio y era un largo recorrido. Alfonso es menudo y creo le intimidaban un poco los chicos alemanes, mucho mayores que él, con los que esperábamos el ómnibus. Pero cuando aprendió a leer, qué simpático ver que todos los demás, mucho mayores en tamaño pero que aún no leían, se colocaban a su alrededor para oírlo leer cuentos en voz alta todo el trayecto. Desde entonces, Alfonso buscaba la compañía y el apoyo de los libros. Les habían regalado unos teléfonos de plástico a él y a Miguel. Yo trabajaba en mi escritorio y ellos jugaban sentados en el suelo junto a un estante de libros.

—Vamos a hablar —dijo Alfonso. Y añadió—: Pero necesitamos nombres.

Eso no era difícil para la imaginación de Miguel. Que combinando un nombre que le pareció interesante con el del colegio, inventó:

—Yo seré Federico von Humboldt.

—Bueno… —respondió Alfonso. Y miró una colección de gruesos volúmenes en la tabla inferior del estante.

—José Ortega y Gasset… —leyó con cuidado—. Pero puedes llamarme Pepe.

Ese día pensé que no tendrían dificultad en encontrar su camino. Jugaban en su mesita baja con papeles y lápices, bajo la dirección de Rosalma.

—Ay, ¡qué bien! —se me ocurrió decir—. Juegan a las escuelitas.

—¿Escuelita? —respondió ella ofendida—. No, jugamos ¡a la Universidad!

Y no es que fueran niños petulantes ni mucho menos. Simplemente replicaban el ambiente.

Miguel lloraba desconsolado. Cuando le pregunté qué le pasaba, respondió: "Mi hermana… Mi hermano…"

—¿Qué te han hecho? —le pregunté—. ¿Te han pegado? ¿Te han dicho algo?

--No… —logró decir—. Es que yo quiero dar un discurso y no quieren ser el público…

Ahora que sé sin duda alguna que no sólo fueron niños encantadores, sino que son, los cuatro, personas responsables, comprometidos con sus familias y su entorno, aquel milagro, la dicha de ser madre, se multiplica en gratitud de no haber sido sólo madre sino de serlo de estos seres generosos que enriquecen con su vivir, la vida de todos quienes los rodean.

36
Y empecé el aprendizaje que nunca termina para hacerme maestra

· ·

No recuerdo cómo supe que había un puesto de profesora de Lengua y Literatura a nivel de bachillerato, en el Colegio Peruano-Norteamericano Abraham Lincoln. Sí recuerdo la gran ilusión con la que fui a la primera entrevista y el desánimo que sentí al ver que éramos muchos aspirantes. Yo era una de dos mujeres, la más joven del grupo, la única que no era peruana. Todo ello disminuyó mi confianza, sobre todo cuando la otra mujer me explicó que tenía un doctorado —yo era todavía estudiante— y muchos años de experiencia como profesora de instituto en Arequipa, cuando para mí ésta sería la primera vez que enseñaba a ese nivel.

Después de hacernos un examen escrito nos citaron para dar al día siguiente una clase de demostración sobre un tema que nos asignarían en el momento.

Menos mal que tenía a Rosalmita, entonces sólo de unos meses, para llenarme el espíritu de esperanza esa noche porque, si no, la inquietud me hubiera destrozado. A pesar de lo poco que confiaba en obtener aquel puesto que tanto necesitaba, puse todo mi empeño en la demostración. No recuerdo el tema de gramática, pero la poesía, mi buena amiga de siempre, vino en mi auxilio. Utilicé para los ejemplos versos, pensamientos y refranes porque siempre me han parecido una falta de respeto las oraciones sin contenido que tanto aborrecía en mi infancia. Los alumnos participaron con entusiasmo.

Seguía luego una entrevista con el director. Este colegio privado pertenecía a una asociación de accionistas, padres de los alumnos. Su acreditación exigía que el director estuviera certificado en los Estados Unidos.

Mr. Howard acababa de llegar al Perú y no hablaba mucho español. Las entrevistas las hacía la subdirectora. Si el director quería intervenir, ella actuaba como traductora. En cuanto comprendí la situación empecé a contestar directamente en inglés. No me cabe ninguna duda: saber inglés me ganó la plaza. La subdirectora, que tenía sus propios candidatos peruanos y que sentía que si un profesor podía hablar directamente con el director ella perdía parte de su control, nunca me miró con mucha simpatía. Y hasta el día de hoy tengo horribles pesadillas con ella. Pero Mr. Howard tenía una hija que iba a comenzar el primer año de secundaria y, aunque él esperaba que aprendiera pronto español, como de hecho ocurrió, también le importaba mucho que pudiera comunicarse bien conmigo. Su hija era una niña muy inteligente, de gran personalidad y disfruté mucho enseñándole.

A pesar de mi gran alegría por tener una posición con un futuro profesional, los primeros meses no fueron nada fáciles. Los tres primeros cursos de lengua —gramática, iniciación literaria, historia del idioma— eran temas que conocía y amaba. Pero me sentía muy insegura en los cursos de literatura universal y de literatura peruana. Lo hacía más difícil que me hubieran asignado, además, los cursos de filosofía, lógica y psicología, que no eran usualmente parte de las obligaciones del profesor de Lengua y Literatura, como supe luego. Me sospecho que aumentarme así el trabajo fue parte del desquite de la subdirectora, pero estaba tan feliz de tener este trabajo que no hubiera protestado aun si lo hubiera sabido.

Cada día tenía que preparar lecciones y corregir muchísimos ejercicios y exámenes y apenas me mantenía a flote. Los alumnos de quinto año tenían entre diecisiete y dieciocho años, yo, apenas veintitrés. La mayoría eran más altos que. Y hubiera sido fácil reírse de una profesora que hablaba con acento extranjero y que no siempre entendía las bromas basadas en giros idiomáticos y cultura local. Pero me esforzaba en hacer las clases interesantes, los trataba con el respeto que siempre me han merecido los seres humanos y todo parecía marchar bastante bien.

Sin embargo, tenía dos grandes preocupaciones. La primera, que muchas veces los alumnos me preguntaban algo que no sabía. Como solución, cambiaba el tema añadiendo algo interesante que distrajera su atención. La segunda que, a pesar de haber vencido mucho del problema que siempre había tenido con la ortografía a causa de mi dislexia, a veces, cuando estaba frente a la pizarra, sentía inseguridad. Así que, si no podía pensar rápidamente en un sinónimo o una perífrasis para sustituir la palabra que me causaba duda, desvirtuaba la letra de tal modo que no pudiera saberse si había escrito "V" o "B" ni se distinguiera entre "C", "S" o "Z". Así había sobrevivido un par de meses hasta que un día, a punto de escribir una palabra cuya ortografía era dudosa para mí, me pregunté: "¿Qué haces? ¿Qué estás enseñando a estos alumnos? ¿A evadirse? ¿A mentir?"

Fue uno de los momentos más importantes de mi vida, porque sentí estas preguntas con tal fuerza, que interrumpí lo que escribía y me volví a los alumnos, diciéndoles:

—Me he detenido porque en realidad no sé escribir bien esta palabra. Me pasa con cierta frecuencia. Hasta ahora he estado disimulando ante ustedes. Como disimulo muchas veces cuando me preguntan algo que no sé. Pero ocultar lo que no sabemos no es el modo de vivir dignamente. Reconocerlo y tratar de aprender, sí lo es.

Los chicos me miraban sorprendidos. Dudo que hubieran oído a un adulto expresarse de este modo. Y menos a un maestro. Pregunté, entonces, quiénes tenían también dudas ortográficas. La mitad de la clase levantó la mano. Les agradecí la sinceridad y les aseguré que buscaría la manera de que tanto ellos como yo pudiéramos vencer esas dudas. También les pedí que me siguieran preguntando todo lo que quisieran y les aseguré que, cuando no supiera la respuesta, se los diría con sinceridad y trataría de averiguarla. Ese día, en ese momento, comencé verdaderamente el proceso de volverme maestra. Y aunque tardaría todavía algunos años para hacerse manifiesto en todos los aspectos de la vida, también empezó allí el proceso de mi propia liberación.

Al día siguiente había creado el primer ejercicio de ortografía y vocabulario. Expliqué en cada curso que diariamente les entregaría una página de ejercicios que ellos traerían resuelta al día siguiente. Y que vendrían preparados para un dictado del texto que la encabezaba. Así, al comienzo de cada clase, ellos tenían la hoja boca abajo lista para recibir mi dictado. Fue un proceso excelente. Tomaba apenas dos minutos y aseguraba que todo el mundo estaba preparado y atento al empezar la clase. Me esforzaba para que los textos fueran interesantes y sirvieran para enriquecer el vocabulario de modo que aun quienes tenían perfecta ortografía se beneficiaran.

Es a la vez divertido y significativo que el primer libro de tantos que he publicado fuera *Ortografía y vocabulario,* basado en aquellos ejercicios, publicado en el Perú y luego reeditado en México como *Domine la ortografía.* Me ayudó a reconocer frente a mis alumnos lo mucho que no sabía, la reflexión de que siendo tan amplio el saber que hemos acumulado los humanos de todo el planeta, a lo largo de los siglos, no hay nadie cuyo conocimiento corresponda, en comparación a todo ese saber, ni siquiera al nivel de *kindergarten.* Y que, por tanto, como maestra, debía preocuparme no cuánto sabía, sino cuán dispuesta estaba a seguir aprendiendo y cómo inspirar en mis alumnos el deseo de aprender constantemente, animándolos a que el aprendizaje constante fuera un modo de ser. Este pensamiento resultó tan liberador que me he alegrado de poder compartirlo, a lo largo de los años, con muchos maestros.

Me concentré en tratar de que no hubiera ni uno solo de mis alumnos que no estuviera desarrollándose al máximo. Podría contar muchos ejemplos, pero me limitaré a uno. Cursaban quinto año un par de mellizos. Eran chicos agradables y atentos, extremadamente tímidos, escribían con una letra minúscula indescifrable en la que reconocía el mismo deseo de evasión que había tenido en la pizarra. El resultado de sus pruebas era terriblemente embarazoso. Y, mientras los animaba, les daba la nota que merecían. Empezaron a traerme, para compensar las malas notas de las pruebas, impresionantes trabajos escritos a máquina que, obviamente, no eran producto suyo. Me negué a aceptárselos.

Uno de los profesores más antiguos del colegio me buscó un día y me advirtió que estaba cometiendo una grave equivocación. Esos niños eran hijos de uno de los accionistas más fuertes del colegio y, o les daba un sobresaliente, como siempre habían hecho todos los profesores, o ése sería mi primer y último año de profesora.

Me dejó impávida. No era cosa de mi honor ni nada semejante, porque ya tenía muy claro que lo de las notas es un disparate y no el mejor modo de conseguir los fines que se desean: el desarrollo máximo de cada alumno. Pero me indignaba lo que habían hecho con los chicos. En sus doce años en ese colegio, los profesores habían decidido que eran incapaces de aprender y en lugar de esforzarse y ayudarlos, lo compensaban dándoles sobresalientes. Yo no iba a hacer lo mismo.

Busqué en vano todos los modos posibles de acercármeles. Pero no les interesaban los deportes, ni las exploraciones, las hazañas o las aventuras, la música o los juegos… me sonreían amablemente, se les encendían las mejillas, se les aguaban los ojos y todos mis intentos de conseguir respuesta de su parte resultaban en fracaso. Dejé de darles nota, pero no de exigirles los ejercicios de ortografía y los reportes de lectura escritos de su puño y letra; pero temí que a pesar de mis buenas intenciones nada conseguiría. Hasta que un día vi a uno de ellos absorto en un grueso volumen… ante algo tan inusitado me acerqué a ver de qué se trataba. Era un amplio catálogo de maquinarias de panificación, palabra hasta entonces desconocida para mí. Me explicaron que el padre, dueño de una importante fábrica de pan, iba a cambiar las maquinarias y estos dos chicos hablaron en ese instante mucho más de lo que les había oído decir en varias semanas de empeñarme en descubrir algo que les interesara, porque tenían un único interés absorbente: la fabricación del pan, y aquello no aparecía en los programas de estudio ni en las novelas juveniles que leían sus compañeros.

Desde el día siguiente el pan pasó a ser tema central en las clases. Los ejercicios de gramática y ortografía desbordaban de mies y espigas, trigo, molinos y eras. Me dediqué a buscar trozos literarios en que se hablara del pan, agradeciéndole a Azorín, a Miró, tantas bellas descripciones. Las clases de filosofía tenían como metáfora central el pan alimento del cuerpo como las ideas son alimento de la mente y cuando sus ojos empezaron a brillar de interés y no de miedo, anuncié a la clase que como el pan era tan importante, como veníamos viendo, y en la clase teníamos dos expertos en su fabricación, iba a pedirles a ellos que nos hablaran de cómo se produce ese pan que todos comíamos diariamente.

Les sugerí que uno de ellos explicara cuál era el proceso actual en la fábrica y el otro explicara los cambios que se estaban considerando y sus posibles ventajas. Con qué seguridad hablaron frente a la clase aquellos chicos tímidos, ahora en su papel de expertos. Con qué orgullo mostraron fotos y esquemas. Desde allí nos sobraron temas para sus investigaciones. La historia del pan en el mundo occidental era sólo el comienzo, porque estudiaron también los alimentos que en otras culturas equivalen a nuestro pan, los ritos y festividades relacionados con las cosechas, así como las expresiones literarias y artísticas que el pan había inspirado.

Con qué orgullo recibieron las primeras buenas notas verdaderamente ganadas por ellos y con cuánta alegría se las di. Y qué satisfacción para todos ver aflorar aquella inteligencia que siempre había existido aunque hasta entonces permaneciera oculta. Nunca podré agradecerles suficientemente a los mellizos Brescia el reto que supusieron para mí en ese primer año de profesora de bachillerato, porque me enseñaron que era mi responsabilidad encontrar la clave que creara el interés por aprender en cada uno de mis alumnos.

Años más tarde en Detroit, visité una escuela donde había un niño ausente, distraído, incapaz de seguir las explicaciones. Cuando le pregunté a la maestra cuáles eran los intereses del niño me contestó que no había podido descubrirlo, no le interesaban ni los autos ni los aviones ni los animales ni los dinosaurios, como a los otros niños… En aquel entonces tenía tres hijos más o menos de su misma edad, así que empecé a hablarle de mis hijos y de las cosas que a ellos les gustaban. Sólo noté una pequeña reacción cuando mencioné que a Miguel le interesaban mucho los pájaros. Al preguntarle si a él también le gustaban me contestó con mucha convicción:

—Los pájaros, no, ¡las palomas!

Y allí estaba el secreto… su padre criaba palomas en la azotea del edificio en que vivían y el niño sabía muchísimo sobre sus características, su crianza, sus enfermedades y cómo curarlas. Pedirle que hablara a la clase sobre ello no fue difícil, lo hermoso fue hacerle ver que aun con lo mucho que sabía, había mucho que aprender. Y se volvió lector ávido de libros sobre palomas.

A medida que continué enseñando aprendí que no se trataba solamente de descubrir los intereses de los alumnos, sino también de reconocer sus habilidades y animarles a desarrollarlas. Y ellos mismos me fueron enseñando la importancia de saber escuchar, con verdadera atención, y entender que a veces el mensaje no está en lo que se dice, sino en lo que no se dice, en las pausas y los silencios, y tanto en el énfasis y las repeticiones como en los titubeos.

Mis alumnos corroboraron una de las enseñanzas de mi padre: "Cuando se espera lo mejor de alguien, se recibe lo mejor". En los libros pedagógicos para el nivel secundario que publiqué en el Perú: una serie de *Castellano* en tres volúmenes, el libro *Iniciación literaria* y los libros de escritura creativa *Ver y describir* y *Oír y narrar,* incorporé muchos ejemplos de redacción que son textos escritos por mis alumnos, tanto del Colegio Lincoln como del Colegio Humbolt, y muchas de las fotos artísticas que los ilustran fueron tomadas por algunos de ellos, convertidos así en mis colaboradores.

En Mercy College de Detroit me encontré con una situación semejante a la que había vivido con los chicos Brescia en el Perú, aunque por razones sociales muy distintas. Cuando llegué en 1973, el *college* acababa de integrarse racialmente. Hacía muy poco tiempo que había ardido Detroit. Y muchos profesores tenían miedo a los estudiantes afroamericanos y no exigían nada de ellos. A mí eso me parecía una afrenta intolerable. ¿De qué valía recibirlos en la universidad si no iban a aprender?

A la primera actitud desafiante de unos alumnos que se negaban a entregar los trabajos que había señalado, hablé a la clase con total claridad. Les expliqué que exigirles, era respetarles. Que estaba dispuesta a ayudar a quien lo necesitara, cuanto lo necesitara, pero que no estaba dispuesta a considerar a nadie inferior eximiéndole de hacer su trabajo.

Aquellas enérgicas palabras trascendieron. El vicepresidente me llamó a su oficina para decirme que si persistía en esa actitud no podía garantizar mi seguridad personal, que me estaba exponiendo a un posible ataque de algún alumno o grupo reivindicativo. Yo mantuve mi posición, porque la consideraba la única honesta y, por tanto, la única posible. Y al semestre siguiente mis cursos estaban al máximo, con un gran número de alumnos afroamericanos todos dispuestos a aprovecharlos.

A lo largo de mi vida docente he aprendido siempre de mis alumnos. En el programa doctoral en la Universidad de San Francisco, el horario de nuestras clases, de cuatro horas de duración en fines de semana alternos, nos daba suficiente tiempo para entrar en diálogo y a la vez un descanso entre clases, para reponernos de su intensidad y leer y preparar el siguiente encuentro.

El trabajo individual de dirección de tesis o disertaciones doctorales, posiblemente una de las tareas más gratas en mi vida, permitía que la comunicación llegara a niveles muy hondos y que pudiéramos reflexionar no sólo sobre el tema de investigación sino sobre la realidad y condiciones dentro del cual se enmarcaba, así como de la relación personal entre el alumno y el tema.

Poco a poco, aprendí que había varias estrategias que podían ayudarme a escuchar mejor. Así comencé a crear para clase un álbum con los perfiles de todos los alumnos. Al inicio del curso, los alumnos contestaban por escrito un cuestionario en el cual explicaban por qué estaban inscritos en esa clase, qué esperaban conseguir, qué contribuciones podían hacer ellos y qué debía saber sobre ellos que de otro modo no sabría y cuánto de sus respuestas querían compartir o no con el grupo.

Más adelante muchas veces complementamos estos perfiles con un poema de *Yo soy…* o *De dónde vengo…* siguiendo el modelo expuesto en el libro *Authors in the Classroom,* del que somos autoras Isabel Campoy y yo, y en el cual ha colaborado mi hija Rosalma Zubizarreta.

Otro modo muy valioso de aprender sobre los alumnos fue lo que terminamos llamando *"Food and Cultural Sharing".* Porque las clases duraban cuatro horas, era siempre apropiado tener un descanso. Desde la primera clase nos dividíamos en cuatro grupos. A cada uno le correspondía preparar el *"Food and Cultural Sharing"* de dos de las ocho reuniones del semestre. Se trataba no sólo de compartir algo de comer, sino de hacer también una presentación que nos permitiera conocer la cultura de cada alumno. Si bien al comienzo de cada curso los alumnos tendían a interpretar cultura en el sentido más amplio de características de un grupo étnico, pronto comprendían que se trataba de la cultura individual, la de cada familia o comunidad. Y esta actividad contribuía a un conocimiento más profundo de cada estudiante.

Quizá lo más valioso fue terminar cada clase con una reflexión escrita en la que cada uno respondiera, en forma anónima si lo prefería, qué había aprendido, qué de lo aprendido le había sido más útil, de qué modo había contribuido al proceso del grupo, qué nuevas preguntas tenía, cómo se sentía y qué sugerencias ofrecía para mejorar el proceso. Yo copiaba todas las respuestas en un documento que nos servía para iniciar la clase siguiente.

Como consecuencia se hacía palpable que aun cuando la clase hubiera sido la misma, no lo era lo que cada cual había aprendido ni lo que consideraba de mayor importancia. Este recordatorio es siempre valioso para los educadores, porque comprueba que pretender enseñar lo mismo a un grupo de personas es imposible, puesto que el aprendizaje de cada cual depende de sus experiencias previas, de su personalidad, valores e intereses. Era siempre muy interesante ver, además, cómo las preferencias de aprendizaje variaban. Algunos estudiantes pedían más tiempo de presentación formal de mi parte, mientras otros reclamaban más tiempo de diálogo en grupos pequeños. Dejar que todos leyeran las reflexiones de cada uno fue siempre muy valioso en el proceso de crear verdaderas comunidades de aprendizaje, pues comprendíamos la necesidad de llegar a acuerdos para responder a los intereses y deseos de cada cual. Para mí fue un proceso constantemente enriquecedor.

He aprendido de todos mis alumnos y cada uno ha contribuido en alguna manera a mi evolución. Creo profundamente en la importancia del arte en toda clase y he tenido la dicha de tener alumnos con gran talento que generosamente han estado dispuestos a darle un marco artístico a la reflexión teórica.

Mis alumnos latinos —de origen mexicano, venezolano, peruano, puertorriqueño, dominicano, cubano, sefardita, costarricense, salvadoreño, chileno, guatemalteco, argentino, español, uruguayo y portugués— han enriquecido mi visión de lo que es vivir en dos culturas, pertenecer a ese país dentro de un país que somos los latinos en los Estados Unidos.

Varios alumnos me animaron a hacer de la literatura infantil y juvenil, ésa que inicialmente cultivaba sólo de modo personal, una especialidad en el programa. Nos une el amor a los libros, a la palabra escrita, a la fuerza que puede tener un escritor para grabar para siempre un mensaje en niños y jóvenes, y el ansia de ver la mejor literatura en sus manos.

Les agradezco el interés que permitió que la Universidad de San Francisco, a través de sus cursos y del congreso anual Reading the World, que en el 2008 se ha celebrado por décima vez, haya contribuido a dignificar el tema de la literatura infantil y juvenil dentro del ámbito académico y a enfatizar sus posibilidades en la búsqueda de la justicia social.

Cuánta riqueza humana he conocido a través del encuentro con mis alumnos y cuán agradecida quedo con los alumnos, de orígenes diversos, que viven la solidaridad como modo de ser. La primera versión de este manuscrito reunía nombres de alumnos de tantos años, pero son varios cientos y no era posible incluirlos a todos. Seleccionar a algunos me resultó igualmente imposible. Todos y cada uno han dejado una huella en mí. Si alguien quiere la copia del texto original sólo necesita pedírmela.

A todos y a cada uno les agradezco el haberme guiado en el camino de volverme maestra. Camino lento y difícil, pero que no hubiera querido nunca cambiar por otro.

37
En el Colegio Trilingüe Alexander von Humboldt

. . . .

Me preocupaba sobremanera la educación de mis hijos. Quería, antes que nada, que tuvieran una niñez feliz, pero sabía que gran parte de esa felicidad les llegaría de un ambiente estimulante que les ayudara a desarrollar sus capacidades.

Creo firmemente que en la infancia deben aprenderse aquellas habilidades cuyo desarrollo exige mucho tiempo, como la música, el arte y los idiomas. Sé que muchos de los contenidos curriculares que se obliga a aprender a los niños se pueden asimilar con mucha mayor facilidad de adultos. Mi propia vida lo constata. Por ejemplo estudié de adulta sin dificultad Historia de los Estados Unidos, de España y del Perú sin haber necesitado enseñanzas previas. En cambio, invertí mucho tiempo y esfuerzo en estudiar de adulta francés y alemán sin mayor resultado.

Como sabía que los fundamentos del inglés podría enseñárselos yo y que, teniendo familia en los Estados Unidos, no sería difícil que lo perfeccionaran, quise facilitarles que aprendieran otro idioma. Pensé en el alemán como idioma más alejado del español y por ello más difícil de aprender, pero contribuyó a la elección del Colegio Humboldt no sólo el idioma sino la calidad de la institución.

Había tal demanda para esa escuela que traté de recurrir a alguna recomendación. Se la pedí a la doctora Gred Ibscher, profesora de Latín y Griego en la Universidad Católica. Ella a su vez me puso en contacto con la doctora Beatriz Benoit, profesora de Filosofía en el Humboldt.

Cuando me entrevisté con Beatriz expresó muchos deseos de ayudar, pero fue tajante. Nunca conseguiríamos plaza para los niños a menos que yo fuera a enseñar al colegio, lo cual se las garantizaría. Temí que conseguir esa posición sería imposible, pero no fue así. En poco tiempo, Beatriz me había recomendado para un puesto parcial, un modo de poner un pie en la puerta. En esa época el Colegio Lincoln, donde trabajaba a tiempo completo, tenía horario corrido. El Humboldt, sesiones de mañana y tarde. Eso permitía que tres veces a la semana fuera directamente de un colegio al otro. Fue un año muy difícil. Me levantaba a las seis de la mañana. Enseñaba en el Colegio Lincoln, en San Isidro, hasta las tres. Tenía que llegar al Humboldt, en Monterrico, a las cuatro y enseñar hasta las seis. Sólo fue posible, físicamente, porque el ómnibus del Humboldt recogía a unos alumnos cerca. Y, profesionalmente, porque podía aprovechar los materiales que con tanto empeño había preparado para mis clases del Lincoln.

Como se me incrementaron los trabajos que corregir, apenas dormía. Pero me sostenía la ilusión de que quizá mis hijos pudieran ir a ese colegio que, ahora, visto desde dentro, me parecía aún más deseable. En previsión de ello, procuré sitio para Rosalma en el centro preescolar de la señora Unger, educadora admirable que enseñaba alemán a los niños en forma natural con juegos, arte y canciones. Y se cumplió mi sueño. Antes de que terminara el curso me habían ofrecido un puesto a tiempo completo en el Humboldt para el curso siguiente. Y Rosalma podría empezar a asistir allí a *prekindergarten*.

38
Me entregué a la voz de Pedro Salinas

. . . .

Conocí a fondo la poesía de Pedro Salinas durante mi primera estancia en España. Y desde entonces sus versos pasaron a ser parte de mí, o yo de ellos, que es más o menos lo mismo.

Me entusiasmaron *La voz a ti debida* y *Razón de amor,* por mostrarnos el camino hacia una profunda relación entre los amantes cuya fuerza dio lugar a algunos de los poemas amorosos más importantes en nuestro idioma. Pero igualmente me conmovieron *El Contemplado* —nacido en comunión con mi mar antillano— y ese libro de madurez que es *Confianza,* con su denuncia de la guerra, de cualquier guerra, en el poema "Cero", su voluntad de creer en la vida, expresada en el poema "Confianza", que ha sido para mi siempre sustento, y por los versos de "Camino del poema" de los cuales es parte el poema "Verbo".

Este poema expresa magistralmente el amor que siempre he sentido por el idioma, que me ha permitido integrarme a la comunidad humana, dándome el asidero para interpretar mi experiencia. He llamado a esta segunda parte "La lengua se hizo matria" permitiéndome acuñar el término "matria" para indicar la esencia nutricia y amorosa que siento es el territorio de la lengua.

No anticipaba mientras escribía en el Perú mi tesis doctoral, *Pedro Salinas: El diálogo creador,* que luego fue publicada como libro bajo el nombre Alma de Zubizarreta, que mi vida de peregrina continuaría, que por tercera vez sufriría dejando un país del que me sentía parte y que sólo en la lengua encontraría refugio permanente en mi itinerante aventura vital. Pero como ya había experimentado que gracias al idioma me había encontrado en casa en España desde el primer día, y había logrado aprender a amar al Perú, sentía muy cercanas las palabras de Salinas.

Y así escribí:

Salinas reconocía en *Aprecio y defensa del lenguaje* que el hombre [hoy diría "y la mujer"] es eslabón de ininterrumpida cadena:

Tránsito el hombre biológicamente entre el padre que
le dio la vida y el hijo a quien él se la da. Históricamente
el ser individual, en su grupo, en su generación, una
onda, empujada por miles de ondas que vinieron antes,
y que a su vez impulsa a las que le van a seguir, a todas
en el caudal común de lo humano.

Continúo diciendo, hablando del poema "Verbo":

Y perfectamente compenetrado con esta concepción, el poeta disfruta de saberse inmerso en el caudal común de lo humano, porque
confía en que allí está su posibilidad de perdurar, de salvarse.
    Percibe gozoso toda la carga de historia, de vida vivida que poseen
las palabras:
> ¡De qué lejos misterioso
> su vuelo arranca,
> nortes y sures y orientes,
> luces romanas,
> misteriosas selvas góticas
> cálida Arabia!

Y las cree eternas, inmortales, "salvadas" en el propio uso:
> Se ennegrecen, se desdoran,
> oros y plata;
> "hijo", "rosa", "mar", "estrella"
> nunca se gastan.

La lengua es, pues, herencia de innúmeros padres [y madres, añadiría
hoy] por ello se le ofrece como el hogar más querido de la tradición,
solar que se traslada con el hablante —y ¡qué importante es esto para
un desterrado!—:
> onda tras onda rompiendo,
> en mí —su playa—,
> mar que llevó a todas partes
> mar castellana.

Perdóname, lector [ya sabes que te pido que aquí oigas tu nombre] esta
larga cita. Quería compartir contigo la identificación que sentí entonces —y que sigo sintiendo todavía, porque el poder de la poesía está
en que su efecto no caduca nunca— con los sentimientos de Salinas.

Y no pude resistir hacerlo de este modo, aunque pudiera haberlo parafraseado, para compartir contigo, siquiera brevemente mis palabras de entonces.

Así te entrego mi experiencia en dos tiempos, éste de hoy en que me apoyo en la memoria y aquel de ayer, en su total inmediatez.

A Salinas le agradecía, entonces, su obra poética, su decidida defensa del idioma, de la lectura y del arte epistolar —esa comunicación especial, donde a la profunda intimidad puede unirse el cuidado que pongamos en cada palabra, algo que hoy podemos seguir cultivando aun si hemos sustituido papel y pluma por un medio electrónico. También le agradecía su defensa de la literatura clásica y sus magistrales interpretaciones de ella y el ejemplo de su hermosa amistad con Jorge Guillén, dos poetas que nunca se consideraron rivales, sino que, en cambio, gozaron juntos del mutuo amor por la poesía, celebrando cómo se realizaba en la obra de cada uno. Un tipo de amistad que siempre he visto como un modelo deseable.

Necesito agradecerle además que gracias a haberme seducido de tal modo, y de que a causa de ello lo estudiara con tanto interés, cambió toda mi vida. Hacer el estudio no fue tarea fácil. Nos hemos acostumbrado tanto a las facilidades que nos ofrece la Internet que es difícil imaginar aquellas épocas antediluvianas en que la información se conseguía con lápiz y papel, en que para comunicarse con otros investigadores había que depender del correo regular.

En el Perú no era fácil conseguir mucha de la crítica que se había escrito sobre Salinas, sobre todo cuando se trataba de artículos en revistas especializadas.

Después de consultar las bibliotecas de la Universidad Católica, del Instituto Riva Agüero y de la Universidad de San Marcos, tuve la suerte de que el doctor Luis Jaime Cisneros me abriera su excelente biblioteca particular donde pude consultar algunas cosas más. Escribí cartas a amigos de distintos países solicitando ejemplares de publicaciones locales.

Pero no se trataba sólo de reunir una bibliografía exhaustiva y consultarla. Esto sólo pude conseguirlo después de la defensa de la tesis, gracias a la Biblioteca Widener, en la Universidad de Harvard, la cuarta biblioteca en número de volúmenes en el mundo occidental. Se trataba esencialmente de hacer la labor de interpretación.

Leí la poesía de Salinas tantas veces que sus versos se volvieron íntima parte de mí. Buscaba en ellos además del contenido más aparente, los significados encerrados en metáforas e imágenes, la predilección por ciertos vocablos, los recursos poéticos que añadían fuerza y significado al contenido.

Como eje del estudio, reconocí un fenómeno importante, la presencia del diálogo, recurso más apropiado a otros géneros literarios que a la poesía lírica. Dentro de lo significativo que resultaba esa presencia abundante, analicé su trayectoria: en los poemarios iniciales Salinas dialoga con las cosas, los elementos del mundo que lo rodean. Los dos grandes poemarios amorosos son un diálogo constante con la amada, un tú diferenciado y único. Ese tú da paso al Tú, algo superior y absoluto, identificado con el mar en *El Contemplado,* para volver a retomar el diálogo con el mundo en una concepción más global en los últimos poemarios. Este diálogo progresivo me pareció coincidente con el *I and Thou* de Martín Buber, cuyo pensamiento me sirvió de marco reflexivo a lo largo del análisis.

Aunque el director oficial de la tesis era el doctor Luis Jaime Cisneros, él había asignado al que era entonces mi marido para que me guiara. Pero muchas veces es muy difícil ayudar a alguien muy cercano y, en realidad, además de la ayuda de varias personas, el que la tesis llegara a completarse se lo debo al apoyo generoso del profesor Augusto Salazar Bondy, quien aunque de profesión era filósofo, tenía una gran sensibilidad para la literatura y un verdadero espíritu mentor. La forma final que tomó la tesis para pasar a ser un libro, y la sección final sobre el quehacer poético de Salinas que desarrollé en Harvard antes de publicar la tesis como libro le deben mucho al profesor Raimundo Lida.

En el proceso de trabajar con estos dos educadores extraordinarios aprendí incalculablemente sobre el arte de ser un maestro. La paciencia, el cuidado y la atención que mis propios alumnos doctorales me han agradecido nacieron de mi deseo de corresponder a lo que de estos grandes maestros había recibido.

A Augusto Salazar Bondy agradezco además, uno de los regalos más extraordinarios de toda mi vida, la ocasión de llegar a tener una verdadera amistad con Paulo Freire, como expongo más adelante.

A Salinas le debo, lo reitero, una de las oportunidades mayores de mi vida, y con ella un cambio de mi destino. Porque me hizo el regalo —a través de la amistad de su gran amigo, como expongo en el capítulo siguiente— de los ladrillos rojos de la Universidad de Harvard, y lo que simbolizaron no sólo en riqueza intelectual sino también humana.

Entre tantos motivos para vivirte agradecida, Pedro Salinas, no puedo olvidar el tesoro poético. Esos versos que me cautivaron y que en tantos momentos me son compañía, me brindan esa confianza que tú destilaste en los versos de *Confianza* con los que le rendías homenaje a Bécquer y reconocimiento a la existencia:

> Mientras haya
> quien entienda la hoja seca
> falsa elegía
> preludio distante a la primavera.
> …
> Mientras haya
> lo que hubo ayer
> lo que hay hoy
> lo que venga.

Muy poco tiempo después de la defensa, llegó a Lima Jorge Guillén a dar un ciclo de conferencias en la Universidad de San Marcos. Alguien le mencionó que recientemente se había defendido en el Perú una tesis sobre la poesía de su gran amigo y Guillén sugirió que debía ir a verle y llevarle una copia del estudio.

En la versión mecanografiada a dos espacios, la tesis tenía más de seiscientas páginas. El trabajo de copiarla a máquina había sido parte significativa del esfuerzo. En aquella época —cuánto ha cambiado el mundo en medio siglo— el único medio de producir los cinco ejemplares reglamentarios había sido mecanografiándolos con papel carbón. Y así lo había hecho, en mi fiel compañera, la Royal portátil que mi madre me había regalado cuando cumplí dieciocho años, usando papel *onion skin* para las cinco copias e insertando trocitos de papel delante de cada copia cada vez que tenía que borrar algún error.

Tuve que entregar el original y cuatro ejemplares a la universidad y sólo pude quedarme con una copia. Ésa es la que le llevé, con gran timidez, a don Jorge Guillén. El pensar que un poeta de su calidad leyera mis páginas, me llenó de humildad y de temor al mismo tiempo, ¿aprobaría mi interpretación? ¿le parecería todo ello presuntuoso? Después de todo, ¿quién era yo para comentar esa poesía?

Mi sorpresa fue absoluta cuando al devolverme la tesis unos días después, Guillén me aseguró que le había gustado mucho mi estudio.

—Ya era hora de que alguien hablara así de esta poesía —me dijo. Y añadió: —Usted tiene que venir a Cambridge. Le voy a hacer llegar unos papeles, no deje de enviarlos.

Yo sonreí, agradecí y consideré que Guillén era no sólo un gran poeta sino una bella persona, llena de generosidad. Y atesoré sus palabras como un galardón más significativo que el título mismo.

Los papeles llegaron. Provenían del Radcliffe Institute for Independent Study, una organización de reciente fundación en la Universidad de Harvard, destinada a auspiciar mujeres en sus estudios posdoctorales o su creación original.

Por supuesto los leí con sumo interés, pero para mí, madre de tres niños, luchando durísimamente para salir de una pobreza absoluta y contribuir a mantener una familia con un mínimo de dignidad, Cambridge y Harvard eran algo tan remoto que aquellos papeles bien hubieran podido venir de otra galaxia y, por supuesto, no los contesté.

El milagro se produjo, sin embargo, y como narro a continuación, requirió más que la generosidad de Jorge Guillén, pero empezó con ella. Además de estar de acuerdo con mi interpretación, a Guillén le complacía que al estudiar la poesía amorosa yo me refiriera a la amada como a una persona —puesto que la crítica más importante de la obra de Salinas hasta entonces, la de Leo Spitzer, sugería que la amada no era un ente real—. A la vez, a Guillén le alegraba que no me hubiera enredado en tratar de desentrañar la existencia histórica de la amada, que me bastara con lo que de ella decía el poeta. Lo cierto es que nunca me lo planteé de otra manera. Cuando escribí la tesis en el Perú no sabía nada del amor secreto de Salinas. No me cabía duda de que había una mujer real detrás de aquellos versos, y me sospechaba que no sería su esposa. Lo cierto es que no se me planteó ni como curiosidad.

Hoy, con esta sabiduría que da mi cabeza blanca y con una sonrisa, se me antoja pensar lo inconfesable: quizá no quería saber quién había inspirado los poemas, porque así podía seguir leyéndolos como si los hubiera escrito para mí.

Y por supuesto estaba ajena, hasta que llegué a Cambridge, al hecho de que para la familia de Salinas todavía era un problema que la maravillosa poesía de amor de *La voz a ti debida* y *Razón de amor* hubiera sido inspirada por Katherine Whitmore, nombre que sólo supe mucho después, y no por la esposa de Salinas.

—¡Ah! —me repitió Guillén un par de veces— ¡los crímenes que han cometido las familias españolas contra la gran poesía! Pero no abundaba nada más, ni yo se lo pedía.

Su generosidad para conmigo fue ilimitada, porque cuando supo que había completado la revisión de la tesis y empezaba a pensar en publicarla, don Jorge me ofreció que él escribiría el prólogo y me indicó que, de hecho, al someterla a publicación lo hiciera indicando que tendría un prólogo suyo. Ese prólogo tuvo dos consecuencias profundas en mi vida.

Los reyes tenían el poder de tocar con la espada el hombro de uno de sus súbditos y al ponerse de pie el súbdito se había transformado en noble caballero. Así, el gran poeta, tuvo la gentileza de escribir un prólogo laudatorio a mi libro con lo que me permitió empezar una vida académica bajo su respaldo. Pero, además, y ésta es la primera vez que lo confieso, el recibir ese apoyo me ha hecho sentir para siempre caballero andante en defensa de la poesía, misión que he traducido en mi dedicación a acercársela a los niños.

Esto, que no hubiera podido imaginar Jorge Guillén, espero que le hubiera complacido.

39
Los rojos ladrillos de la Universidad de Harvard

Relataba en la sección anterior que cuando recibí los papeles para solicitar una beca para el Radcliffe Institute no los había contestado. Pero la vida estaba empeñada en ofrecerme esta oportunidad y pocos meses después de la presencia de Jorge Guillén en Lima, llegó Juan Marichal, que en ese momento era *Chair* del Departamento de Lenguas Romances de la Universidad de Harvard para hablar a su vez en la Universidad de San Marcos. Lo acompañaba su mujer, Solita, la hija de Pedro Salinas.

Nuevamente me vi en la situación de entregar la copia de mi tesis a un investigador notable. Aunque esta vez las palabras positivas que me había dicho Guillén me lo hicieron más fácil. Regresé a recoger la tesis el día que Marichal iba a dar su conferencia sobre Salinas. Él y Solita me recibieron muy amablemente. Era obvio que les había gustado mi estudio.

—Don Jorge tiene razón. Usted debe venirse a Cambridge —me insistió.

Esta vez no me quedó sino decirles que a mí me era imposible soñar siquiera con Cambridge, que estaba casada y tenía tres niños pequeños.

—Pues veremos si eso tiene remedio —sugirió Juan y con una sonrisa me anunció—: Esta noche cuando me escuche va a tener una sorpresa.

La sorpresa era la coincidencia que existía entre mi análisis y el que él presentaba, pues había organizado su exposición siguiendo un orden semejante al de mi tesis: la relación de Salinas con el mundo, con la amada, con el Absoluto y de vuelta con el mundo. Sólo que él apoyaba su análisis en un paralelo con Theillard de Chardan, mientras yo lo había hecho con Martin Buber. Por supuesto me halagó mucho. Él era el yerno de Salinas y el albacea de todos sus manuscritos. Tenía toda la información posible. Y desde mi aislamiento en el Perú, había coincidido con él en el acercamiento a una interpretación.

La generosidad de Juan y Solita complementaron la de Jorge Guillén. Para hacer posible mi viaje a Cambridge, Juan le ofreció a quien era entonces mi marido y padre de mis hijos, Armando Zubizarreta, una posición de *Lecturer* en Harvard. A mí me recomendó que, además de la beca Radcliffe, solicitara una beca Fulbright de Internacional Scholar Exchange, puesto que esa beca me ayudaría a conseguir visas para la familia y además pagaría el viaje de todos.

A mí me seguía pareciendo todo aquello demasiado que esperar. Confieso que si hubiera llegado a comprender del todo el prestigio que entrañaba y el que de hecho sería una de las primeras hispanoamericanas a quien le dieran un nombramiento de *scholar* en el Radcliffe Institute, ni siquiera me hubiera animado a aplicar. Pero las recomendaciones de Guillén y Marichal eran llaves de oro. Y el haber estudiado en Loretto Heights y Mercy College y de dominar el inglés, me sirvió muy bien a la hora de los exámenes y entrevistas en la Fulbright. Y conseguí las dos becas simultáneamente, lo cual hizo posible que nos trasladáramos todos a Massachussets donde nacería mi cuarto hijo.

Juan y Solita fueron siempre muy cordiales. Y en los dos años que estuve en Massachusets cenamos múltiples veces en su casa, donde conocí a mucha gente interesante.

Solita le tomó un enorme cariño a Rosalma. Siempre he pensado que había algo semejante en el carácter de ambas: una mezcla de sensibilidad y melancolía, una inteligencia muy perceptiva con un sentido bien guardado del humor. Si algún punto de dolor causado por el remordimiento me ha acompañado en el proceso de escribir estas memorias, es el de no haber continuado cultivando la amistad de algunas de las extraordinarias personas que he tenido el privilegio de conocer, entre ellas Solita. Y me duele sobre todo no haber encontrado ocasiones de reiterarle mi agradecimiento. La única causa que hoy pudiera aducir, mi propia timidez, es, a la luz del presente, ridícula.

Pero si algo he aprendido de la vida es a ser compasiva y me doy permiso para serlo conmigo. La única que perdió con mi distancia involuntaria, pero no menos real, he sido yo, y Rosalía, que estoy segura hubiera apreciado a Solita de haberla seguido tratando. Y no me queda sino perdonarme, mientras envío al espíritu de Solita, quien falleció hace muy poco, un pensamiento de gratitud.

Otro regalo de Cambridge fue la amistad con Teresa Guillén y Stephen Gilman. Teresa Guillén era alta y esbelta como su padre, pero si don Jorge era serenamente cordial, ella era apasionadamente encantadora. Todos decían que había heredado la gracia de su madre. Su casa era como ella, elegante y natural, abierta a todos con una hospitalidad sencilla y auténtica, como su abrazo.

No puedo expresar suficientemente cuán acogida me sentí desde el primer momento por Teresa y Steve, su marido. Era un ambiente encantador, de una gran hospitalidad el que viví en Cambridge. Además de los Marichal y los Gilman fueron muy acogedores Raimundo Lida y su mujer Dinah, así como varias parejas de profesores jóvenes. Y alguien que brindó un cariño especial a mí, y a mis hijos, fue Joan Alonso, la viuda de Amado Alonso. Pero no cabía duda que el lugar de las reuniones era la casa de Teresa y Steve. Siempre que don Jorge estaba en Cambridge, o cada vez que algún hispanista visitaba Harvard, era un motivo para que Teresa organizara una reunión, pero en realidad no precisaba más motivo que su gusto por la conversación estimulante.

Aunque Steve era un erudito y un hombre de inteligencia brillante —¡qué lujo fue asistir a su seminario sobre Cervantes!— nunca pude estar con él sin pensar en un enorme oso de peluche, porque esa ternura me inspiraba.

Recordaré siempre como una de las joyas de mi vida una tarde en su casa en Cape Cod en que me invitó a caminar con él por la playa. Nunca supe qué había inspirado su conversación, posiblemente su larga experiencia de la vida, pero me habló como lo hubiera hecho mi padre, advirtiéndome que a pesar de los adelantos que hubieran podido haber obtenido las mujeres, la vida nunca era fácil para las mujeres intelectuales. Quería con sus palabras protegerme de posibles actitudes con las que me encontraría de parte de hombres que resentirían las oportunidades que había tenido y los logros de mi esfuerzo. Fue una conversación generosa, que he tenido muchas ocasiones de recordar. Y, al hacerlo, siempre, como ahora, me invade la gratitud.

Steve no se limitó a regalarme aquellas palabras. Sino que se tomó muy en serio el que debía publicar mi tesis. Y fue el quien, por fin, me animó a hacerlo.

—Te voy a dar un consejo que puede parecer un poco machista —me dijo—. Pero que te va a servir bien.

Y entonces me explicó:

—Cuando un hombre decide casarse, se le declara a la mujer que más le gusta. Eso no quiere decir que si ella le dice que no va a quedarse soltero. Si quiere casarse, se lo propondrá luego a otra.

Y echándose a reír, añadió:

—Eso es lo que tienes que hacer tú. Le mandas tu libro a la mejor de todas las editoriales. Si te dice que no, ya habrá otras.

Y así, con su estímulo, envié mi manuscrito a Dámaso Alonso, director de la Biblioteca Románica Hispánica, de la Editorial Gredos, que en ese momento era sin duda el lugar más prestigioso posible. Sin las palabras de Steve, jamás me hubiera atrevido.

No había cumplido treinta años y hacía apenas seis que Dámaso me había impuesto aquella Beca de Honor gracias a la insistencia de la buena Elena Catena y no sabía si se cerraba un círculo o se abría. Teresa y Steve han quedado en mi recuerdo como dos seres luminosos.

Uno de los recuerdos más profundos ligados a la experiencia de Radcliffe tuvo lugar años después. En este día de otoño soplan leves hálitos de un aire fresco y transparente entre los edificios de la Universidad de Harvard. La hiedra que los cubre ha empezado a confundirse con el color de los ladrillos. Pero el fresco no nos hace apresurar el paso, caminamos lentamente, con pasos que parecen puntuar la charla también ligera.

De pronto, una pausa se hace un poco mayor. "Es que... Alma...si fuera a ser posible... es decir... si tal vez... si es que realmente hubiera... en fin... si por acaso..." Las frases cuidadosas, dubitativas sólo en la necesidad de encontrar la precisión exacta, me remontan por un instante a los seminarios de años atrás. Pero ahora no se trata de que el profesor Lida explique el arrobo de San Juan de la Cruz, expresado en aquel inefable *un no sé qué que quedan balbuceando* ahora estamos hablando, no cabe duda, no de profesor a alumna, sino de amigo a amiga, de lo más definitivo, de la muerte, esa muerte que él ya anticipa cercana.

Raimundo continúa: "Es que… sabes…" y a este punto me aprieta el brazo, y el gesto de acercamiento físico es tan insólito, como lo que voy a oírle decir: "Es que… si sólo por acaso… es decir, si en realidad hubiera… yo lo único que querría… tan sólo… sí, eso… unos cuantos minutos de charla con Cervantes."

Mi vida ha transcurrido rodeada de maestros. Lo fueron mis abuelos, lo habían sido incluso mis bisabuelos, y mi padre, y mi madre, y mi tío, y mis tías. Y he sido maestra, profesora toda la vida, rodeada de colegas más o menos maestros, alumna tantos años, de tantos y, además, formadora de maestros. Entre todos, Raimundo destaca cimero en el respeto, respeto por el saber y por el alumno.

Su amor por la palabra poética era proverbial, su delicadeza al leerla única. En Cambridge se contaba que cuando su hermana, María Rosa Lida de Malkiel, otra gran investigadora de la literatura española, estaba muriendo, le había pedido a Raimundo que le leyera las Coplas de Jorge Manrique. Y que él lo había hecho y que al oír los últimos versos, María Rosa había expirado. Es una de esas anécdotas que, aunque parecen demasiado perfectas para ser verdad, si no lo fueran merecerían serlo. Porque, ¿qué mejor modo de morir que oyendo leer a Raimundo Lida?

Nunca asevera nada, nunca expone: devela… poco a poco, llevando a cada alumno, a todo el seminario, de la mano, pendientes de su voz, de los matices… No hay que buscar significado tanto en las palabras como en el modo de decir… sutil la ironía enredada en lo hondo de la garganta, fácil el asombro ante la belleza del verso, cuidadoso el proceso de descubrir el secreto de la insospechada rima interna, el verdadero peso de la aliteración…

Si de mi larga vida tuviera que definir el valor del deleite, diría que fue escuchar a Raimundo Lida leer a San Juan de la Cruz. Al respeto que muestra por todos sería más justo llamarlo generosidad. Las notas discretas, a lápiz, casi invisibles, como si tuviera pudor de escribir sobre el texto de otro, acertadas, profundas, con que salpicó mi tesis doctoral y en la sección final sobre la poética de Salinas, que escribí en su seminario, siempre sugeridoras, no prescriptivas, una invitación a nuevas reflexiones, siempre respetando la voz y el descubrimiento final de parte del alumno.

Cuántas veces, cansada de mi tarea de dirigir demasiadas investigaciones a un tiempo, he tenido que recurrir al recuerdo de Raimundo para seguir adelante. Y cuántas veces he deseado tener su mismo grado de comprensión, de atención, de paciencia hacia mis alumnos. Y cuando he logrado aproximarme ¡qué clara conciencia he tenido de quién eran los pasos que seguía!

Y cuántas veces he recordado aquella conversación en Cambridge, de regreso a su bien amada biblioteca de Weidener, a la oficina dentro de ella, donde tantas veces le llevé mis preguntas, y me he dicho a mí misma... ah, sí, si por acaso... si tal vez, verdaderamente algo hubiera... algo se pudiera... un minuto tan sólo, pediría con Raimundo Lida para decir: "Muchas gracias, Maestro."

40
Otro exilio sin decir adiós

· ·

Me fue muy difícil abandonar el ambiente acogedor y estimulante de Cambridge para regresar al Perú. Pero a la vez, pensaba que allí estaba mi lugar. Me había costado mucho acostumbrarme a Lima pero ahora me era entrañable.

El Colegio Humboldt más que un sitio de trabajo me resultaba un sitio familiar. Tan es así que todavía hoy tengo sueños hermosos donde me veo de vuelta allí. Y era la promesa de una educación excelente para mis hijos.

El país tenía terribles contradicciones y la pobreza y la opresión que sufría la mayor parte de su población me dolía profundamente, pero estaba entregada a una tarea educativa, no solamente porque veía en mis alumnos algunos futuros líderes, sino sobre todo por mis libros pedagógicos e infantiles, que confiaba contribuirían en algo a un futuro más justo para todos.

Conocía a mucha gente interesante en el mundo académico, artístico, intelectual y entre ellos tenía algunos muy grandes y queridos amigos. Aspiraba a que mis hijos se educaran como hispanoamericanos, orgullosos de su doble herencia cubana y peruana.

Pero esta visión se vio interrumpida. El padre de mis hijos, deslumbrado por Weidener y el ambiente universitario de los Estados Unidos y dolorido por el poco reconocimiento que el Perú le había dado a sus muchos méritos académicos, decidió aceptar una posición de profesor en Cleveland. Y eso implicaba que toda la familia debía mudarse a los Estados Unidos.

A fines de 1959 viajé con los cuatro niños a Atlanta, Georgia, donde vivía mi madre, con mis dos hermanas, Flor y Lolita, y Marcie, la pequeña hija de Flor. Me quedaría en esa ciudad casi tres años.

El libro sobre Salinas, publicado en Emory, me permitió conseguir un puesto como *Associate Professor* en la Universidad de Emory donde enseñé por dos años. Había empezado el tercer tiempo de mi vida.

TIEMPO TERCERO: GUITARRA

Porque queda
la esperanza

[Atlanta, Georgia; Detroit, Michigan;
Chicago, Illinois; San Francisco, California; EUA -
Alicante, ESPAÑA]

41
Nuevas reflexiones sobre la creación de este libro

· ·

*E*ste libro ha tenido una larga gestación. A lo largo del proceso se me hizo claro que lo más importante en mi vida eran las personas de mi entorno y por esa razón, inevitablemente, ellas habitan estas páginas.

Escribir es siempre un privilegio. En primer lugar porque implica que se ha recibido algún grado de instrucción formal, cosa a la que muchas personas nunca acceden. Y también porque implica tener tiempo para pensar y trasladar los pensamientos al papel, algo imposible para la mayoría de los seres humanos, obligados o encontrar los medios para sobrevivir.

Consciente de este privilegio extraordinario, confieso que crear este manuscrito no fue siempre fácil y a ratos me resultó penoso. Muchas de las personas que he amado ya no viven y su ausencia todavía me ocasiona dolor; otros viven, pero lejos de mí y añoro su presencia.

Esta tercera parte recoge aspectos de mi vida desde 1970 y en particular, sobre mi experiencia como educadora y escritora. Pero es imposible dividir la vida en periodos históricos. El hoy tiene sus raíces en el ayer y las referencias al pasado son imprescindibles.

Dividir mi vida entre dos países, los Estados Unidos y España, significa que siempre tengo nostalgia del país en el que no estoy, y siempre, donde quiera que esté, siento la ausencia de Cuba. A esa querencia por la propia tierra, los gallegos lo llaman "saudade" o "morriña". Y yo, que tengo herencia gallega, la conozco bien. El que mi familia esté esparcida por varios estados de los Estados Unidos y mis amigos esparcidos por varios continentes, aumenta estos sentimientos de nostalgia.

En su novela *El mundo,* Juan José Millás dice acertadamente: "la escritura abre y cauteriza al mismo tiempo las heridas". Y eso ha sido en gran medida la escritura de este libro, abrir y cauterizar heridas de ausencia. Y en el proceso, repetir una y otra vez: Gracias a quienes estuvieron, a quienes están, a la vida.

42
Un país de ríos profundos

. . . .

*L*a llamada a la puerta es suave, tentativa. Al abrirla me encuentro la bondad de la mirada honda, la sonrisa a la vez tierna y cálida de José María Arguedas.

Le invito a pasar con naturalidad, como si lo estuviera esperando, el único modo de relacionarse con este hombre lúcido y valiente, que ha sobrevivido tanto dolor y cuya sensibilidad es transparente.

Ha venido a almorzar. Como vive fuera de Lima, en Chaclacayo, en las estribaciones de la sierra, no le es posible ir a casa al mediodía. Y Armando le ha dicho que cuando tenga que dictar clases en la Universidad de San Marcos por la tarde, se venga a almorzar a nuestra casa, esté él o no, como es el caso hoy. Armando confía en la cocina humilde, pero siempre deleitosa de su madre, y en su capacidad de que siempre pueda comer alguien más.

José María se sienta en el sofá sencillo. Admira que haya elegido tener sillas de paja —rústicas, compradas en el mercado— y les haya creado cojines con las hermosas mantas, tejidas a telar, que las mujeres indígenas usan para cargar a la espalda desde un bebé hasta sus pequeñas cosechas de papas.

Le complace que los adornos sean todos objetos de la artesanía indígena. No era común entonces, en el Perú, que en una casa limeña se le diera lugar de honor a cacharros de arcilla ni se permitía este despliegue de los colores exaltados con que los indígenas compensan la paleta monocroma de la alta puna.

Con la sensibilidad especial que ha tenido siempre, aun desde pequeñuela, Rosalmita se le acerca en silencio y, antes de que pueda darme cuenta, está sentada en sus piernas. La ternura de la mirada de José María se intensifica, le abandona la timidez y veo que la niña ha conseguido que se sienta totalmente en casa.

Pronto se acerca también Alfonsito. Y sin decirles mucho, él reparte la atención entre los dos. La primera vez que vino a almorzar había llegado con Armando y a mí me era difícil dejar de pensar que tenía en casa a uno de los escritores que más he admirado. Esta vez los niños han ayudado a que todos nos sintamos en total confianza.

José María come con gusto. Agradece la elaboración cuidadosa del almuerzo, pero sobre todo disfruta reconociendo la autenticidad de los sabores serranos. Conversamos poco y, sin embargo, la comunicación es fácil, porque todo en él es sincero.

Repite la visita muchas veces. Llega siempre con la misma timidez. Y, sin embargo, muy pronto es como si no hubiera nada más natural que el que aparezca sin aviso y sea, en seguida, uno más en la familia. Sin llegar a ponerlo nunca en palabras, sé que me recordaba a Martí y pensaba que así se sentirían las humildes familias tabacaleras de Ibor City o de Cayo Hueso, cuando era aquel otro José el que compartía su mesa.

En los cursos de Literatura Peruana en el Colegio Lincoln primero, pero sobre todo en el Colegio Humboldt, donde ya tenía más seguridad en la materia y donde los alumnos tenían una madurez que permitía que ahondáramos en los temas, sus libros eran siempre los que prefería enseñar. Conociendo mi devoción por su obra, la primera promoción de alumnos de Abitur que enseñé, al graduarse me regaló dos figuras de barro, una, un torero indígena de enormes pies deformados, la otra, el toro que lleva un cóndor atado sobre el lomo, una representación, de gran expresionismo, realizada por Alejandro Merino del Yawar Fiesta, esta lucha cruel que Arguedas utiliza como símbolo central en la novela de ese nombre.

Cuando empecé a enseñar en el Humboldt en 1964 me habían encargado una clase que entonces empezaba el quinto grado. Iba a ser su profesora "madre" hasta que se graduaran. Era un grupo de chicos extraordinarios y formamos un vínculo muy real. Pero me fui a Harvard por dos años. Cuando regresé, estaban convertidos en los alumnos más difíciles del colegio. Los demás profesores habían intentado todo tipo de medidas disciplinarias con ellos y nada había dado resultado. No sé imponer disciplina y no lo intenté en absoluto, pero me entregué a aquel grupo con el mismo cariño y la misma determinación de ayudarlos a pensar, a cobrar conciencia de sus privilegios, a tomar decisiones sobre su propia vida como les había enseñado antes.

Ninguno de los otros profesores podía explicarse la transformación de aquella clase que ellos habían considerado incorregible. Pasó a ser una clase notable por su creatividad y su rendimiento.

Nada nos unió tanto como el leer la literatura que mostraba la realidad del país en que vivían, tan ajena a sus propias experiencias. Y nada de esa literatura, creo, les conmovió tanto como *Los ríos profundos*.

Un día, al llegar al colegio estaban en total rebeldía, todo había perdido sentido para ellos. El día anterior José María, incapaz de seguir viviendo el dolor tan cercano en su alma del pueblo indígena del que se sentía tan íntimamente parte, se había quitado la vida. Ese día iba a ser su entierro y para mis alumnos la situación era inadmisible. ¿Cómo el hombre a quien admiraban podía haber claudicado de tal manera? ¿Cómo podía haberse sentido impotente a tal extremo de no querer seguir viviendo? Se sentían abrumados, deprimidos, enojados hasta el nivel de la ira…

Transida a mi vez de dolor, a mí me faltaban palabras que decirles. No estoy muy segura de quién propuso que debíamos ir al entierro, pero me pareció la única conducta lógica. Necesitábamos darle algún cauce a tanto sufrimiento.

Sin pedir permiso y sin encomendarme a nadie, puse una anotación en el libro de la clase, indicando que los alumnos estaban conmigo y lo entregué en la dirección. Y nos fuimos, a pie, no sé cuántos kilómetros hasta el cementerio de Lima.

Casi me costó el puesto. Llevarme a los alumnos, sin permiso ya era de por sí una falta grave. Llevarlos al entierro de un suicida, causó conmoción entre muchos de los padres. Pero el director, cuya hija estaba entre aquellos alumnos, me defendió a capa y espada.

—Que mi hija hubiera estado estudiando la obra de ese autor y luego le hubiera dado la espalda como ser humano, hubiera sido una contradicción —les dijo a los otros padres. Y hablándoles como padre, no como director, consiguió apaciguarlos.

Llegamos al cementerio rendidos de cansancio y no podíamos creer lo que encontramos, cientos, posiblemente miles de personas se habían congregado allí. Los colores del cementerio, el blanco de los mármoles, el negro de los lutos, habían desaparecido, porque sobre las tumbas y los panteones estaban hombres y mujeres indígenas, ellas con sus múltiples faldas de colores brillantes, ellos con ponchos y chuyos de color, tocando quenas, tambores y arpas, cantando ayllus tiernamente desgarradores, agradeciéndole a José María el que los hubiera visto y reconocido, el que los hubiera querido y admirado, el que les hubiera dado una voz digna y verdadera.

De lo alto de un panteón partía el sonido de un arpa, y desde otro le contestaba una quena. A cada voz que se alzaba en este concierto improvisado que duró horas enteras, se sumaban otras que respondían y ampliaban el llamado, asegurando que jamás se olvidaría a aquel hombre sencillo, tímido, atormentado por el dolor y la injusticia que otros sufrían y que a él le impidió seguir viviendo. Y que, con su muerte, como con su vida, nos dejó a muchos tan enriquecidos.

Tuve más de una ocasión de hablar con mis alumnos sobre su experiencia escolar. Provenían de distintos orígenes, algunos eran peruanos de clases acomodadas que habían elegido ese colegio como el mejor del Perú, otros eran peruanos de clases humildes, porque en el colegio se cumplía la norma que todo el que trabajara allí —desde maestros hasta jardineros— tenía derecho a la educación de sus hijos, un porcentaje eran alemanes, cuyas familias estaban en el Perú por razones profesionales, por unos pocos años, otros eran descendientes de alemanes que llevaban años en el Perú. Teníamos incluso algunos alumnos cuyas familias habían sido protagonistas de un insólito experimento a finales del siglo XIX, por el cual se trajeron a familias campesinas alemanas, con la promesa de darles tierras, y luego se los abandonó en la selva, donde mantuvieron sus costumbres y su lenguaje —una forma popular arcaica de alemán— en completo aislamiento.

Como es natural, cada alumno tenía experiencias y juicios propios sobre su educación. Pero todos coincidieron en algo, nada los había conmovido tanto como el haber asistido al entierro de José María y nada los había instado a la reflexión y a reconocer el valor de no usar fórmulas, cualesquiera que sean, para explicar la realidad como el hecho de su muerte y la demostración de gratitud en la que participaron.

En respuesta a su sinceridad, convirtiendo aquellas conversaciones en diálogo, compartí con ellos que también a mí aquella experiencia me había obligado a dejar de lado muchas ideas que creía tener, y entender que la vida requiere que se la mire a la cara sin conceptos preestablecidos. Y, sí, también les agradecí que hubiéramos hecho juntos ese aprendizaje.

De José María guardaré siempre el recuerdo de la postura humilde y respetuosa con la que llegaba a mi casa, de la forma con la que se comunicaba con mis niños, y siempre, siempre, la mirada honda y sincera.

43
Una fuente de inspiración continua

. . . .

> To say the right word
> is to change the World.
>
> Paulo Freire. *Pedagogía del oprimido*

Empecé a conocer el pensamiento de Paulo Freire cuando era estudiante en la Universidad Católica del Perú, en los primeros años de la década de los sesenta del siglo pasado, mientras él vivía exilado en Chile. Desde Santiago nos llegaban sus palabras en hojas mimeografiadas que circulaban entre los estudiantes.

Se me hacía muy clara la discrepancia entre la vida de privilegio de mis alumnos, en los dos colegios privados en que enseñé, y la pobreza reinante en el Perú. Llegué a tener una relación muy cercana con mis alumnos del Humboldt, estudiábamos literatura peruana y vi cuánto se conmovían al leer sobre la opresión de los campesinos indígenas en libros como *Los perros hambrientos* y *El mundo es ancho y ajeno* de Ciro Alegría y *Los ríos profundos* y *Todas las sangres* de José María Arguedas.

Pensé que aquellos sentimientos juveniles merecían ser canalizados más allá de la sensibilidad literaria y les hablé de Paulo Freire, de su labor con los campesinos de Brasil para alfabetizar y a la vez despertar conciencia crítica. Aunque el Humboldt estaba ubicado en una zona privilegiada, la Urbanización Monterrico, muy cerca había una pequeña barriada, donde un grupo de campesinos emigrados de la Sierra habían ido construyendo sus casas con tablas y cartones. La ciudad se había limitado a levantar un alto muro para que no pudiera vérseles desde la avenida, pero ellos habían abierto una brecha de acceso, desde donde podía entreverse la miseria en que vivían.

Llamé la atención de mis alumnos sobre aquel lugar y empezó así una gestión hermosa. Fuimos a presentarnos, a conocerlos, a averiguar si había algo en que pudiéramos ayudarlos. La comunicación era posible porque varios de los chicos, hijos de ricos hacendados, habían aprendido quechua en los veranos, jugando con los peones de las haciendas.

El uso de su lengua facilitó la acogida que nos brindaron. Al preguntarles en qué podríamos colaborar con ellos, lo primero que manifestaron era que deseaban poder pintar sus casas. Esto nos conmovió sobremanera, porque tenían otras necesidades más básicas, pero para ellos esta cuestión de dignidad primaba sobre todas. Como partíamos del principio de respetar sus voces, no tratamos de imponer la nuestra, aunque sí continuamos la reflexión. Una vez que les aseguramos que pintaríamos sus casas, expresaron que el sueño de todos era tener un centro comunal. Y, como ambos eran proyectos factibles, decidimos poner manos a la obra.

En la segunda visita, un sábado en que todos los alumnos vinieron provistos de baldes de cal y brochas para dar una lechada a las casas, hice notar a las chicas que, como todos nuestros traductores eran chicos, la conversación se realizaba sólo con los hombres. Pedimos entonces a uno de los alumnos más sensibles, Efraín Trelles, que nos ayudara a hablar con las mujeres.

Así nos enteramos que el deseo de ellas era tener una máquina de coser para hacer ropa que los hombres vendieran. Hasta entonces cocinaban alimentos que ellos vendían por las calles, pero estaban seguras que la ropa les daría mejores utilidades y tenía la enorme ventaja de no echarse a perder, sobre todo en tanto no tenían refrigeradores.

El proyecto tomó más fuerza a medida que pasaron las semanas. Hicimos saber a todo el colegio lo que estábamos haciendo y pedimos colaboraciones. Algunos padres donaron el dinero para los materiales del centro comunal, algunos incluso vinieron a observar cómo se llevaba a cabo su construcción. Sugerí a las alumnas que apelaran a las madres y llegamos a conseguir cinco máquinas de coser que se colocaron en el centro recién construido.

Mi pequeña experiencia de aplicar los conceptos de Freire nos enseñó muchas cosas. Por ejemplo, que si la alfabetización se hacía en quechua, mientras a la vez se iba enseñado español, los resultados eran muy positivos. En cambio, intentar alfabetizar en el idioma que no se conocía bien, sólo conseguía frustración.

También aprendimos a dar prioridad a lo que ellos necesitaban y querían saber. Los hombres al principio rechazaban la alfabetización, pero en cambio querían aprender a sumar y restar para manejar el dinero. No siempre sabían cobrar y dar el vuelto exacto. Por eso ponían la mano abierta con monedas sobre la palma extendida para que los compradores tomaran lo necesario y muchas veces salían estafados.

Una vez que aprendieron bien a manejar el dinero, estaban más abiertos a aprender otras cosas. Y, por supuesto, como se seguía el método de concientización, los resultados fueron formidables, no sólo en aprender a leer palabras sino en aprender a leer el mundo y a utilizar esos conocimientos para entenderse mejor entre sí y lograr mayores niveles de colaboración.

Por ejemplo, había cinco máquinas de coser y bastantes más mujeres que deseaban usarlas. A la vez, las mujeres con frecuencia tenían que interrumpir la labor de costura para vigilar y atender a sus niños pequeños.

Les sugerimos que encontraran soluciones que resolvieran ambos dilemas. Y ellas decidieron crear horarios para usar las máquinas y a la vez todas se comprometieron a cuidar de los niños de otras durante un tiempo igual al que utilizaban las máquinas.

Las ideas de Freire se habían transformado en acción directa. Como siempre ocurre en estos casos, si bien la comunidad se benefició en algo, fuimos mis alumnos y yo quienes resultamos más enriquecidos. Los alumnos y sus familias habían cobrado una conciencia mucho más clara de la realidad del país y habían interactuado con gran respeto con personas con las que, dentro de las estructuras de su sociedad, posiblemente nunca hubieran intercambiado dos palabras. Y quedaba abierta la esperanza de que algún día esos estudiantes pudieran llegar a utilizar la conciencia desarrollada en beneficio de su sociedad.

Y esta experiencia reafirmó admiración por Freire e inició mi gratitud hacia él. La sensibilidad desarrollada por estos estudiantes quedó de manifiesto en los poemas que escribieron durante el viaje que hicimos a Huaraz y al callejón de Huaylas, algunos de los cuales publiqué en el libro *Castellano* (segundo año de secundaria) con la esperanza de que inspiraran a otros alumnos a decir su propia palabra.

En 1970 viajé a los Estados Unidos y he vivido allí desde entonces, salvo por las temporadas cada vez más largas que paso en España. Durante los primeros años enseñé en la Universidad de Emory, cursos graduados de literatura, verdadera situación de torre de marfil. Pero en las noches acompañaba a mi madre que enseñaba clases de inglés a inmigrantes recién llegados. El contraste entre esos dos mundos era inmenso. Y cada vez más mis preocupaciones estaban con aquellos trabajadores y con el destino que pudieran llegar o no a alcanzar sus hijos, según la escuela respondiera o no a sus necesidades.

Al aceptar una cátedra en Mercy College de Detroit, reclamé que la institución me permitiera ayudar a la comunidad latina. Cuando me preguntaron qué quería hacer expresé que, primero, necesitaba conocer a la comunidad y preguntarles. Después de múltiples reuniones con distintos grupos comunitarios no había duda: la mayor preocupación de todos era la educación de los niños y jóvenes. Así creé, en Mercy College, que es hoy Mercy University, un centro de apoyo a la educación de los latinos, de lo cual hablo más adelante. En todo ello me guiaba y acompañaba el pensamiento de Freire.

Desde 1976 enseñé en un programa de estudios doctorales en la Universidad de San Francisco. A mi llegada, la universidad exigía que todas las disertaciones siguieran un modelo experimental empírico. Como muchas otras facultades de pedagogía, se había asumido que un modelo propio de las ciencias físicas o naturales podía imponerse para el estudio de fenómenos humanos.

A mí me quedó muy claro, desde el primer momento, que aunque en algún tipo de estudios con poblaciones muy extensas, que permiten eliminar o disimular las innumerables variantes que existen entre los seres humanos, ese tipo de investigación puede proporcionar alguna información, pero dentro de los marcos de una tesis resulta en muchos casos inoperante. He participado con dolor en varios comités de tesis donde si bien el alumno había realizado un excelente trabajo de planificación y utilización de los métodos, lo que le sirvió para obtener un título, los resultados por carecer de significación estadística, no ofrecían ningún aporte verdadero. Mis alumnos eran personas de gran integridad. Habían dedicado gran parte de sus vidas

al servicio de otros. Llegaban a un programa llenos de entusiasmo
por lograr cambios sociales significativos. Someterlos a ejercicios de
cuantificación que al final dieran resultados inútiles o superficiales
me parecía una afrenta a quienes ellos eran. Por eso, y apoyándome
en el hecho de que otra profesora, Annie Herda, si bien desde una
concepción teórica distinta, había empezado a dirigir investigaciones
antropológicas, animé a mis estudiantes a considerar la investigación
participativa, apoyada en la teoría de Freire, como método de investigación. Y ha sido una satisfacción profunda que pudieran elegir
temas de importancia, en los cuales siempre se aprendía algo significativo en participación con la población, frecuentemente marginada,
y que en lugar de estudiar a otros, estudiaran con ellos.

Conocí personalmente a Paulo en Sacramento, en el que creo fue
su primer viaje a California. Me invitaron a una reunión en una casa
particular y asistí acompañada de mi hija Rosalma. Cuando llegamos,
ya casi todos estaban sentados en sillas formando un círculo. A mí me
pareció lo más natural sentarme en el suelo junto a Paulo.

Cuando hablaba con un grupo, Freire tenía la capacidad de hacer
que cada persona se sintiera reconocida y sintiera que él le hablaba
directamente. En este caso, experimenté una comunicación muy cercana. Cuando todos se levantaron, me hice a un lado. Soy —aunque
muchos se nieguen a creerlo— profundamente tímida y si he vencido
por larga práctica el temor a estar frente a un público, no me es tan fácil
acercarme a conversar con personas desconocidas. Allí todos parecían
conocerse.

Después de un rato, fue Freire quien se me acercó. Me miró a los
ojos y me dijo, directamente:

—Y tú, ¿quién eres?

Me encantó su franqueza y, por tanto, le contesté de modo personal, sin referirme a mi vida profesional ni a mi labor:

—Teníamos un amigo muy querido en común.

Cuando le expliqué que me refería a Augusto Salazar Bondy, me
estrechó en un abrazo. Y así, bajo el auspicio del buen amigo cuya temprana desaparición tanto nos había dolido a ambos, empezó nuestra
amistad.

Tuve la dicha de estudiar con Freire en Stanford, en un seminario que organizó esa gran persona que es Martín Carnoy. Allí conocí a amigos a quienes mucho admiro y aprecio como Donaldo Macedo, Peter Park e Inés Gómez.

Allí también conocí a Elza, la primera mujer de Paulo. Aunque era mayor que yo, sentimos una gran afinidad. Éramos mujeres iberoamericanas, habíamos pasado gran parte de la vida lejos de nuestros países, teníamos varios hijos, pero sobre todo creo que teníamos una sensibilidad común en muchos aspectos. Me daba mucho gusto ofrecerle algo de compañía en esos días y, a la vez, me sentía privilegiada del tiempo pasado a su lado.

A su muerte, le dediqué el capítulo sobre mi labor de varios años con padres campesinos migrantes *"The Pájaro Valley experience: Working with Spanish-speaking parents to develop children's reading and writing skills through the use of children's literature"* que apareció en 1988 en el libro editado por Tove Skutnabb-Kangas y Jim Cummins *Minority Education. From Shame to Struggle,* publicado por Multilingual Matters en Clevedon, England. Ese capítulo recoge una de las experiencias más importantes de mi vida, una experiencia inspirada y apoyada en los principios de Freire.

Paulo tuvo la generosidad de aceptar mis invitaciones a la Universidad de San Francisco por varios años seguidos, lo que les dio a muchos de mis alumnos la oportunidad de conocerlo personalmente. Y fue una gran alegría que en algunas de esas ocasiones él se quedara en mi casa.

La muerte de Elza fue devastadora para Paulo. Se habían conocido desde muy jóvenes y su amor los había sostenido a lo largo de una vida de exilio y el dolor que ello implica. Aunque sus hijos y sus discípulos y amigos lo apoyaban mucho, la vida sin Elza se le hacía muy difícil.

¡Qué extraordinaria oportunidad de revivir fue su encuentro con Nita! Se conocían también de toda la vida y habían sido dos matrimonios amigos. Al quedar viuda, Nita decidió regresar a la universidad y allí tuvo a Paulo de profesor. Con qué delicadeza hacia el recuerdo de Elza iniciaron su relación que, no me cabe duda, Elza hubiera bendecido. Para Paulo fue sin lugar a dudas un renacimiento. En esta época, además de verles en California —tengo fotos y hermosos recuerdos de la alegría de ambos durante nuestros recorridos por San Francisco— fui a visitarles a Sao Paolo.

Pasé varios días en la ciudad, gran parte de los cuales los usamos para grabar en video conversaciones con Paulo y su hija Magdalena, quien había hecho una labor formidable en las favelas de Brasil. Paulo insistía en que él quería que sus ideas pedagógicas no se usaran sólo con adultos sino también con niños, y que nosotras dos habíamos sabido lograrlo.

Una grabación con Paulo, específicamente sobre la investigación participativa, constituyó luego constante fuente de inspiración para mis alumnos. A mí me preocupaba que, dentro del contexto de una disertación, el nivel de acción, que es la meta final de la investigación participativa, no llegaba a realizarse. Pero Paulo corroboró mi idea de que esa primera etapa de investigación, en que se llega a nombrar el problema y a reflexionar sobre él, aun si no se llegara a una acción material, es en sí válida como principio de la transformación y, por tanto, legítima como tesis. Gracias a ese diálogo me sentí más segura al dirigir a mis alumnos y ellos se sintieron apoyados en sus esfuerzos.

En Sao Paolo pude disfrutar viendo la compenetración entre Paulo y Nita. Él estaba literalmente exultante frente al ambiente que había creado ella en la casa. Nita es mujer de gran criterio estético, coleccionista de antigüedades brasileñas, y la casa tenía gracias a su gusto para la decoración, un aire alegre y lleno de color. A Paulo, aunque lo ruborizaba un poco, le encantaba que ella hubiera reunido en una amplia pared, todos los reconocimientos que a lo largo de la vida él había recibido, porque los veía no tanto como la celebración de su persona sino como recuerdo de los distintos momentos de su vida, de aquellos a quienes había conocido, de los lugares donde había estado. A la vez, le producía un sentimiento de esperanza, saber que en cada uno de esos lugares estaba vivo un pensamiento hacia la liberación y la justicia.

En San Francisco presencié una anécdota que demuestra la sensibilidad de Paulo. El entonces decano de la facultad quiso invitarlo a almorzar y llevé a ambos a un excelente restaurante peruano. Allí servían las raciones individuales en platos tan grandes como fuentes.

Paulo sabía disfrutar de la comida. Le he visto pasársela muy bien con una buena feiojada. Pero aquel inmenso plato de arroz con mariscos que tenía frente a sí, le despertó un inmenso dolor:

—En mi país una familia entera se alimentaría con esta cantidad de comida —nos dijo. Y fue incapaz de probar un bocado.

Por supuesto, nosotros no lo hicimos tampoco. Y fueron tres los platos que quedaron intocados. Por años, cada vez que me tropezaba con el antiguo decano por los pasillos de la facultad me decía:

—Nunca he podido borrarme la cara de compasión de Paulo Freire frente a aquel plato de comida. Era como si sufriera por toda la gente hambrienta del mundo.

Muy distinta, pero expresión de la misma responsabilidad con que Paulo vivía, fue una anécdota simpática de esos días en Sao Paulo. Caminábamos por un parque donde había una venta de artesanías y, mientras Nita se detenía a observar algo en uno de los puestos, Paulo me dijo:

—¿Sabes por qué me gusta tanto el futbol? Porque es el único momento en que puedo abstraerme de reflexionar...

Pero no había terminado de decirlo cuando añadió:

—No te lo creas del todo. Porque no reflexionar sería como estar muerto.

Y ambos nos echamos a reír. El fallecimiento de Paulo dejó un vacío en mi vida solamente comparable con el que había dejado, muchos años antes, la muerte de mi padre.

Pero al igual que me ha ocurrido con mi padre, no ha pasado un día desde su muerte que alguna de sus enseñazas, de sus reflexiones, no haya aparecido en un momento oportuno. Y como hago con mi padre, le ofrezco una enorme sonrisa, que no necesita aflorar a los labios, porque la reciben allí, donde ambos están siempre presentes, en lo más íntimo y más verdadero de mi ser.

44
Un ejemplo que he procurado mantener vivo en mi propia labor

· ·

Wer das Tiefste gedacht,
liebt das Liebendigste.
[Quien pensó lo más profundo
ama lo más viviente.]
Höelderlin

Mis primeros momentos en el Perú fueron muy difíciles, lejos de Cuba y de España, país que había amado como propio. No conocía a una sola persona aparte del que llegaría a ser mi marido, y él estaba viviendo sus propios problemas por la falta de aceptación a su regreso a pesar de los triunfos académicos que había tenido en España, lo cual le hacía un gran daño. No tenía posibilidad de contacto con mi familia y amigos, me enfrentaba a la necesidad de enseñar, sintiéndome poco preparada para ello, desconocedora de un país que, aunque hispanoamericano como el mío, era mucho más distinto de Cuba que los Estados Unidos o España. Además de nostálgica y deprimida, me sentía bastante insegura.

Encontré apoyo y guía en un gran maestro. Filósofo de vocación y profesión, Augusto Salazar Bondy era esencialmente maestro. Enamorado de la capacidad humana para la reflexión, uno de los esfuerzos que más gozo le producía era presentar, a través de sus textos, la historia de la filosofía a los jóvenes, de modo que no fuera una sucesión de nombres y principios, sino una verdadera invitación a adentrarse por los caminos que otros han seguido para tratar de entender qué es el conocimiento y cómo se aprende, qué posibilidades hay de llegar a la verdad, en qué consiste la conducta ética, qué es la vida y qué somos quienes la vivimos.

No es que dulcificara la enseñanza de la filosofía ni la desvirtuara en algo simplista, por el contrario, es que reconocía en los alumnos, en los adolescentes y jóvenes, la capacidad para entregarse a la aventura de pensar.

Ningún pensamiento filosófico le era ajeno, porque en todos veía en primer lugar la voluntad humana de trascender lo inmediato en búsqueda de lo inefable. Sin alarde de ello y con inmenso respeto por los sentimientos religiosos de quien los tuviera, era declaradamente ateo y, a la vez, una de las personas más espirituales que he conocido.

Y su conciencia ética era guía de sus pasos, sin rigidez ni ostentaciones. Había perdido a su padre muy temprano y esa circunstancia que creó grandes dificultades a la familia, le llevó a adoptar una actitud protectora hacia su hermano Sebastián, quien luego sería gran poeta y dramaturgo. Tenían personalidades muy diferentes y a la vez una profunda compenetración, semejante, a la que de adulta, he podido ver con gran alegría desarrollarse entre mis propios hijos, tan distintos entre sí y tan compenetrados. Pero lo que más me conmovía era la relación que Augusto mantenía con su madre. Aunque tenía una vida de grandes exigencias, mientras estaba en el Perú mantenía una cita semanal, inapelable, con su madre. La llevaba a comer y le dedicaba una noche de diálogo. Mis hijos eran entonces muy pequeñines, pero podía aquilatar la satisfacción que noches como aquellas producirían a una madre.

Con una conciencia social verdaderamente luminosa, Augusto analizó y explicó los orígenes y causas de la dominación, como base para proponer una educación liberadora. Este tema que aparece a través de su obra, lo elaboró en *Bartolomé o de la dominación,* utilizando como medio el diálogo socrático.

En una realidad distinta, posiblemente hubiera centrado su quehacer en la reflexión filosófica a la que le llamaba su carácter y temperamento, y para la cual estaba tan bien dotado. Pero su nivel de compromiso con su entorno, su determinación de combatir la opresión enseñando a pensar, le llevó no sólo a escribir materiales didácticos para jóvenes e incluso para niños, sino a dedicar su vida a la reforma universitaria primero y, más tarde, a la reforma educativa del Perú.

Fui testigo presencial, en su casa, de un momento histórico, de esos momentos de apariencia sencilla que pueden cambiar la vida de un país. Era tarde en la noche y un grupo de amigos íntimos seguíamos conversando —de literatura, de música, de cine— cuando tocaron a la puerta de la calle. Augusto se levantó a abrir y luego se encerró en su despacho con el visitante.

Cuando regresó a la sala estaba visiblemente conmovido. Y nosotros le escuchamos con asombro. Unos años atrás, se había producido en el Perú el primer grupo de jóvenes intelectuales —entre ellos Augusto que acababa de regresar de Francia, de estudiar con Sartre— que no provenían de la clase privilegiada y que, en lugar de ostentar sus conocimientos como un lujo social más, necesitaban trabajar para mantenerse. Se enfrentaron a la dificultad de conseguir trabajo como profesores. Y el único lugar que se les ofreció fue la Escuela de Altos Estudios Militares.

No hubiera podido haber un lugar menos afín a estos jóvenes existencialistas y revolucionarios, pero la necesidad de sobrevivir los llevó a aceptar el empleo y a mantenerlo hasta que pudieron abrirse otros caminos. Eso sí, Augusto era un verdadero maestro y su integridad, absoluta. Por ello trató a los jóvenes cadetes como trató siempre a todos los alumnos, dándoles lo mejor de sí y estimulándolos a reflexionar.

El visitante de esa noche era prueba de que los esfuerzos de aquellos breves años habían tenido insospechados frutos. Quien había venido a verlo a esas horas era un joven alumno de la Universidad de San Marcos, pero no venía en nombre propio, sino en nombre de su padre, un coronel del ejército, que había sido alumno de Augusto en la escuela para oficiales y ahora quería solicitarle una entrevista. Se estaba gestando el insólito golpe militar de izquierda, a la cabeza del cual se pondría al general Velasco Alvarado, pero cuyos verdaderos agentes eran un grupo de coroneles, que años atrás habían sido inspirados por las ideas de aquellos jóvenes profesores, para crear una situación más justa y menos corrupta para el Perú.

Durante el gobierno de Velasco se llevó a cabo una reforma agraria y una reforma de la educación. Por primera vez se reconoció oficialmente el quechua —el idioma de dos terceras partes de los habitantes del país— como un idioma legítimo de comunicación y de enseñanza.

Augusto, a cargo de la reforma educativa, invitó a Paulo Freire, a Ivan Illich, a Augusto Boal a colaborar en el diseño de lo que continúan siendo algunos de los planes educativos más auténticos y válidos en Hispanoamérica y posiblemente más allá.

Los planteamientos pedagógicos de Augusto fomentaban una educación liberadora con una clara base humanista que él veía basada en:

> las tres principales relaciones de la persona a las cuales debe estar atenta la educación: la relación con el mundo, la relación consigo mismo y la relación con los demás. Y explicaba estas relaciones.
>
> Por la crítica [la persona] penetra racionalmente en la sociedad, despejando los obstáculos que le impiden abrirse al mundo y operar sobre él. Por la creación se define como un centro de acción y como una fuente de enriquecimiento de la realidad. Por la cooperación se vincula a los demás en la ayuda y en la solidaridad que son fundamento de toda comunidad genuina.

Estos planes sólo llegaron a implementarse parcialmente. La inesperada muerte de Augusto, a una edad muy temprana, y el cambio de gobierno, los dejaron sin la aplicación masiva a la que estaban destinados. Queda el testimonio de varios números de la revista *Educación,* el texto mismo del Plan de Reforma Educativa y la memoria en quienes tuvimos la oportunidad de aprender de Augusto Salazar Bondy, a quien llamábamos, por antonomasia, "el Maestro".

Aunque no fui su alumna en clase, me uno al grupo de sus discípulos, porque de él recibí, a lo largo de la década que viví en el Perú, enseñanzas profundas y, más aún, el apoyo personal a mi desarrollo.

Como expresión de su pedagogía, Augusto descubrió lo que podía ofrecer, en ese caso el conocimiento del inglés, el interés por la palabra justa y, por ello, el disfrute en la traducción. Y me pidió que tradujera del inglés varios textos filosóficos para incluirlos en algunas publicaciones. En su antología, *Lecturas filosóficas,* incluyó *El emotivismo axiológico,* de Alfred J. Ayer, *Empirismo versus teología* de Herbert Feigl y *La refutación del realismo* de W. T. Stace que traduje a pedido suyo.

Era un enorme reto, porque no eran textos fáciles y mis conocimientos de esos filósofos bastante limitados. Eso llevó a conversaciones que eran verdaderos cursos de filosofía, en las cuales él disfrutaba del placer de enseñar y yo del placer de aprender.

Creada esa relación de enseñanza-aprendizaje fuera del aula, le fue fácil orientarme en el desarrollo de mi tesis doctoral. La literatura no era su campo específico, pero la amaba y la tenía muy cerca, ya que su hermano Sebastián era un reconocido escritor. Y, claro, las ideas y el desarrollo del pensamiento sí que eran lo suyo y supo ayudarme a refinar el mío, a exigirme rigor en cada sugerencia, en toda exposición de una idea.

La calidad de esa pedagogía, basada en descubrir las habilidades del alumno y afianzar su confianza, sin dejar de exigir la profundización y el continuo aprendizaje, pero hecho todo a base de gentileza, de apoyo, haciendo cada momento precioso e inolvidable he vuelto a encontrarla dos veces más, y no es coincidencia que en ambos casos, mis otros dos maestros fueran buenos amigos de Augusto.

Cuando en la Universidad de Harvard tuviera el privilegio de participar en un seminario con Raimundo Lida, quien me guió en la expansión de la tesis y su revisión antes de publicarla, comprendí que él y Augusto fueran buenos amigos, porque experimenté el mismo placer en verme guiada hasta el descubrimiento desde lo más profundo de mí.

Como cubana he sabido lo que es una cadena de transmisión de pensamiento. Nuestra mejor pedagogía venía en línea directa del filósofo José Antonio Saco al gran maestro Luz y Caballero y de él a José María Mendive de quien fue alumno José Martí en cuyas ideas se apoyó para desarrollar la nueva pedagogía cubana la gran educadora María Luisa Dolz, en cuyo colegio se educara mi abuela. En ese colegio admirable, también enseñaron otros educadores cubanos notables: Alfredo Aguayo, Arturo Rosell y Lincoln de Zayas. He atesorado siempre esas semillas.

En mi vida, fue el apoyo de tres grandes maestros, en este caso, más o menos contemporáneos, aunque provenientes de tres países suramericanos distintos, el peruano Augusto Salazar Bondy, el argentino Raimundo Lida y el brasileño Paulo Freire quienes me indicaron lo que necesitan las semillas para fructificar y me dieron el hálito para ser su jardinera.

45
Nos alimenta el fruto de su labor

• •

¡Sí se puede!

César Chávez

Comencé a aprender sobre la lucha de los campesinos migrantes contra las condiciones opresivas en que laboran, en el invierno de 1973, cuando un grupo de líderes campesinos de California visitó Mercy College of Detroit, donde había empezado a enseñar ese año.

Animé a alumnos en mis cursos de español a montar una obra teatral, Amahl y los Reyes Magos, de Gian Carlo Menotti que representamos como medio de recolección de fondos para los campesinos y para comprar regalos de Navidad para los niños que los acompañaban.

Mis hijos, todavía pequeños entonces, participaron como personajes en la representación y se conmovieron mucho de todo lo que escucharon sobre los campesinos. Y a lo largo de todo el invierno y la primavera, colaboraron conmigo en dar a conocer la situación de los campesinos y en apoyar el boicot contra la lechuga, para conseguir que los agricultores escucharan sus reclamos. Usamos todos los medios a nuestro alcance, desde hablar por la radio hasta pasarnos horas en el duro frío de Michigan de pie con pancartas frente a los supermercados, repartiendo hojas informativas.

En aquella época, California me parecía un lugar lejano y totalmente inaccesible, pero recordaba con cuánta sinceridad aquellos campesinos, que después de muchos años viajando tras las cosechas de campo en campo ya tenían sus propias casas, me las habían ofrecido.

Si alguna vez lograba llegar a California no eran ni Hollywood, ni Los Ángeles, ni el Golden Gate, ni las secuoyas lo que quería visitar: quería volver a ver a aquellas personas y a otras, que como ellas, tuvieran tanta dignidad dentro de su vida de esfuerzo.

Y si luego he llegado a conocer California, a sentirme en casa dentro de su diversidad, y a amar su costa agreste, sus bosques de redwoods y sus montañas, en realidad quienes han continuado teniendo el mayor lugar en mi corazón y en mi conciencia son los muchos campesinos que desde entonces he llegado a conocer, respetar y admirar.

En 1986 Alfonso Anaya, en ese entonces director de educación bilingüe del distrito escolar de Pajaro Valley, el Valle del Pájaro, me invitó a hablar sobre literatura infantil a un grupo de maestros en la ciudad de Watsonville. El entusiasmo que se despertó en aquel grupo fue extraordinario y Alfonso decidió que valía la pena mantenerlo. Cuando nos preguntamos qué otra cosa podíamos hacer, le propuse que trabajáramos con los padres. Aunque Alfonso comprendía muy bien la importancia de tender puentes entre escuela y hogar y había desarrollado ya muy buena relación con algunos padres, le sorprendió un poco mi propuesta de que centráramos el trabajo con los padres en la literatura infantil, puesto que la mayoría de ellos había tenido muy pocas ocasiones de recibir educación formal. Para mí, ésa era la principal razón para utilizar la literatura, algo que puede llegar a todos, independientemente de su grado de escolaridad.

Por el próximo par de años nos reunimos, una vez al mes, con grupos de padres que usualmente no bajaban de cien participantes. Hacíamos las reuniones en la biblioteca del High School, una sala moderna y amplia, que le prestaba un marco digno al trabajo. Siempre teníamos flores frescas y algo delicado que ofrecer para comer.

Al entrar, cada persona recibía un hermoso libro infantil ilustrado que sería discutido esa noche, con el apoyo de un grupo de maestras extraordinarias, de gran dedicación, Janet Jones, Marina Cook, Yolanda Gutiérrez-Miller, Terri Marchese, Yida Noguera, Lupe Soltero-Torres y Graciela Rubalcaba. Deseando recibir dos libros, muchos matrimonios elegían dos títulos distintos, así marido y mujer participaban luego en grupos separados y cada uno tenía su propia voz.

Comenzábamos con una presentación para todo el grupo. Los temas iniciales los habíamos elegido Alfonso Anaya y yo, pero muy pronto fueron sugeridos por los propios padres. El profundo respeto que les demostramos logró animarlos a participar de modo que se produjeron verdaderos diálogos y, poco a poco, fueron surgiendo líderes entre ellos, que guiaban las conversaciones, aunque nos esforzamos siempre en que hubiera la mayor participación de parte de todos.

En los grupos pequeños, después de una lectura del libro, que preparaba a todos para poder compartir luego la historia con sus hijos, leyéndola o contándola apoyándose en las ilustraciones, los padres participaban en la creación de un libro colectivo, dictando ideas que el maestro copiaba en carteles y que luego se imprimiría. También se les entregaba un libro en blanco para que animaran a sus hijos a escribir en casa sus propias historias.

La tecnología vino en nuestra ayuda de modo insospechado porque Alfonso decidió grabar en video las sesiones, como testimonio de lo allí ocurrido. En esa época no era fácil poseer una cámara de video y ninguno de estos padres se había visto nunca grabado de esa forma. Algunos empezaron a pedir prestadas copias de los videos para verlos en casa y compartirlos con sus vecinos. Y eso tuvo efectos sorprendentes. El ver la sesión varias veces, les permitía reflexionar con mayor profundidad sobre los temas tratados y conversarlos con otros. Por otra parte, como muchos de ellos nos comentaron luego, el verse en la pantalla de la televisión les había hecho sentir un gran orgullo.

Sólo reconocimos la verdadera importancia que aquellas grabaciones habían tenido a través de la revelación de un niño. Meses después de haber presentado por primera vez un libro, decidimos volver a presentarlo. Un niño de apenas siete u ocho años se ofreció a ser él quien contara la historia. Maravillada de ver cuán bien se la sabía y lo bien que la presentaba, lo felicité y él, con toda inocencia, explicó: —Es que en mi casa hemos visto el video donde usted presenta este cuento muchísimas veces.

Sé que para los padres aquellas noches fueron muy significativas. Hay muchos testimonios de ello, como explico en el capítulo que escribí para el libro *Minority Education: From Shame to Struggle,* que ya he mencionado. Aquí lo que quiero es reconocer lo mucho que aprendí en este proceso que enriqueció mi vida de manera extraordinaria.

Gran parte de mi labor pedagógica ha girado en torno a la lectura. Apenada de ver que muchos niños no leen con eficacia, no se convier-

ten en lectores ni llegan a descubrir el mundo de goce y enriqueci-
miento ilimitado que ofrecen los libros, he dedicado mucho esfuerzo a
comprender el proceso lector.

Entiendo la verdadera lectura —la de la persona que lee con eficacia y por elección— como diálogo entre texto y lector. No es la lectura
solamente entender lo que escribe el autor, es interpretarlo y ponerlo
en relación con la propia realidad y las experiencias previas. Es posible
que el texto difiera de esas experiencias, que las expanda o hasta que
las contradiga, pero la verdadera lectura sólo ocurre cuando tomamos
conciencia de ello. Más aún, creo que el valor de la lectura va más allá
de lo que pueda informarnos o divertirnos, y está en el hecho de que
además de enriquecernos intelectualmente, hacernos pasar un buen
rato o darnos un placer estético, nos transforma.

El programa *Hagamos caminos* está basado en la metodología que
he llamado Lectura creadora sobre la que he escrito diversos artículos
y capítulos de libros. Se ofrecen numerosos ejemplos de su aplicación
tanto en mi libro *A Magical Encounter: Latino Literatura in the Classroom* como en el libro coescrito con Isabel Campoy *Authors in the
Classroom: A Transformative Experience*. Aunque este libro se centra en
la expresión escrita, Isabel y yo reconocemos que a escribir se aprende
leyendo.

La lectura eficaz es un proceso crítico y creador, un proceso de
diálogo entre el autor y el texto. Este diálogo ocurre de modo natural en el lector eficaz. Para describirlo, y facilitar su desarrollo en los
alumnos, señalo cuatro fases, que en la realidad no son necesariamente
independientes.

En la Fase descriptiva el lector se entera de lo que dice el texto, encuentra las respuestas a las preguntas: ¿Qué? ¿Cuándo? ¿Cómo? ¿Quién?
¿Por qué? Con frecuencia en el contexto escolar se interpreta que si el
lector es capaz de contestar estas preguntas la lectura ha sido apropiada.
Yo en cambio, considero que esto es sólo el inicio del proceso.

En la Fase interpretativa personal el lector establece la relación entre el contenido del texto y sus conocimientos y experiencias previas.
¿Coincide con mi experiencia? ¿La contradice? ¿La amplía? ¿Hace mi
experiencia que dude de esta información? El verdadero lector se sabe

protagonista de su propia vida y desde ella dialoga con el texto. En la Fase crítica el lector analiza el texto críticamente. Se pregunta sobre la validez de lo expresado por el autor y sus posibles consecuencias. Dentro de una situación pedagógica, es deseable que el maestro guíe este aspecto del diálogo, para que esta fase además de crítica sea multicultural y antiprejuicios y el lector llegue a preguntase: Lo que el texto propone, ¿es justo y equitativo? ¿Cuáles serían sus consecuencias si se lo adoptara universalmente? ¿A quién(es) beneficia o perjudica? ¿Excluye a alguien? ¿Tendría la misma validez para todos? ¿Quién(es) podrían verlo de otra manera?¿Qué se necesitaría para que esta situación (conducta) fuera justa, socialmente responsable?

Pero, por importante que pueda parecer el que los lectores lleguen a este nivel de diálogo crítico con el texto, pienso que el valor de la lectura es aún mayor, porque culmina en una fase que lleva a la acción.

En la Fase creadora o transformadora el lector comienza a tomar decisiones inspiradas por lo que ha leído. Algunas de estas decisiones son muy básicas y van desde la decisión de seguir leyendo o no el libro, hasta el proponerse compartirlo o buscar otras obras del autor. Pero las decisiones más significativas son las que tienen que ver con la transformación interior del lector que, posiblemente sin establecer la relación directa con la lectura, tiene ahora mayores recursos para seguir afrontando la vida, con mayor comprensión, generosidad, fuerza, seguridad. Todo esto me lo corroboró de la manera más sorprendente, en pájaro Valley, una hermosa criatura de seis años.

La pequeña Araceli Casillas no sabía escribir, pero quiso hacer un libro y se lo dictó a su hermana mayor. La madre dudó antes de leerlo al grupo, pues decía que le preocupaba una palabra que su hija había usado. Cuando por fin se decidió a leérnoslo, la embargaba la emoción.

Araceli había titulado su libro *El señor cansado y su hijita*. La mitad de la portada la ocupaba una gran silla, en la otra había calcado una figura de hombre de campo, con una gran reata en la mano y había dibujado a su lado la figura de una niñita tan pequeña que apenas le llegaba al hombre a la rodilla.

La historia comienza: "Había una vez un hombre muy mayor que llegaba todas los días muy cansado del trabajo…". A este punto la señora Casillas se interrumpió, y con voz entrecortada, añadió:

—Es que todo esto es verdad, mi señor es mucho mayor que yo. Y llega muy cansado de los campos. Y si los niños están jugando y hacen ruido, se enoja y a veces, hasta los castiga…

Acompañamos su emoción en silencio y nos leyó el resto de la historia, que resumo:

> Un día cuando el señor llegó, su hijita le dijo:
> —Viejito, siéntese en esta silla. Yo tengo un remedio para curarle lo cansado.
> El señor se sentó en la silla y la niña le leyó el libro *El poni, el oso y el manzano.*

Éste era uno de los libros que se habían distribuido en el programa y, por estar escrito en *rebus,* es decir, sustituyendo los nombres con dibujos, Araceli podía contarlo con facilidad.

Y el relato continúa:

> Y cuando el viejito oyó que el poni y el oso habían comido tantas manzanas que parecían globos a punto de reventar, se rió. Y entonces sentó a su hijita en sus piernas. Y le dijo:
> —Tenías razón. Era bueno tu remedio. Se me ha quitado lo cansado.

A este punto, Araceli, dando por terminado el cuento, hizo un comentario a su hermana Patti que venía copiando lo que ella dictaba. Y su hermana, creyéndolo parte del cuento, lo escribió:

> ¿Y no te has dado cuenta, taruga, quién es ese viejito? Pues es nuestro papito. ¿Y no te has dado cuenta quién es esa niñita? Pues soy yo, tu hermanita, Celi. ¿Y no sabes lo que voy a hacer cada día cuando él llegue cansado?

Aquella palabra: "taruga" era la razón que daba la madre para no haber querido leer el cuento de la hija, aunque se hizo evidente que lo verdaderamente difícil para ella era reconocer la dureza de la vida de su marido.

Pero, ¡que extraordinaria la fuerza de Araceli! Se había sentado al lado de su madre, en una de las primeras filas, reunión tras reunión, mirándome con sus ojazos abiertos, oyéndome decir, que todos, no importa edad ni circunstancia, debemos ser dueños de nuestras vidas, que podemos mirar a nuestro alrededor y preguntarnos qué haremos para mejorarla.

Y ella, cual pequeña Scherazada moderna, había contemplado su realidad, había visto una madre abnegada y un padre trabajador, pero había reconocido el daño que podía ocasionar su cansancio, y no sólo había decidido hacer algo, sino que para ello había elegido… un libro.

Después de esa experiencia no he vacilado en insistirles a los maestros que nunca es demasiado temprano para animar a los niños a participar en la reflexión sobre sus vidas y he relatado esta historia muchas veces porque es un ejemplo preciso, documentado en video y en el magnífico libro de Araceli que aún conservo, de la capacidad de la lectura para ayudarnos a transformar nuestra realidad, desde la edad más tierna.

Traté de expresar mi gratitud a esos padres y niños al dedicarles mi antología *Días y días de poesía,* publicado por Hampton-Brown, con un poema para cada día del año. En ese momento era una de mis contribuciones más sustantivas y sigue siendo uno de mis libros más queridos porque ha tenido una difusión maravillosa gracias a la fuerza de la poesía.

A su vez, ellos me regalaron, sin saberlo, la historia de *The Gold Coin* o *La moneda de oro* que ha sido y continúa siendo de gran significación para mí. Fue al regreso de una de esas reuniones, que había terminado muy tarde, porque en el verano se trabaja en los campos mientras hay luz —que a veces hasta se complementa con grandes focos— y esto puede ser incluso las diez de la noche. Era por eso ya cerca de la medianoche, cuando regresaba sola a la Bahía de San Francisco. Iba pensando en las familias que tan bien había llegado a conocer, en su fuerza, en su estoicismo, en el amor por sus hijos, en su generosidad para familiares y amigos, en la solidaridad del grupo… me sentía conmovida frente a sus valores humanos y me preguntaba hasta qué punto la cercanía a la tierra y la honradez de un trabajo que redunda en dar vida a otros influiría en que fueran como son.

Y en ese momento, como si al fondo de mi pequeño auto hubiera un proyector, fui viendo, sobre el parabrisas, la historia de esta mujer, doña Josefa, que va por los campos curando a unos y a otros y tratando de darles siempre lo mejor que tiene… y a este ladrón, Juan, de cuerpo y espíritu torcidos por la soledad y el engaño, que mientras la persigue, sufre una transformación, gracias al trabajo en el campo y a la relación humana. A los campesinos migrantes siento que debo la inspiración para ese libro, el primero que me publicó una de las editoriales importantes de los Estados Unidos. Tuve la alegría de verlo reproducido, como soñaba mi hija, en todas las series de lectura del momento. Y, de ese modo, llegó a miles de niños. Ganó un premio, la medalla del Christopher Award, que me abrió las puertas de las editoriales estadounidenses. Y con ello hizo más fácil el camino a otros escritores latinos.

Pero no ha sido ese libro el único que me han inspirado los campesinos. Inspiraron también los poemas, que luego, recortados para dar lugar a una edición bilingüe y al arte magistral de Simón Silva, se convertirían en mi libro *Gathering the Sun*. Simón Silva, él mismo de origen campesino, de una familia que trabajaba los campos de zanahorias del sur de California, creó para ese libro hermosos cuadros de colores vibrantes que representan la herencia de los grandes muralistas. Al convertir los poemas en hermosas canciones y grabarlos con su voz, Suni Paz contribuyó a dar mayor fuerza a este homenaje a los campesinos y su lucha.

Dediqué el libro a la memoria de César Chávez, a los campesinos de Teotitlán del Valle, en Oaxaca, donde viví con un grupo de educadores estadounidenses un verano inolvidable, y a varios de mis alumnos doctorales de origen campesino. El viaje a Teotitlán fue organizado por una persona encomiable, mi entonces alumna y para siempre amiga, Nancy Jean Smith, como consecuencia de la investigación para su tesis doctoral. Nos guiaba la intención de aprender sobre la realidad y cultura de ese pueblo de tejedores de donde provienen numerosos niños que viven y estudian en California. A la vez, nos proponíamos compartir ideas con los educadores del pueblo así como enseñarles a usar, al mayor número posible de los alumnos mayores, una computadora que les llevábamos, la primera que hubo en el pueblo. Lo que no imaginábamos era el efecto profundo que tendría en nosotros esta oportunidad de convivir, porque de hecho vivimos en sus casas, con los campesinos de Teotitlán del Valle.

En Teotitlán aman las representaciones. Sobre su sorprendente grupo de niños danzantes escribimos Isabel y yo en *Ecos del pasado*. Al final de nuestra estancia, hubo un acto para todo el pueblo en el que participaron los niños danzantes y la banda infantil. Y mi asombrosa amiga Silvia Dorta Duque de Reyes, cuya dedicación y entusiasmo tanto admiro, dirigió una representación, hecha al aire libre, en la plaza, de *La moneda de oro*. Comprendiendo la naturaleza circular de la historia, los alumnos montaron un decorado circular que incluía la choza de doña Josefa construida por ellos mismos. Les encantó representar una obra en la que podían ser personajes sin necesidad de utilizar disfraz o caracterización alguna, puesto que los personajes eran como ellos. Y el pueblo recibió la obra emocionado.

También participó en ese mes, que será siempre significativo en mi vida, Marcos Guerrero. Como director de la Escuela Glassbrook , en Hayward, California, Marcos, un verdadero educador, consciente de la importancia de relacionar hogar y escuela, decidió replicar el proceso de Pajaro Valley. Los padres hispanohablantes de sus alumnos acogieron la oportunidad de dialogar sobre la educación de sus hijos, a partir de la literatura infantil y de los libros creados por ellos, con entusiasmo semejante a los padres campesinos de Watsonville.

La amistad con Dick Keis comenzó en Teotitlán. Dick quería aprender de cerca sobre el trabajo realizado inicialmente en Pajaro para replicarlo. Gracias a sus esfuerzos y entusiasmo logró encontrar distintas fuentes de apoyo para iniciar el programa Libros y familias, que ha llevado a cabo, con gran éxito, por varios años en Independence, Oregon. Este programa ha sido la base de su tesis doctoral. Y aparece estudiado, junto con otros programas de la misma inspiración, en la tesis doctoral de Karen Kaiser.

Otra participante de Teotitlán fue Peggy Laughlin. Dirigir su tesis doctoral fue para mí a la vez un gusto y un privilegio como lo fue el dirigir las de Marcos, Dick y Karen, pues ese proceso, siempre una oportunidad de crecimiento intelectual, ha sido en muchos casos, como en estos, el forjar una amistad que perdura mucho más allá de la relación profesor-alumno.

Los estudiantes de origen campesino que aparecen en la dedicatoria de *Gathering the Sun,* y otros que les siguieron, me acompañaron en la fructífera labor que llevamos a cabo, entre todos, en el Programa Internacionacional Multicultural de la Facultad de Pedagogía de la Universidad de San Francisco. Me gustaría mencionar a cada uno, porque tienen un lugar especial en mi afecto, pero como no me es posible extenderme en esa forma, aquí reconozco su fuerza de voluntad, especialmente porque muchos de ellos han sido las primeras personas en su familia con acceso a una educación universitaria, su determinación de seguir siempre creciendo, su entrega a la tarea de enriquecer la vida de otros y su constante deseo de honrar a los padres y abuelos de quienes han heredado generosidad, enteresa y dignidad.

Mi admiración por los campesinos migrantes se halla reflejada en muchos aspectos de mi obra. En la serie *Puertas al Sol* escribimos Isabel Campoy y yo, las biografías de César Chávez, que aparece en el libro *Caminos,* y la de Luis Valdés, creador del Teatro Campesino en el libro *Voces.*

En *Imágenes del pasado* aparece un texto "Teatro campesino: Que florezca la luz" que incluyo, algo resumido, en el próximo capítulo.

Mientras estudiaba el doctorado en la Universidad de San Francisco, Rosario Morales, hoy día profesora en California State University, Los Ángeles, compartió en clase una historia conmovedora. Cuando era pequeña, su familia sentía gran orgullo de que el padre fuera dueño de su propia "troca", un pequeño camión que les permitía no tener que viajar de campo en campo en los camiones que llevaban a múltiples familias. La "troca" les daba ocasiones de intimidad familiar. El padre se detenía en algún camino poco transitado. La madre extendía un mantel sobre la hierba y allí, a la sombra de una valla anunciadora, la familia compartía la comida que la madre había preparado previamente.

En una de las escuelas a la que Rosario pudo asistir algunas semanas, la maestra pidió a los niños que hicieran un dibujo de su hogar. Para Rosario las casuchas inhóspitas de los campamentos que, en sus palabras "siempre olían a otras personas" no correspondían a la idea de hogar, y por eso dibujó a una familia comiendo sobre el mantel extendido al lado del camino. Con total insensibilidad, la maestra, sin darle ocasión a hablar de su dibujo, lo rechazó diciéndole que aquello era una merienda campestre y no un hogar y la recriminó por no haber seguido sus instrucciones.

Rosario explicaba que a partir de entonces, a lo largo de sus muchos años de estudios, hasta llegar al nivel doctoral, siempre había sufrido de gran timidez y se había cuidado de imitar la conducta y respuesta de los demás, sin atreverse nunca a expresar sus ideas.

No podré agradecerle suficientemente su valor al compartir aquella historia con todos nosotros. Con ella dio un ejemplo vivo a uno de los principios de la educación transformadora: es necesario que el maestro se esfuerce por conocer y entender la realidad de sus alumnos, que aprenda de ellos constantemente y los escuche sin prejuicio alguno.

Cuántas veces he visto en mi mente a aquella "troca" detenerse al lado del camino, al buen padre ayudar a la madre a extender el mantel y sacar la comida que con tanto amor ella hubiera preparado, antes de partir, quizá muy de mañana. Y he visto las caras felices y orgullosas de esos niños, arropados en el cariño familiar… y cuántas veces he sacado fuerzas de flaqueza gracias a aquella imagen de verdadero hogar.

46
Que florezca la luz

· ·

....
Primavera en el cáliz de la rosa,
primavera en el túnel del minero,
primavera en el traje de la novia,
primavera en las grietas del invierno
....
Primavera de paz y de corolas,
primavera de libros y hortalizas,
primavera de amor y de justicia,
primavera de pan y de justicia.
....

Arturo Corcuera. *Primavera triunfante.*

Las hileras de lechuga se extienden a lo largo del campo, suaves cabezas de inexistentes duendes verdes, enterrados en los surcos. Entre las lechugas se doblan espaldas de hombres, de mujeres, algunos mayores con múltiples nietos, otros tan jóvenes que deberían estar en la escuela. El sudor empapa por igual las espaldas de hombres y mujeres, de jóvenes y ancianos.

Las alcachofas mecen sus cabezas, menudas, firmes, espinosas. Entre las filas de alcachofas, tratando de protegerse del sol con sombreros de paja y pañuelos de colores, se encorvan las espaldas de mujeres y hombres, muchachas y muchachos.

Todos ellos son campesinos migrantes. Los mismos que trabajan los campos de betabel y de cebolla, de coles y zanahorias. Son los que golpean con varas largas los almendros y suspiran por un poquito de sombra mientras recogen las peras, las ciruelas, los albaricoques y los duraznos.

No tienen casa fija. Al igual que las aves migratorias, su vida está guiada por las estaciones. En invierno se sufre porque casi no hay trabajo, en primavera se comienza a viajar buscándolo. En verano las jornadas bajo el sol quemante pueden ser de diez y hasta de doce interminables horas. En otoño los niños empiezan la escuela, donde quiera que se encuentren, sin saber cuánto tiempo se quedarán en ellas, porque habrá que ir viajando hacia el norte en busca de las cosechas tardías.

Nadie tiene seguridad de que en los campos en los que hubo trabajo un año vuelva a haberlo al año siguiente. Algunos campesinos más afortunados logran quedarse en un solo lugar, trabajando en las viñas que requieren cuidado casi todo el año o en los campos de flores. Pero aun así su trabajo les ofrece pocas garantías. No tienen seguro médico ni protección si quedan incapacitados, cosa que ocurre lamentablemente con mucha frecuencia. No tienen continuidad ni derecho a recibir ayuda si se quedan sin trabajo.

Hay líderes a quienes les duele esta injusticia y animan a los campesinos a organizarse para poder pedir los derechos que han conquistado otros trabajadores. Así surge la Unión de Campesinos, así comienza la lucha. Es una lucha no violenta. Hablan, explican, piden... y cuando los dueños de los campos se niegan a oír sus peticiones, comienza la huelga.

Para poblar los amplios territorios de la costa del Pacífico, que ellos habían explorado, pero que empezaban a ser visitados por rusos que llegaban por el océano en busca de pieles e ingleses que soñaban ya con una extensión territorial, los españoles fundaron misiones. Las establecieron exactamente a un día de camino una de otra, para que los viajeros pudieran encontrar albergue al fin de cada jornada. Poco a poco la mayoría de estas misiones fueron convirtiéndose en pueblos y hasta en grandes ciudades, desde San Diego y Los Ángeles hasta San Francisco y Santa Rosa, pasando por San Luis Obispo, Santa Bárbara, San José, San Rafael... Y aquel polvoriento Camino Real que las unía, se convirtió en una carretera de gran tránsito, la autopista 101.

Sin embargo, al construir la carretera, en algunos casos se buscó un camino más plano, una ruta más directa y, en consecuencia, unas pocas misiones quedaron alejadas del bullicio del tránsito, de las estaciones de gasolina, los restaurantes de comida rápida, los moteles.

Para llegar a la misión de San Juan Bautista y al pueblo al que le da nombre, hay que abandonar la autopista 101 y tomar la carretera 156, entre Salinas y Gilroy. Al pasar por Gilroy el aire trae el olor penetrante de los campos de ajo. Pero cerca de San Juan Bautista, se siente una fragancia delicada, porque los campos de cerezas, ciruelas, manzanas y almendros ya están en flor.

Vengo agotada de varios días de trabajo intenso en Salinas y con el espíritu lastimado de ver la injusticia que sufren tantas familias campesinas, y se me ocurre visitar San Juan Bautista. El viaje se me alargaría un poco, pero pienso que valdrá la pena. Siempre descanso al ver este pueblo que parece haberse quedado dormido en el tiempo.

Muchas de las casas no han cambiado en más de cien años. En el centro del pueblo hay una plaza cubierta de césped. A su derecha se alza el antiguo establo, al cual llegaban sudorosos los caballos que tiraban de las diligencias. A la izquierda está la misión, el portal de amplios arcos y la torre, de un blanco brillante, contrastan contra el cielo azul. La plaza se encuentra frente al paisaje que domina el valle, donde los sembradíos forman un mosaico de distintos tonos de verde.

Usualmente es un lugar silencioso, pero hoy la plaza está llena de hombres, mujeres y niños que caminan lentamente. Los miro sorprendida. Aunque sólo los veo de espaldas puedo apreciar que mientras muchos van vestidos con la ropa de trabajo de los campesinos, pantalones gruesos, camisas sudorosas, grandes sombreros de paja, pañuelos de colores, algunos van vestidos con largas túnicas, azules, marrones o listadas, y calzados con sandalias. De pronto se oyó el sonido agudo y lúgubre a la vez de un caracol.

Fascinada me acerco al grupo. Ahora veo que van siguiendo a un hombre que cargaba una cruz. Por un momento me pregunto: dónde estoy en realidad... en qué lugar... en qué momento... en qué forma juegan conmigo mis ojos... Pero esta incertidumbre no dura demasiado. Todos los presentes rompen a cantar *Que florezca la luz,* mientras continúan caminando lentamente. La canción tiene tanta fuerza que comienzo a cantar también.

Al terminarse, un hombre con pantalón y camisa de color negro pide justicia para los pobres, para los niños, para los desempleados, para los que no tienen hogar, para los enfermos, para los campesinos. La intensidad del momento se disuelve en la transparencia de la tarde. Ya sé dónde estoy. Todo esto no había sido un juego de mis ojos ni de mi imaginación. Soy la única espectadora de un ensayo del Teatro Campesino para una representación de Semana Santa.

El único recurso de los campesinos que iniciaron la lucha por la reivindicación de sus derechos era la huelga. Fue muy difícil organizarla. Los patrones empezaron a traer campesinos desde México para que hicieran la labor. A estos recién llegados se les hacía muy duro unirse a la huelga. Carecían de recursos, habían venido desde muy lejos con grandes sacrificios buscando trabajo y en la mayoría de los casos estaban endeudados y tenían que pagar el costo del viaje. Pero César Chávez, Dolores Huertas y los demás dirigentes del movimiento hablaban con persuasión. Les hacían ver que sólo la unión y el sacrificio común podrían llevar a un mejor futuro e instaban a la solidaridad y el apoyo para que todos pudieran subsistir. Y la huelga fue tomando fuerza.

Conmovidos por el esfuerzo de los campesinos, estudiantes y artistas fueron a Delano, sede del movimiento. Uno de ellos fue Luis Valdés. Desde pequeño, a Luis le habían fascinado los títeres y el teatro. Como cualquier chico hispánico de su generación había oído los cuentos tradicionales y las fábulas donde los más pequeños e indefensos triunfan con astucia e ingenio. Y en la Universidad de San José había descubierto el teatro de Federico García Lorca.

Inspirado en la imagen de Federico que en los años de la República, precedentes a la Guerra Civil Española, había llevado teatro a los pueblos usando un carro como escenario, Luis Valdés soñaba con la idea de hacer teatro para los campesinos de California.

En Delano comprendieron que el teatro podría animar el espíritu de los huelguistas, crear un sentimiento de unidad y despertar la conciencia de la necesidad de la lucha. Y así nació el Teatro campesino. Los actores no eran profesionales, sino campesinos en huelga. Luis les proponía situaciones que ellos conocían muy bien y no les fue difícil actuar porque estaban recreando su propia vida. En algunos casos les colgaba un cartel con el personaje que debían representar CAMPESINO, ESQUIROL (el campesino que rompía la huelga), AGRICULTOR, COYOTE (el que reclutaba a los esquiroles). A los campesinos les era fácil representar estos papeles e incluso empezaron a inventar escenas, algunas emotivas, otras cómicas.

El Teatro Campesino estuvo ligado a la Unión de Trabajadores Campesinos por dos años. Aunque a partir de 1967 se convirtió en una entidad independiente y empezó a tratar otros temas de la vida de los latinos en los Estados Unidos, siempre ha mantenido en su repertorio temas que atañen a los campesinos. Y por eso el Teatro Campesino ha conservado su nombre y tiene su sede en San Juan Bautista, en medio de los sembradíos, en el corazón mismo de la tierra campesina.

A pesar de que la situación de algunos trabajadores campesinos ha mejorado, todavía hay mucho que cambiar. No todos los agricultores reconocen la Unión de Campesinos. Muchos campesinos viven en situaciones deplorables, alojados en condiciones indignas, algunos incluso durmiendo en hoyos cavados en la tierra. Los pesticidas que se usan en la agricultura resultan una terrible amenaza para todos los habitantes del planeta y son particularmente dañinos para los campesinos, entre los cuales hay incidencias de defectos de nacimiento y de algunas enfermedades en proporción mucho mayor.

El Teatro Campesino es un ejemplo de trabajo cooperativo. Los participantes son actores y contribuyen a la creación del texto, pero también crean decorado y vestuario. Es un teatro sin grandes gastos, sin lujo alguno, pero con una gran fuerza. Utilizan mucho el humor. ¿Es posible reírse de cosas tan serias como los temas que tratan? Parecen decirnos que al reírse de las cosas trágicas puede perdérseles el miedo y confrontarlas.

No he tenido la suerte de interactuar directamente con César Chávez, con Dolores Huertas, con Luis Valdés, pero no por ello son menores mis gracias por su presencia, reiterada y constante, en mi vida y estas líneas son otras que añadir a las múltiples con las que he querido rendirles homenaje.

47
En el *Midwest*

• •

A principios de la década de los setenta del siglo pasado, un cambio en los planes de educación afectó profundamente a los departamentos de lenguas extranjeras de las universidades. Al suprimirse el requisito de estudiar idiomas en las escuelas de segunda enseñanza y las universidades, y el conocimiento de un segundo idioma para el ingreso a muchas instituciones de educación superior, disminuyó la necesidad de formar profesores de idiomas.

El departamento de lenguas romances de la Universidad de Emory, donde enseñaba, se vio afectado, al decrecer dramáticamente el número de estudiantes. Y, como tantos otros departamentos, redujo su número de profesores. Siendo la más reciente, me avisaron que no podrían renovar mi contrato.

Era un momento muy difícil para buscar empleo en este ámbito. Escribí más de 300 cartas a departamentos de idiomas en todo el país. Y las respuestas fueron devastadoras. Pasé algunos de los peores meses de mi vida. Volví a sentir el dolor de no tener trabajo que había vivido en el Perú, pero ahora, con cuatro hijos pequeños que mantener, mi angustia se veía incrementada.

Por fin, cuando empezaba a buscar fuentes alternativas de empleo, me llegó una oferta de Mercy College en Detroit. Era una oferta generosa en la cual ascendían mi rango a *Full Professor*. A cambio de que les ayudara a vitalizar su departamento de idiomas, les mencioneé que quería el apoyo de la institución para hacer algo a favor de los latinos, como he mencionado anteriormente.

No podía precisar qué sería aquello, hasta que no entrara en contacto con la universidad, pero me dieron aprobación en principio para algún tipo de labor social. No me sorprendió que lo que a la comunidad más le interesaba fuera una buena educación para los niños y así, apoyada por varios centros comunitarios, propuse la iniciación del primer programa de formación de maestros bilingües en Michigan. Cuando logramos que se aprobara la ley estatal en apoyo de la educación bilingüe ya había un programa de formación de maestros, que al marcharme de Michigan continuó Phyllis Noda, profesora de Mercy y buena amiga. También organizamos la asociación Michigan Education for Bilingual Education, de la cual fui la primera vicepresidenta y llevamos a cabo en Mercy College el primer congreso de Michigan Education and the Latino. Fueron años de labor intensa, pero de muchos frutos.

Mis hijos disfrutaron Detroit, desde los primeros días que, por no haber comenzado todavía las clases, pasamos en un dormitorio de la universidad, cosa que para ellos resultaba muy divertido. La decana se llamaba Sister Mary Christopher y los niños la llamaban, con toda inocencia, Sister Christopher Robin, lo cual a todos nos hacía mucha gracia. Porque la entrega de la casa que había comprado se demoró más de lo previsto, pasamos unas semanas en el noviciado, donde vivían además la monjas ancianas. Era un hermoso edificio en las afueras, con grandes terrenos y una piscina climatizada bajo techo. Rosalma estaba muy impresionada con la vida de las novicias que no tenían que fregar los platos y en cambio tocaban la guitarra al aire libre todas las tardes. Los chicos se hicieron grandes amigos de las monjas ancianas, sobre todo de las que tenían sillas motorizadas y estaban dispuestas a dejarlos subir con ellas. Y hubo más de una carrera de monjas por los amplios corredores.

El barrio al que nos mudamos, muy cerca de Mercy, era muy familiar y los niños hicieron muchas amistades con los vecinos. Y la Escuela Vital quedaba muy cerca. Allí tuvo Miguel una maestra excelente, Ivonne Larin. Su proyecto de convertir su aula en "La clase de los mil libros", lo he relatado con detalle en la segunda edición ampliada del libro *A Magical Encounter: Latino Literatura in the Classroom* (Allyn & Bacon) por lo que no la repito aquí, aunque quiero dejar constancia de su beneficioso impacto en todos nosotros.

Entre nuestros recuerdos más gratos están los muchos días que pasábamos en Kensington Park: remando, alimentando las ardillas y chipmunks y pescando, en el área donde estaba permitido, para llevar luego a los peces al área donde nadie podía pescarlos. Los niños disfrutaban mucho la nieve. Y fue en esa época en que oí a Gabriel, mi hijo menor, cuando estábamos a punto de partir para visitar a mi madre en Miami, decirle al muñeco de nieve que habían construido: "Por favor no te derritas." Ese recuerdo dio lugar luego a uno de mis cuentos favoritos: *No quiero derretirme.*

Eran niños muy activos. Y sufrí más de un sobresalto a causa de ello, como cuando consiguieron unas tablas y unas cajas de madera con las que hicieron rampas para saltar con las bicicletas, imitando a Evil Kanibel. Y otra en que, después de ver *The Fiddler in the Roof,* Gabriel consiguió trepar por un pino hasta lo alto de la casa de dos pisos y pasarse una tarde, en que debía haber estado en la escuela, tocando el acordeón en el caballete del tejado.

Cuando compramos un refrigerador nuevo, Alfonso me pidió que le dejaran tener la caja. La llevó al *play ground* que tenían en el sótano y la convirtió en una casita. Le instaló un timbre a la entrada y luces cuya intensidad podía graduarse. Funcionaban con una batería de auto. Y él vivía orgulloso de su casa.

En una construcción cercana pidieron les regalaran uno de los tubos de cartón, muy fuerte, que se usan para crear columnas de concreto. Lo colocaron junto a un árbol que crecía en nuestro jardín. Trepaban por el tronco y se deslizaban, como los bomberos, por el tubo.

Miguel en particular disfrutaba de colgarse de las ramas y pasaba mucho tiempo en ellas. Como era un árbol joven me preocupaba que fueran a hacerle daño y se lo advertí, pero él me insistía en que el árbol estaba bien. A la siguiente primavera los autos que pasaban por nuestra calle se detenían para admirar, y a veces hasta fotografiar, a aquel árbol, tal era la abundancia de flores que lo cubría.

Y Miguel me decía contento: —¿Ya ves, madre, qué feliz está nuestro árbol? Es porque le encanta que nos trepemos a él.

Y, claro, no pude sino comprender que tenía razón.

El deseo de apoyar en la forma más eficaz la educación bilingüe me llevó a aceptar un puesto de Coordinadora de Servicios en el Title VII Midwest Resource Center en Arlington Heights en las afueras de Chicago. Mi posición requería que brindara apoyo tanto a distritos escolares cuanto a universidades que comenzaban a implementar programas de entrenamiento de maestros bilingües en 17 estados del Midwest.

Había gran demanda de mis servicios y me pasaba la vida en aviones, a veces visitando dos y tres ciudades en el mismo día, y definitivamente trabajando en 3 o 4 lugares distintos cada semana.

Aunque aprendí muchísimo, y me sentí muy útil, no eran las mejores condiciones de trabajo para una madre con cuatro hijos. Y comencé a buscar de nuevo una posición universitaria, preferentemente hacia el oeste del país. Esta vez me sobraban las ofertas. Estuve considerando tres posibilidades: la Universidad de Colorado, en Boulder, la Universidad de Arizona, en Tucson y San Diego State University, en California. Sentía gran respeto por las tres instituciones y eran tres lugares en los que me hubiera gustado vivir.

Pero cuando recibí, inesperadamente, una oferta de la Universidad de San Francisco, no dudé ni un instante en aceptar. Y mucho de lo que he descrito sobre los campesinos migrantes y todo lo que narro a continuación está de algún modo relacionado a esa decisión de la que siempre me he alegrado, porque he llegado a amar a California como a tierra propia y me congratularé siempre de que, teniendo que elegir un lugar para vivir, tuviera la fuerza de seguir mi primera intuición, en contra de la opinión de otros, y elegir Mill Valley, porque aquí me he sentido muy en casa.

48
Por amor a la página

· ·

> Quisiera más que nada, más que sueño,
> ver lo que veo.

Pedro Salinas. *Ver lo que veo*

Recién iniciada nuestra vida en Mill Valley, en 1976, conocí a Bernice Randall. Ella editaba una serie de libros de matemáticas y necesitaba traductor para uno de ellos. Nunca supe cómo me identificó, pero, cuando me llamó, acordamos encontrarnos para almorzar. Recuerdo con gusto aquella conversación en un restaurante francés en Tam Junction, en las afueras de Mill Valley. Fue muy fácil iniciar la conversación y cuánto nos reímos al descubrir que ambas nos habíamos preparado para la reunión sendas listas de preguntas, muchas de las cuales o eran las mismas o servían de respuesta unas a otras.

Así comenzó una relación autor-editor muy especial. Le encantó comprobar que traducir significaba tanto para mí que tenía que plantear tanto los puntos "metafísicos" como los prácticos. Yo quedé admirada por su preparación, lo mucho que había considerado cada detalle y sus incomparables habilidades de organización. Y si bien por muchos años trabajamos juntas en múltiples proyectos, lo que hizo maravillosa la relación fue descubrir en cuántos aspectos éramos afines. La vida nos dio la oportunidad de compartir el mismo júbilo tanto oyendo en silencio una tarde el concierto de flauta y piano de Mozart como siendo parte de un público exaltado que aclamaba a Mercedes Sosa en el Auditorio Zellerbach de Berkeley

Cuando conocí a Bernice ya había publicado muchos libros, había traducido unos cuantos y había tenido contacto con múltiples editores. Pero si bien había conocido a gente estupenda en el campo editorial, jamás había encontrado a una editora como Bernice. En el campo de la publicación de textos educativos en los Estados Unidos, Bernice Randall disfrutaba de la reputación de editora incomparable. Sus profundos conocimientos le ganaron un puesto de profesora en el prestigioso Internacional Publishing Institute de la Universidad de Stanford. A ella se dirigían los directores de las casas editoriales para resolver las dudas en situaciones difíciles o dirimir las discusiones cuando había opiniones contrarias.

Era una lingüista con conocimiento sorprendente tanto de la semántica como de la semiótica del inglés y el español. Nunca he encontrado a nadie con un conocimiento tan amplio de ambos idiomas. Era una escritora elegante y manejaba ambos idiomas con facilidad, agudeza e ironía. Para mí fue mentora y amiga y mi gratitud por todo lo que aprendí de ella, y por su amistad, es infinita.

El amor de Bernice por las palabras era amor por los valores que encerraban. Su pasión por la precisión en la página, una manifestación de su compromiso con la justicia. Cuando se molestaba por los detalles, hasta el grosor de un pelo más o menos entre palabras —y, ay, cuánto podía molestarse— lo hacía desde un profundo respeto al lector. Todo el que abre un libro tiene derecho a un texto sin errores, a una página de absoluta corrección, era una de las convicciones que la guiaba. Era extremadamente exigente desde un gran sentido de generosidad hacia el autor y el tema, y a ambos los trataba siempre con absoluta consideración.

En esa época escribía una serie de libros de lectura, que debía publicar Fondo Educativo Hispanoamericano, rama de Addison-Wesley, para Hispanoamérica. Era el sueño de mi vida, pero Fondo no había conseguido un editor que pudiera dirigir la publicación en varios países.

Le expliqué mi frustración a un buen amigo, el profesor Don Mayo, que había venido a visitarme aquel fin de semana de Memorial Day. Cuando me oyó decir: "Ojalá pudieran conseguir a alguien como Bernice Randall…", me respondió: "¿Por qué no pides que la contraten?"

A él le parecía una conclusión natural, a mí un ideal imposible. En esa época conocía a Bernice muy poco y, después de terminada la traducción, no había vuelto a saber de ella. No se me ocurría que teniendo un excelente trabajo como el suyo pudiera interesarle este proyecto.

Mientras trataba de explicarle a mi amigo que a los editores no los escogen los autores, sonó el teléfono. Era Bernice Randall. Y aquella la primera vez que me llamaba sin un motivo, sólo para saludar.

La coincidencia era demasiado grande —una de varias increíbles casualidades que han influido en mi vida— y, la propia sorpresa, me hizo vencer la timidez y le conté la conversación que acababa de mantener con Don Mayo. Bernice respondió encantada ante la posibilidad de trabajar en un proyecto que le permitiera usar su conocimiento de la lengua española y viajar por países que conocía y quería bien. Yo no podía creer mi suerte.

Aunque al final sólo se publicaría la primera parte de lo que era aquel hermoso proyecto, el diseño y preparación de *Hagamos caminos* nos mantuvo trabajando juntas por varios años. Al principio nos encontrábamos una vez a la semana en mi casa, primero en Mill Valley y luego en Los Ranchitos, en San Rafael. Más tarde, viviendo yo en San Mateo, nos turnábamos para trabajar en mi casa o en la suya en Menlo Park, a veces cuatro o cinco días a la semana.

Era siempre un placer visitarla, ya fuera por trabajo o, en las tardes para tomar el té, a veces porque quería presentarme a algún amigo que había venido a verla desde otro estado, otras, simplemente por el placer de la conversación.

Mantenía su apartamento con la misma precisión que le exigía a la página. Su amor por lo estético la había llevado a reunir preciosos objetos de orígenes muy diversos y cuadros de gran calidad. Para mí era un gozo indescriptible admirar en sus paredes cuadros originales de algunos de los mejores pintores cubanos, como Cundo Bermúdez y Amalia Peláez, que Bernice había adquirido directamente de ellos en Cuba muchos años atrás.

El tamaño del piso no le permitía tener una biblioteca extensa, pero sí cuidadosamente seleccionada. Y como labor manual, la única que le conocí, había aprendido a encuadernar, así que muchos de sus volúmenes tenían hermosas encuadernaciones en cuero y guardas de papeles exquisitos.

Bernice conocía muy bien la literatura en lengua española. Había estudiado en la época de oro de Middlebury College, en Vermont, que ofrecía un programa de gran calidad gracias a haber acogido como profesores a muchos de los intelectuales exiliados de España como consecuencia de la Guerra Civil. Allí, entre otros, había tenido como profesores a Pedro Salinas y a Jorge Guillén, dos figuras tan importantes en mi vida. Le fascinaba la cultura hispánica y había viajado extensamente por Iberoamérica y España y nos encantaba intercambiar experiencias sobre nuestros viajes a distintos países.

Nos unían muchas cosas, los valores más profundos —la justicia, la equidad, la generosidad y la compasión—, una fuerte ética del trabajo, la admiración por todas las formas de creatividad humana y la pasión por las palabras y su poder. Había además algo difícil de describir, aunque maravilloso de experimentar. Cuando trabajábamos juntas podíamos anticipar el pensamiento de la otra, descubríamos los errores en el texto al mismo tiempo, podíamos corregir pruebas —y ¡cuántas pruebas corregimos!— o revisar un texto, o escribirlo en aquellos casos en que fuimos coautoras, con una extraordinaria sincronía. A Bernice no dejaba de fascinarla, yo sentía un inmenso orgullo porque admiraba tanto la claridad de su pensamiento.

Aunque compartíamos una amistad y confianza recíproca, en muchos aspectos Bernice era mi mentora. Aprendí de ella la importancia de cada aspecto de la página, nacida del respeto al lector, al autor y a las ideas. También aprendí que la atención a los detalles es el camino para conseguir la confianza del lector.

Me enseñó a anticipar, frente a cada página, las preguntas sobre la validez de la información o el argumento en contra de lo que expone el texto, que pueden aparecer en la mente del lector y la necesidad de contestar inmediatamente, o mejor, tratar de prevenir que se produzcan, creando el paso adecuado y ofreciendo toda la información necesaria a tiempo.

Utilizaba una hermosa metáfora: invitar a alguien a leer un libro debe ser como invitarlo a la propia casa. Debemos tener claro todo lo que puede desear y lo que queremos ofrecerle. Hacerle la visita grata anticipando sus necesidades. Sobre el papel del editor gustaba de decir que todo puede expresarse de muchas maneras; pero que el editor debe presuponer que la manera apropiada en cada caso es la elegida por el autor, y sólo sugerir cambios necesarios para ayudar al texto a responder mejor a la intensión del autor, no simplemente porque hay otros estilos posibles.

También me enseñó que ni aun el editor más hábil puede revisar todos los aspectos de un texto a la vez y me convenció que tenía que dominar mi impaciencia y comprometerme a realizar múltiples lecturas: la primera para familiarizarme con el ritmo del texto, la segunda para atender a la claridad del contenido, la tercera para sopesar cada palabra, la cuarta para detalles como los títulos y subtítulos, su validez intrínseca y su consistencia con el índice, y finalmente hacer tantas revisiones independientes como fueren necesarias, de las referencias y las tablas. Ella mantenía listas para ir comprobando cuando completaba cada revisión.

Al principio se me hacía difícil comprometerme a tantas tareas que parecían innecesarias. Y sin embargo, era tal el respeto que sentía por su profesionalidad que acepté sus sugerencias. Y cuán agradecida le he estado desde entonces. Luego compartí con mis alumnos doctorales estas estrategias, como todo lo que había aprendido de Bernice. A pesar de las facilidades que hoy ofrece la tecnología, los principios básicos siguen teniendo la misma validez. Mucho del rigor que aprendieron mis alumnos, de su relación con la palabra escrita, el párrafo y la página, la secuencia de la argumentación y el respeto al lector, les llegaba, a través de mí, desde Bernice.

Disfruté el privilegio de que Bernice tradujera muchos de mis manuscritos del español al ingles, incluida la primera versión de *A Magical Encounter: The Use of Children's Literature in the Classroom,* libro que le debe mucho a sus sugerencias editoriales. Como lamentablemente todavía existe en el mundo editorial poco reconocimiento para los traductores, fue una gran alegría para mí que cuando mi libro *The Gold Coin* mereció el Christopher Award, Bernice también recibiera, como traductora del original en español, un ejemplar de la medalla.

Recuerdo con detalles muchas anécdotas, pero relataré sólo una. Nos encontramos una noche a cenar con un amigo ilustrador en un famoso restaurante madrileño. Con una insensibilidad por desgracia todavía muy frecuente, el amigo hizo un chiste a costa de los judíos. Para mí cualquier chiste a base de un grupo étnico es intolerable. Bernice se puso de pie indignada, yo recriminé al amigo, y a él no se le ocurrió mejor cosa que decirle: "Es que no sabía que eras judía, si lo hubiera sabido no lo hubiera dicho." Eso para Bernice fue el colmo: "Prefiero tu honestidad, por torpe que sea, a tu hipocresía."

No sé si el amigo entendió por qué nos fuimos las dos. Es posible que hasta el día de hoy le parezca algo tonto. Pero Bernice tenía muy claro que la "corrección política" es eso, hipocresía. Que lo necesario no es respetar por razones políticas o sociales, sino por absoluta convicción del respeto debido a todo ser humano. Bernice tenía un firme compromiso con la amistad y muchos amigos. Yo sentí que ser uno de ellos era un gran privilegio. Después de que se fue a vivir a Newburyport en Massachusetts, la distancia geográfica y el que ya no compartíamos proyectos, redujeron nuestra interacción, pero nada cambió la naturaleza de la admiración, respeto y afecto entre nosotras.

Y si algo puede consolarme de su muerte es que en sus últimas semanas de vida, sin que pudiéramos sospechar que su fin se avecinaba, nos comunicamos varias veces por teléfono con la misma confianza de siempre. La influencia de Bernice Randall sobre mi vida ha sido continua. Me ha ayudado a guiar y revisar el trabajo de mis alumnos doctorales. Y puedo afirmar, sin sombra de duda, que jamás he escrito una página, y sospecho que nunca lo haré, sin oír en algún punto su voz de aliento y de cautela.

Mi vida ha sido mucho más rica, gracias a ti, Bernice, por hacer posible que el diálogo continúe, allí en lo más profundo de mí, donde vivirás siempre.

49
Dos idiomas en conflicto se vuelven complementarios

. . . .

*P*ara alguien tan amante de mi idioma como yo, vivir fuera de un ámbito de lengua española ha sido siempre muy difícil. Mi sueño juvenil era estudiar en la Universidad de La Habana y llegar a conocer íntimamente la vida intelectual cubana. Después de dos años en los Estados Unidos le rogué a mi padre que me permitiera ir a estudiar a México. Cuando me ofreció ir a España tuve una experiencia extraordinaria, de la cual el idioma era parte esencial.

De regreso a los Estados Unidos sentí asfixiarme y, por difícil que me fuera en muchos aspectos, mi vida en el Perú fructificó gracias a la lengua común. El español seguía siendo el ámbito del estudio, de la amistad, de la lectura, del razonamiento, de mi labor pedagógica y mis esfuerzos como escritora.

Durante los dos años en Harvard dedicada a investigar sobre un poeta español y a ampliar mis conocimientos de literatura española e hispanoamericana e interactuando más que nada con personas cuyo idioma era el español, no eché en falta el ámbito lingüístico y, sin embargo, comprendí por qué Salinas no había podido escribir mucha poesía en Nueva Inglaterra y había cultivado otros géneros hasta que la estancia en Puerto Rico le devolvió la presencia viva de la lengua que se manifestaría en ese poemario maravilloso que es *El Contemplado*.

Muchos años más tarde me produciría profunda emoción leer *Lost in Translation* de Eva Hoffman y su análisis del vacío existencial que puede producir la necesidad de vivir en un idioma ajeno que hace que el rostro de los interlocutores parezca estar envuelto en una especie de niebla. Ella analiza que al producirse un encuentro o una experiencia nueva, en lugar de poder insertarla en el lugar apropiado dentro del mosaico de la conciencia, caiga en un profundo hoyo oscuro. Se pregunta: "¿Qué me ha pasado en este mundo nuevo?" Y su respuesta es que no lo sabe, que no comprende lo que tiene frente a los ojos, que ya no vive llena de palabras con las que interpretar la realidad sino con la memoria de que en otra circunstancia su vida era completa, total, y con la angustia de que en esta nueva realidad oscura y vacía no existe realmente.

El bilingüismo, el plurilinguismo, pueden ser grandes dones, pero sólo cuando el idioma primario se conserva. No hubiera sido mi elección criar a mis hijos fuera de Hispanoamérica. Conversaba recientemente sobre esto con mi hijo Alfonso, que es muy iberoamericano, con un amor inspirado por sus recuerdos de una muy breve infancia en el Perú y de un verano en Nicaragua, cuando todavía era un niño, y desarrollado luego, ya de adulto, gracias a su trabajo y a su esposa brasileña, Denia, y a la incomparable familia de ella. Reconocíamos que no hay modo de saber cuáles hubieran sido las consecuencias si ellos hubieran crecido en Hispanoamérica y él, agradecido a la formación universitaria como ingeniero tecnológico que ha recibido en los Estados Unidos, sospechaba que no hubiera podido ser mejor educarse en otro lugar. Sabiendo que a la vida no se le puede dar marcha atrás, a mí me persigue a veces aquel concepto unamuniano de los "yos exfuturos", aquellos yos que en algún momento hubiéramos podido ser. Y al ver el profundo desarrollo humanístico y artístico de los hijos de algunos amigos hispanoamericanos y españoles contemporáneos de mis hijos, me duele pensar que los míos estuvieron privados de la experiencia de vivir en un ámbito hispánico. Este deseo que nunca he confesado antes, nace posiblemente del anhelo de tener puntos de continuidad con los hijos, de compartir con ellos lo que más se ha amado.

Mi insistencia en que mis hijos desarrollaran y conservaran el español estaba incuestionablemente basado en las mismas razones por las que hice grandes esfuerzos para que ellos pudieran ir a un colegio bilingüe en el Perú y por las que he dedicado una vida a promover la educación bilingüe: los beneficios intelectuales, sociales, emocionales y prácticos de saber un segundo idioma, de conocer íntimamente otra cultura. En nuestro caso, además, quería que pudieran comunicarse con facilidad con mi madre y mis tíos para que gozaran de conocerlos a fondo y, claro, quería que pudieran beneficiarse de la riqueza de nuestra cultura.

No fue tarea fácil. La fuerza del idioma inglés, la falta de aprecio por gran parte de la población del valor de un segundo idioma y los prejuicios contra los latinos actuaban en mi contra. Y en distintos momentos todos pasaron por facetas de no querer hablar español. A veces lo verbalizaban, otras actuaban en consecuencia. Pero me quedaba tan claro que en la pérdida de un idioma sólo hay un saldo negativo y en su retención uno positivo, que a pesar de no ser persona autoritaria, y mis hijos son las bellas personas que son de modo innato, ciertamente no gracias a mi disciplina, en lo referente al idioma no cejé aunque a veces me costó malos momentos y sufrimiento, sobre todo frente a palabras como: "Si no querías que habláramos inglés, ¿por qué vivimos aquí y no en Hispanoamérica?"o "Te importa más el idioma que hablo que la comunicación conmigo", que quien decía no sabía cuánto dolor causaba.

Poco a poco, sin embargo, dentro de mí, la situación de conflicto fue resolviéndose, como siempre, gracias al trabajo y a la solidaridad. Por fin dejé de mirar mi situación de enamorada de mi lengua sumergida en un mar cuyos sonidos nunca tendrán la misma resonancia, cuyas expresiones no tendrán el mismo sabor, en el cual nunca tendré la misma agilidad y donde la necesidad de funcionar en inglés me iba robando algo de mi propia certeza en español. Concentré, en cambio, mi mirada en la situación de tantos otros, muchos de ellos con menos recursos que los míos, y me concentré en luchar para que ellos tuvieran la oportunidad de adquirir y desarrollar la lengua y cultura de sus familias. Es cierto que desde que llegué en 1970 había estado luchando por este propósito, pero fue al olvidarme completamente de mi propia situación que se produjo un cambio profundo.

No soy dada a citar los Evangelios, en modo alguno, pero no puedo dejar de pensar en una frase que me ayuda a explicar esta circunstancia. Aquella advertencia de que "quien quiera salvar su alma la perderá" —cuyo tono de amenaza jamás he compartido— a estas alturas de la vida se me ofrece como una expresión de solidaridad. "Quien quiere salvarse sólo a sí mismo se perderá…" porque para mí el entregarme a luchar por el derecho de los demás a su lengua y cultura terminó dándome, sin que me lo propusiera, la posibilidad de continuar insertándome en ellas.

50
Aprendiendo a morir

. . . .

Nuestras vidas son los ríos
que van a dar a la mar
que es el morir.

Jorge Manrique. *Coplas a la muerte de su padre*

El camino que me llevó a conocer esta experiencia que ha dejado un recuerdo poderoso en mi vida no fue sencillo. En la Facultad de Pedagogía de la Universidad de San Francisco, donde enseñé desde 1976, no fuimos siempre afortunados con nuestros administradores y lo digo con el mayor eufemismo. Cuando fue nombrado decano el doctor Wayne Doyle, los profesores sentimos que después de un periodo espantoso, llegaba a dirigir la facultad un hombre digno.

Sentí una gran tristeza cuando supe, poco después, que había enfermado gravemente de cáncer. El doctor Doyle recibió una licencia por enfermedad, pero de vez en cuando venía por la facultad.

Hace 20 años no se hablaba del cáncer con la misma naturalidad que hoy. Pero mi dificultad para conversar con él era aún mayor que mencionar el cáncer. ¿Qué se le dice a una persona a quien le han diagnosticado pocos meses de vida? En aquel momento fui incapaz de vencer mi timidez y de acercarme. Envié alguna que otra tarjeta deseándole mejoría y me sentí totalmente insuficiente.

Es natural que la muerte de una persona cercana nos haga experimentar un sentimiento de culpa. En un nivel inconsciente, podemos sentirnos culpables de estar vivos mientras la otra persona no lo está, en un plano más consciente no es extraño que nos planteemos todo lo que pudiéramos haber hecho y no hicimos. En esa ocasión tuve estos sentimientos, pero tuve también otro mucho más profundo: me sentí inadecuada como educadora.

¿Cómo podía estar intentando enseñar a otros a ser maestros cuando tenía tal deficiencia que no sabía hablar sobre algo tan inminente y real como la muerte? Y se me hizo claro que tenía mucho que aprender en este campo.

En Palo Alto, no demasiado lejos de donde entonces vivía, existía una organización de voluntarios, llamada KARA. Allí, inspirados en el trabajo de Elizabeth Kubler Ross, ofrecían cursillos y conferencias sobre cómo hablar sobre la muerte, o sobre una enfermedad grave, con los enfermos o los familiares del enfermo o con quienes han sufrido una pérdida.

Uno de los cursillos que ofrecían era sobre cómo hablar sobre la muerte con los niños. Y a ése me apunté yo.

Aprendí mucho y aprendí también cuánto me faltaba por conseguir. Sentí profunda admiración por ese centro y su labor. La mayoría de los voluntarios eran psicólogos o estudiantes de psicología que usaban las horas de servicio voluntario para adquirir su certificación. También había algunas personas que, habiéndose beneficiado de los servicios de KARA, querían a su vez ofrecerlos como agradecimiento. Como los voluntarios recibían formación previa al comienzo de su labor y durante ella, pensé que éste sería el mejor modo de aprender lo que necesitaba y, a la vez, ser útil.

Mi primer caso fue una mujer a quien a los 70 años le habían diagnosticado cáncer de hígado y le habían dado el pronóstico de que sólo viviría unos meses. Puedo escribir hoy sobre ello, porque después de algunas semanas reconocimos que entre ella y yo había nacido una fuerte amistad y pedí que me sustituyeran como terapista. Otra voluntaria empezó a visitarla como terapista, yo tomé otro caso y pude mantener la amistad. Es de la persona que me honró con su amistad sobre la que escribo.

Cuando me asignaron el caso, el nombre que aparecía en la hoja era Susan. Había pedido una terapista mujer y, si la hubiera, que hablara español. Y fue gracias a esa solicitud que tuve la fortuna de ser la elegida. ¡Qué alegría sintió cuando comprobó que podía hablar conmigo en español! Más aún, que me sentía encantada de que ella hablara en ladino, el hermoso castellano del siglo XV, que tenía raíces profundamente afectivas para ella. Entonces me reveló su verdadero nombre, Sultana, que en algunos momentos de profunda intimidad pasó a ser

Sultanica. Era una mujer alta, esbelta y elegante, una de las personas más distinguidas que he conocido y, a sus 70 años, una de las mujeres más hermosas que haya visto.

Durante muchos años, Sultana había vivido con Ben, su marido, una vida de especial privilegio. Habían sido cuidadores de una mansión en la costa del Este de los Estados Unidos, cuyos dueños rara vez la visitaban. Tenían a su disposición la servidumbre y la casa, y como ambos se comprendían profundamente y se llevaban muy bien, la vida era —decía ella— como una película o un cuento de hadas.

Cuando Ben se aproximaba a los 80 años dejaron aquella posición y decidieron trasladarse a California donde vivía una de sus hijas. Había sido muy difícil pasar de todo aquel esplendor a un pequeño apartamento en un conjunto de residencias para personas mayores. Y Sultana me confiaba que por muchos meses se había sentido infeliz y disgustada por aquel cambio. Hasta que un día se enteró de que estaba gravemente enferma…

¡Qué consciencia del valor de la vida en aquel instante! ¡Qué deseo de poder seguir viviendo! ¡Qué dolor sentía por el tiempo perdido sintiéndose infeliz y, en cambio, qué hermosura la que de pronto descubría en una hoja del más humilde geranio!

Hablamos ampliamente… como terapista la hubiera visto un día por semana. Como amiga, y aprovechando que a la universidad sólo tenía que ir los jueves y fines de semana alternos, la veía 3 y 4 días a la semana. Ben agradecía mis visitas porque decía que era lo que ella esperaba con más gusto. Sultana me recibía con una alegría que confirmaba las palabras de Ben. Su deseo de vivir era incuestionable. Le preocupaba dejar solo a Ben, pero, además, ¡había descubierto tal júbilo en la existencia!

A mí me era imposible resignarme a esperar con ella el desenlace. Busqué intensamente algo que pudiera ayudar. Decidimos hacer tres cosas, además de su tratamiento médico. La primera fue seguir un plan de inyecciones intravenosas de vitamina C. No había garantía de su resultado, pero sí suficientes testimonios como para que a ella le interesara seguir el plan y a mí el llevarla a recibir las inyecciones. La segunda fue visitar el Center for Attitudinal Healing en Sausalito. Que-

daba bastante lejos de su casa, pero aquellas sesiones le resultaban ins-
piradoras. Y con la actitud tan positiva hacia la vida con la que estaba
dispuesta a disfrutar cada momento, aquel largo viaje de un extremo a
otro de la amplia bahía de San Francisco se convertía en un paseo. Y la
tercera, que llevó a cabo Ben, fue asegurarnos de que estaba muy bien
alimentada. Algún médico amigo me había dicho que los enfermos de
cáncer muchas veces mueren no del cáncer, sino de inanición, porque
no están motivados a comer. Ben se encargaba de ponerle los alimentos
en la licuadora. Y ella se comprometió a bebérselos sin pensarlo dos
veces. Superó el pronóstico inicial de los médicos y los pocos meses que
le habían dado de vida superaron tres años largos. Y sobrevivió a todos
los pacientes con quienes había iniciado el tratamiento.

Tengo que decir, sin embargo, que si alguna pena le quedaba respecto a esto, es que en sus últimos análisis del proceso insistía con gran
fuerza en que hubiera preferido vivir unos meses menos y no haberse
sometido a la quimioterapia, que la hizo sufrir mucho. Menos vida,
pero mayor calidad de vida, me recomendaba.

Y confieso que cuando me enfrenté con la difícil decisión de si me
haría o no un tratamiento de quimioterapia, el recuerdo de Sultana
pesó mucho en mi decisión de no hacerlo. Por lo cual, a toda la gratitud por su amistad, se une la gratitud profunda por haberme ayudado
a encontrar fuerzas para seguir un tratamiento alternativo.

Sultana murió, como moriremos todos algún día. Lo importante
es que vivió con gracia, con elegancia, y sobre todo, con plena conciencia de la maravilla que es vivir. En esos meses, que llegaron a ser años
difíciles, de encarar la enfermedad, el malestar, los terribles efectos de
la quimioterapia que recibió, de aceptar que era inevitable que partiría
antes que Ben, que ahora cuando se había enamorado de California, de
su pequeño piso, de su jardín, de cada planta y de cada hora, necesitaba
prepararse para decir adiós, cada vez que me senté a su lado a escucharla sentí que me hacía el regalo de su autenticidad, de su voluntad de
abrazar la vida con verdad.

Tuvo momentos de verdadero malestar físico y de dolor emocional, pero jamás trató de disimularlos ante mí, de negarlos o de distor-
sionarlos. Sé que el hablar de ellos le ayudó a superarlos, sé que el poder

compartirlos enriqueció mi vida en niveles mayores que los que caben en palabras.

Hace muchos años que Sultana dejó de existir como la mujer hermosa, elegante, de vida fascinante que conocí, pero sigue totalmente viva en mi recuerdo. Y ahora, ya en la etapa final de este manuscrito, tuve el privilegio de estar junto a mi querida tía Mireya en sus últimos días. Su cuerpo estaba ya muy emaciado, no por una enfermedad, sino por la edad y quienes la queríamos sólo podíamos esperar para ella un desenlace lo más fácil y sereno posible. Para mí fue un regalo que muriera estando allí, en Fort Lauderdale, y que no fuera como otras muertes de mi vida, algo que ocurriera muy lejos sin poder estar presente. El último día, ya advertidas mi hermana Loli y yo por el médico que moriría en breve, pude pasar varias horas con ella. Le canté canciones de cuna, animándola a dormirse serenamente, le canté canciones que a ella gustaba cantar, recordándole lo mucho que había enriquecido la vida de toda la familia, y le dije sin reparos cuánto la quería y toda mi gratitud aun si ella no daba seña alguna de estar consciente.

No es fácil decir adiós a un ser querido. No lo era para mí, saber que una persona que estuvo siempre presente desde que nací y me rodeó siempre del mayor cariño, ya no estaría para recibir el mío. Y sé que el entrenamiento de KARA y la experiencia con Sultana no sólo me ayudaron a superar este momento, sino que me permitieron vivirlo a plenitud.

Como espero que llegado el momento "del último viaje", como decía Machado, al llegar "la barca que nunca ha de volver", sepa partir "ligera de equipaje" agradecida de todo el buen vivir.

51
La vida como novela

· ·

> yo no sé lo que busco eternamente
> en la tierra, en el aire y en el cielo;
> yo no sé lo que busco; pero es algo
> que perdí no sé cuándo y que no encuentro
> aun cuando sueñe que invisible habita
> en todo cuanto toco y cuanto veo.

Rosalía de Castro

La amistad de Marina Mayoral fue un regalo. Comíamos en Madrid, Elena y yo, cuando me dijo que tenía algo que pedirme. En toda nuestra larga amistad, Elena no me había pedido nunca nada salvo que le escribiera, que no la olvidara. Había tratado, sí, de convencerme de que hiciera algunas ediciones críticas para Castalia, porque creo que no la satisfacía del todo que dedicara la vida a la pedagogía y a la literatura infantil y no continuara haciendo labor de crítica literaria a la que ella me había encauzado. Pero pedirme algo era totalmente nuevo. Al final resultó que, como siempre con Elena, no se trataba de pedir nada sino de hacer un regalo. Me habló de Marina y me dijo:

—Es una mujer brillante. Gran investigadora, conferencista excelente y una gran novelista. Ahora se va de profesora invitada a la Universidad de Davis y como eso te queda cerca, quiero que te ocupes de ella…

Y con su estilo, tan directo, añadió:

—A ti te quiero como a una hija. Y a ella también. Y tenéis mucho en común. Así, que, ¡hala! a quereros las dos…

Nadie que no fuera Elena hubiera podido dar tal directiva, con tanto acierto. A mí, por supuesto, me impresionaba bastante esta profesora que a la vez era gran novelista, y mi timidez proverbial amenazaba con meterse por medio, pero siempre he seguido los consejos de Elena —bueno, casi siempre, pero eso es todo otro tema que no cabe

aquí— o sea, que me puse en contacto con Marina y le ofrecí mi casa.
La obra de Marina, tanto de novelista como de crítica, es muy respeta-
da en las universidades estadounidenses y la invitan con frecuencia. La
Universidad de California en Davis es una universidad excelente y la
acogieron con mucho afecto; pero Davis es un pueblo rural, con mucho
encanto, pero un pueblo rural. Y para Marina, viniendo de Madrid, en
los círculos intelectuales y artísticos más exquisitos, Davis parecía muy
alejado de la civilización. En cambio, le encantó San Francisco y resultó lo más natural que se viniera a pasar los fines de semana.

La predicción de Elena resultó muy cierta y Marina y yo descubrimos que teníamos una sensibilidad común para muchas cosas, en lo
que estoy segura no tiene poco que ver mi sangre gallega y mi identificación con el periodo romántico.

Y Marina ha compartido desde entonces todos mis afanes de
creación. Hizo la lectura más precisa que nadie hubiera podido hacer
de *En clave de sol,* cuando era todavía un manuscrito. Y me ha dado
a mí el privilegio de leer también sus últimos libros en manuscrito,
tanto que al salir publicado *Casi perfecto,* me alegré, no sólo por la
riqueza que trae al análisis de la vida de las madres de hoy, sino que
por haberlo visto en distintas etapas, lo sentía como si fuera propio.

Viajar con Marina siempre es un placer, ya sea recorriendo los
pueblos fantasmas de la época de la fiebre del oro en las montañas
californianas, las bodegas del Valle de Napa o las ruinas de las fuentes
de Montariz en Galicia, pero posiblemente pocas experiencias pueden
compararse con la que disfrutamos en Quemado, Nuevo México.

Marina es una amante del buen arte contemporáneo, pasión que
comparte con Isabel, y el interés por Walter de Maria llevó a Isabel,
siempre dispuesta a nuevos descubrimientos, a organizar una visita a la
instalación del *Lightening Field.* La aventura, a la que nos acompañó mi
prima Maribel Terán, dio comienzo en el pueblecito de Quemado, que
más que pueblo parece el set de una película de vaqueros. Allí, en una
calle principal de aceras de madera con alguna cantina de la que esperábamos ver salir en cualquier momento a alguien blandiendo una Colt
38, nos encontramos con el señor de altas botas y sombrero de alas anchas que nos llevaría en su camión, a campo traviesa, a través de nume-

rosos ranchos cuyas puertas de alambre de púas iban quedando cerradas tras nosotros, hasta una cabaña de troncos en medio del desierto.

El que no sólo no hubiera ningún implemento doméstico, sino que el vaquero nos explicara que el único modo de pedir auxilio sería enviando una señal en clave Morse, contribuía muchísimo a la sensación de aventura que experimentamos, aunque Maribel, no muy convencida, sobre todo después de las advertencias contra las serpientes de cascabel, le rogaba al señor de las altas botas que se la llevara con él a su casa.

Pero cualquier incomodidad, y aquellas en realidad no lo eran, se hubiera justificado para tener la experiencia de ver por unos breves minutos, los únicos en que es posible apreciar algo, cómo frente a nosotras se manifestaba aquella instalación que el resto del tiempo permanece invisible. Son cientos de tubos de un metal altamente pulido que estando apenas a unos metros de distancia no pueden verse gracias a una ilusión óptica. Cuando por fin los vimos, envueltas en unas gruesas mantas navajo para protegernos del frío intenso, se hizo aparente la genialidad de la instalación que incorpora al paisaje porque las hileras perfectas van llevando la vista hasta el horizonte haciendo a las montañas parte del fenómeno.

Pero si lo audazmente contemporáneo puede conmover a Marina, también he palpado su emoción en las ruinas de un castro céltico junto a una ría gallega. Y esa capacidad de enternecerse y estremecerse frente a las creaciones humanas, así como a la experiencia humana misma, Marina sabe llevarla a la página, para ser ella quien conmueva al lector que se ve adivinado, comprendido, imaginado por esta novelista que se nutre de una profunda empatía por todo ser humano.

Como madre, Marina está profundamente cercana a sus dos hijos, como hija única ha llevado sobre sí la responsabilidad del padre anciano, pero sobre todo, sigue siendo el lugar donde vive su madre desaparecida hace mucho, donde las esperanzas e ilusiones de su madre se han hecho verdad, y siguen siendo vida.

¡Qué don aquel regalo de Elena! Y qué fácil, qué fácil ha sido cumplir su mandato, porque admirar y querer a Marina es no sólo fácil, sino inevitable.

52
La palabra se hace canción y color

· ·

> Comparto,
> abeja,
> tu sueño,
> tu afán
> de endulzar el mundo.
>
> Arturo Corcuera. *Noé delirante*

La creación del programa de lectura *Hagamos caminos* enriqueció mi vida de modos muy diversos. Gracias a ese programa inicié el contacto con la familia Rodríguez Plaza en Burgos, quienes iban a ser sus primeros editores, y se generó la profunda amistad con Lucas Rodríguez Plaza.

Mi requisito para firmar contrato con la Editorial Hijos de Santiago Rodríguez, rechazando ofertas de otras editoriales españolas, fue que contrataran como ilustrador a Ulises Wensell, a quien no conocía personalmente pero cuyas ilustraciones de *La visita de la primavera* y *El emperador y los pájaros* me habían maravillado. Gracias a ello se inició la buena amistad que he mantenido por más de 30 años con Ulises y Paloma Wensell. Una inmensa alegría presente es que Ulises nos está ilustrando, a Isabel y a mí, un libro de imágenes para Harper Collins.

También gracias a *Hagamos caminos* conocí a Juan José Fernández Gaos y pude aprender por muchos años de Bernice Randall; e inició una colaboración entrañable, la que he mantenido con Suni Paz.

Suni y yo coincidimos en un acto de la Biblioteca Pública de Houston, organizado por Louise Zwick y Oralia Garza de Cortés. La voz y el talento de Suni me fascinaron. Tuve la fortuna que el editor de Addison-Wesley, quien en esos momentos iba a publicar *Hagamos caminos*, aceptara mi sugerencia y le pidiera a Suni que creara canciones para el programa. Yo me había limitado a esperar que Suni cantara las muchas canciones del folclore que aparecían en los libros; ella decidió que era posible, además, ponerle música a los poemas.

Que emoción para alguien que ama tanto la música como yo y que sufre por la falta de talento musical, el que Suni insistiera en que era posible ponerle música a mis poemas. Y, ¡qué maravillosas canciones creó y ha seguido creando con mis poemas desde entonces!

Hagamos caminos no ha contado con suficiente apoyo de una casa editorial para llegar a tantos niños como podrían beneficiarse de un sistema sencillo, pero muy eficaz para aprender a leer con el apoyo del arte magnífico de Ulises y de las canciones de Suni. Sé que en el breve periodo que estuvo en el mercado ayudó a muchos niños a descubrir el gusto por la lectura y la satisfacción que se obtiene de ser lectores eficaces. Y una y otra vez ha habido maestras que me han agradecido porque con estos libros aun los niños más renuentes o con mayores dificultades aprendieron a leer con alegría. Pero si los libros no han llegado a tantos niños como soñaba, a mi vida trajeron los dones preciados que he mencionado.

Convencido del valor que encerraban los libros, mi hijo Alfonso tuvo la generosidad de obtener los derechos de Addison-Wesley y crear el programa *Música amiga* en cuyos 10 CDs se han recogido la mayor parte de las canciones que Suni creó para *Hagamos caminos*.

Y qué alegría ha sido ver este programa enriquecido con 36 nuevas canciones. Suni ha creado la música para poemas de Isabel Campoy, que reflejan los valores de Isabel frente a la vida y se han vuelto ya inolvidables como *No te olvides, no,* y *Hablar como tú,* que exhortan a mantener el idioma del hogar; *Cuida la vida* y *Alto, bien alto* que invitan a responder con gratitud y responsabilidad a la maravilla del vivir; *La maestra tampoco lo sabe* y *¡Qué cosa divertida es pensar!,* que animan a los niños a pensar sobre el pensamiento y el saber, y canciones de exaltación de la familia como *Día de las madres, Un beso de papá, Mis manos, Mi abuelo, Familia* y *¡Adelante!* Los pequeños libros que acompañan estos CDs tienen hermosas ilustraciones de Ulises Wensell.

Agradezco a todos los ilustradores que han enriquecido mis libros con su arte. Viví Escrivá ha ilustrado muchos de mis libros siempre con gran sensibilidad. Una validación del aprecio que los niños han sentido siempre por su arte, ocurrió en una escuela del Bronx, en Nueva York. Había estado hablando en una clase de tercer grado del origen de algunos de mis cuentos, cuando una niña preguntó: "¿De dónde le vino la idea para *Así nació el arco iris?*" Como yo contestara que en realidad no lo sabía, un niño replicó: "Pues yo sí lo sé." Por supuesto despertó nuestro interés. Y entonces nos dijo: "Esos tres personajes [los colores rojo, azul y amarillo] son usted y sus dos amigas Viví y Suni, que entre las tres nos están haciendo el mundo más bonito a los niños."

Instantes como éste son los mayores regalos que puede recibir un autor. Sé que la ternura y creatividad de las ilustraciones de Viví han hecho que el interés de los cuentos se incremente y los niños se sientan atraídos hacia los libros ilustrados por ella.

No puedo hablar aquí de todos los ilustradores de mis libros, cosa que he hecho en los dos volúmenes de *Alma Flor Ada and You,* (Libraries Unlimited), el primero de los cuales se los dediqué como muestra de aprecio. En el segundo volumen, dedicado a mis editores, aparece un capítulo escrito por Leslie Tryon, la talentosa ilustradora que ha contribuido a darle realidad al mundo de *Hidden Forest* o Bosque Escondido para los libros *Dear Peter Rabbit* o *Querido Pedrín; Yours Truly Goldilocks* o *Atentamente, Ricitos de Oro; With Love Little Red Hen* y *Extra! Extra! News from Hidden Forest* o *¡Extra! ¡Extra! Noticias del Bosque Escondido.*

En ese volumen también aparece un capítulo de Suni en el que habla de su experiencia al poner música a mi poesía y otro de Isabel Campoy que analiza el rico y complejo proceso de crear libros en colaboración.

"Caminante, no hay camino" nos decía Antonio Machado, "se hace camino al andar. " Y, siguiendo su invitación y animando a niños y maestros a hacer sus propios caminos, el mío se ha visto enriquecido con hermosas experiencias.

53
Vivir en el presente, aquí y ahora

. . . .

> Apártalos, Amado,
> que voy de vuelo.
>
> San Juan de la Cruz. *Cántico espiritual*

Si un viaje nos ha sido grato y enriquecedor, ¡cuánta gratitud hacia los primeros pasos! Debo a mi amiga Elaine Marie el haberme invitado una tarde a oír la grabación *The Quantum Light Breathing* y a seguir sus instrucciones por una hora. Las palabras en la voz profunda y modulada de Jeru Kabal eran muy claras: "El aire es nuestro mayor sustento. Respirar profundamente, en una posición cómoda con la espalda erguida, llenando los pulmones, ayuda al bienestar del cuerpo". Era fácil ir siguiendo sus indicaciones y cuando empezó la música, tan bien elegida, no fue difícil dejarse llevar por la combinación de voz y música.

Agradecí su constante recordatorio de que no debían distraerme sentimientos ni emociones, que les permitiera estar, fueran cuales fueran, pero que siguiera concentrándome en la respiración. Nunca he tratado de hacer meditaciones formales. Aunque siento máximo respeto por el proceso, nunca me ha parecido que fuera capaz de seguirlo. En cambio, qué fácil concentrarse en la respiración guiada por Jeru.

A través de sus cintas y luego, habiendo tenido la inmensa fortuna de participar en varios de sus talleres y retiros, qué experiencia inconcebible la de dejar de estar dentro de los límites del cuerpo y experimentar la expansión total del ser. No sé si la levitación que la iconografía católica sugiere han experimentado algunos santos pueda o no ser cierta; pero la sensación inequívoca de la levitación sí que lo es. Jeru no aprobaría que hablara específicamente de los fenómenos de éxtasis, de arrobo, de expansión que pueden producirse cuando respiramos profundamente durante una hora, sin fijar la atención en nada que no sea la respiración. Porque la esencia de su mensaje no era pro-

ducir el éxtasis, como tampoco lo era el lograr la catarsis que muchos
de quienes siguen su proceso experimentan. Es sí —y aunque Jeru no
esté ya más entre nosotros para guiarnos, siento la necesidad de usar el
presente, porque su mensaje sigue teniendo total vigencia— ayudarnos
a vivir con total conciencia el momento presente, libres del pasado que
fue y del futuro que nunca será, porque como él decía con ironía, no
ha habido nadie que se tome un vaso de agua en el pasado, que respire
ni por un minuto en el futuro. Ese ayudarnos a estar en el presente
era su regalo para que comprendiéramos la grandeza del universo del
que somos parte, el valor de la existencia que se manifiesta a través de
nosotros.

Nunca he conocido una generosidad tan lograda como la de Jeru.
Hizo que su mensaje fuera no sólo claro y directo, sino que, por apo-
yarlo en selecciones musicales tan acertadas, ha hecho que para todos
sea muy fácil responder a él. Y lo dejó, grabado, para todo el que quisiera aprovecharlo.

A mí me brindó además una bella amistad. Me dio la alegría de
visitarme muchas veces en la casa que yo alquilaba en Harbin Hot
Springs, en el norte de California. Me permitió el gusto de ofrecerle
sesiones de terapia acuática, de Watsu, a su vez un proceso extraordinario que tanto me complace haber aprendido con Elaine Marie para po-
derlo ofrecer. Me guió en momentos difíciles, me acompañó en otros
muy gratos.

Cuando enfermó seriamente pude estar a su lado en los penosos
tiempos de la diálisis. Y regocijarme cuando un alumno agradecido le
regaló un riñón. Una muestra de desprendimiento que sólo la propia
generosidad de Jeru hubiera podido inspirar. Y cuando se produjo el
momento inevitable en que dejó de estar entre nosotros, recibí de él
un regalo inesperado. Un día llegó a mi casa un pequeño paquete que
contenía un hermoso Buda de madera, un relicario entrañable. No sé
por qué ni como he sido elegida una de las once personas depositarias
de sus cenizas. Sé que tenerlas es un honor.

Yo espero que las mías sean dispersadas, algunas en los mares,
otras en tierra de Castilla, quizá algunas al pie de la ceiba, ahora cen-
tenaria, que detrás de la Quinta Simoni plantó mi abuela. Lo deseo

porque pienso que así les dejo, a quienes se hagan cargo de ellas, el legado de hacer viajes hermosos. Las de Jeru las guardo como un recordatorio constante de su mensaje y, al ver el pequeño Buda en mi estudio, pienso en aquellos a quienes pueda hacerles bien un pensamiento de amor, de fuerza, de esperanza y confío que, como él sugería, por el misterio insondable de la existencia reciban la esencia de ese pensamiento.

Gracias a Jeru, al hacerme consciente de que cada vez que respiramos recibimos, incuestionablemente, el regalo de la vida, sé que jamás podré estar sola, que me sostiene la fuerza de la existencia que me ha creado en sincronía con el aire que me rodea. Gracias a él, respiro con gratitud y a la vez procuro que cada exhalación libere todo lo que no necesito dentro de mí.

Gracias a Jeru sé que al estar presente, consciente del aquí y el ahora, libero mi espíritu para la constante sorpresa que es la vida, para apreciar a fondo todo lo que ofrece.

Gracias a Jeru, a sus ejercicios de observar detenidamente mi entorno, he recuperado esa seguridad tan viva en mi niñez de ser una con los árboles, la lluvia, las nubes o el sol. Mi natural deleite en lo sensorial se ha vuelto conciencia profunda de la gravedad que me sostiene sobre la tierra, del aire que respiro, del calor del sol, del agua, de esos elementos básicos que mantienen mi vida, como mantienen la del árbol y la hierba, el ave o el insecto.

Gracias a Jeru he aprendido a cerrar los ojos, respirar profundamente y al abrirlos descubrir la vida como si la viera por primera vez, y así vivirla, nueva, prístina en el instante irrepetible.

Quien pueda querer experimentar los beneficios del proceso creado por Jeru puede buscar en Internet la grabación original del propio Jeru de *The Quantum Light Breathing*.

Queriendo expresar mi gratitud a este amigo entrañable, cuyas enseñanzas serán siempre parte de mí, y para compartir algo del júbilo del mensaje de Jeru, escribí la letra de una canción cuya música creó la gran compositora y querida amiga Suni Paz. Aparece con otras canciones nuestras, en la grabación *Como una flor*.

Como una flor

Agradecida a Jeru Kabal

Como una flor
abriendo su corola
como un árbol
creciendo hacia el azul
  cantando tu canción
  la tuya, tu verdad,
  la que dice quién eres
  y adónde vas.
Aprecia la hermosura
de cada día,
la sorpresa del instante
y su alegría
  creando tu poema,
  diciendo tu palabra,
  inventando tu historia,
  cantando tu canción.
Capullo que florece
y añade su color,
su fragancia, su aroma,
y ¡tú eres esa flor!
Ramas que dan fruto
cargadas de sabor
y tú, ¡eres ese árbol
cubierto de verdor!

54
El encuentro con el propio ser

. . . .

O tra de las manifestaciones del azar generoso de estas casualidades de mi vida para las cuales no hay explicación lógica, me ocurrió durante una visita a Maui, Hawai. Al entrar a una cafetería, una de las meseras tropezó accidentalmente conmigo y me pisó. Como calzaba sandalias, se preocupó mucho de haberme hecho daño. Aunque le repetía que no se preocupara, ella, muy afligida, sin atreverse a mirarme a la cara, insistía en disculparse. Tratando de cambiar la dirección de su atención le pregunté si podía darme direcciones para llegar a un determinado lugar. Entonces me miró, se le iluminó el rostro, y me dijo: "Ah, lo que quiere es ver a Gangaji... pero es en otro lugar."

Yo no tenía ni la más ligera idea de lo que me decía. Intuía que hablaba de una persona, pero no sabía si era hombre o mujer, o por qué ella creía que querría verle. No hubiera sentido curiosidad alguna de no ser por la imagen de paz y serenidad que se proyectó sobre el rostro de la muchacha al decir aquel nombre. Ella añadió: "Es muy difícil llegar hasta donde está. Si le doy direcciones se perdería. Pero la espero, para guiarla. A las siete, frente a...", y mencionó el nombre de un restaurante conocido. Y se volvió a toda prisa a la cocina.

Un par de veces a lo largo del día, recordé el encuentro, pero por supuesto no pensaba para nada en ir al lugar que me había indicado. Ya por la tarde, empezó a llover. Sin darnos cuenta cómo, a las 7 de la tarde estábamos cerca del restaurante aquel. Le pedí a quien conducía el coche que me acercara hasta allí.

—Pero, ¿conoces a esa persona? —preguntó algo molesto, porque la lluvia había arreciado mucho— ¿Sabes su nombre? ¿Le diste el tuyo?

Como todas las respuestas mías eran negativas, protestó:

—Y ¿crees que te va a estar esperando...?

Pero ante mi insistencia y al hecho de que sin habérnoslo propuesto estábamos muy cerca del restaurante, me complació. Y allí en el portal estaba la joven. Nos hizo una seña de que la siguiéramos y subió a su coche. Después de unas cuantas curvas por la montaña, habíamos llegado a una iglesia. Ella bajó de su auto y nos urgió a que entráramos. En un salón de actos, había unas trescientas personas en silencio. Me senté al fondo, en la última grada. Y cerré los ojos.

Apenas habían pasado unos minutos cuando sentí una presión sobre el pecho, como si alguien hubiera colocado sus manos sobre mi corazón. Pensé que alguien se había colocado detrás de mí y me ofrecía esta inusitada bienvenida. El sentimiento siguió creciendo. Ya me era difícil imaginar que alguien siguiera detrás de mí y lo que sentía ya no era una mano sobre mi pecho, sino como si esta presión —a la vez fuerte y dulce que sentía en el pecho— me estuviera conectando con algo frente a mí.

Cuando oí que la gente empezaba a moverse, me forcé a abrir los ojos, y vi a este hermoso ser, con la apariencia de una mujer joven pero de pelo totalmente blanco, al frente del salón y seguí sintiendo el rayo de energía que conectaba su corazón y el mío. He tenido la dicha de poder sentarme muchas veces en el silencio del *satsang* con Gangaji. La he visto en la televisión y en video. Tengo siempre cerca su retrato. Pero aun cuando no estoy físicamente en su presencia, mi corazón vive en contemplación de la totalidad donde ella ha sabido insertarse.

Porque como ella misma dice, el gurú, el maestro, puede ser cualquier cosa y cualquiera, incluso una piedra en el camino. Aquello, sea lo que sea, que te hace detenerte y encontrar la totalidad de la existencia dentro de ti. Y es apropiado que, siendo el mundo tan diverso, tan diversas las gentes y sus historias, haya muchos modos de llegar a esa serenidad de saberse una gota en el mar de la existencia y a la vez, la existencia misma. Cada quien puede darle el nombre que desee a esa experiencia o explicarla como quiera, pero si la ha sentido, la reconoce como verdadera. Es hermoso cuando alguien que ha llegado a ese estado de conciencia lo manifieste para que otros, al ver la serenidad y alegría de su rostro, podamos saber que aquello inefable también está en nosotros. Como el compositor que reconoce las notas que crean la sinfonía, el poeta que elige las palabras que abrazan concepto y sonido, el pintor que descarga con el color sobre el lienzo su espíritu, así quien manifiesta haber reconocido la esencia del ser nos ofrece un regalo de valor infinito. Algo de mis propias reflexiones sobre este tema fueron recogidas en el libro *In Sweet Company. Conversations With Extraordinary Women About Living a Spiritual Life;* en el cuarto capítulo que la autora Margaret Wolff tuvo la gentileza de dedicarme.

Cuando estuve por primera vez frente a Gangaji me maravilló que, sin poder oírla demasiado bien, había sentido el impacto de cada una de sus palabras. Cuando terminó ella preguntó si había alguien allí por primera vez y si quería decir algo. Me puse de pie y le dije:

—Gracias, y ahora, ¿qué puedo hacer?

Ella con toda sencillez respondió:

—*Go deeper…* [Ir más hondo…]

Y luego añadió algo que hizo reír a todo el grupo. Como no lo había entendido, pregunté, algo intimidada, a una persona sentada cerca qué había dicho:

—Que ya te pareces mucho a ella… —me contestó.

Era cierto que en aquel entonces mi pelo blanco era abundante y rizado como el suyo. Quizá fuera por eso que la muchacha de la cafetería había insistido en que debía ir allí… No la volví a ver nunca. Y nunca supe qué la había motivado. Tampoco supe su nombre. Pero al relatar hoy este comienzo de lo que será siempre para mí una profunda identificación, no puedo hacerlo sin expresar, también a ella, mis gracias.

La facilidad que nos brinda Internet hace posible encontrar sin dificultad a Gangaji, sus grabaciones en audio y videos y su libro *El diamante en tu bolsillo.* En aquellos días lejanos en Maui, necesité que alguien pensara que deseaba ir a ver a Gangaji. Y ella, a su vez, me recibió y me mostró el camino del silencio.

En total gratitud, Gangaji.

55
Mi Paraíso

· ·

> Quien dice que la ausencia causa olvido
> no supo amar.
>
> Santa Teresa de Jesús

En este punto de la vida, con tanto del camino ya recorrido, qué fuerza vuelven a tomar las primeras experiencias.

Me despierta un aroma familiar. El perfume de los jazmines y gardenias todavía embelesa el aire, pero es el olor de la piel de Abuelita, la frescura del talco combinado con el olor inconfundible del ilang-ilang, que ella pone a secar entre su ropa, lo que me dice que es hora de empezar un nuevo día.

Abuelita camina a paso ligero, llevándome en sus brazos. Va vestida de blanco, con una bata almidonada, que se siente fresca en la mañana a la que el sol ya empieza a calentar. Sale de la casa y atraviesa el portal. Yo no me he despertado del todo. Entreabro los ojos pero los cierro de nuevo enseguida. Sus pasos se han vuelto aún más ligeros. Estamos ya bajo los framboyanes y cuando vuelvo a abrir los ojos no es cielo lo que veo, sino las ramas cubiertas de pétalos encendidos. La explosión naranja y rojo me inunda de alegría y mantengo los ojos abiertos.

Los pasos ligeros de Abuelita van llenos de determinación. Ya casi hemos llegado a nuestro destino. Frente a nosotros, en el potrero, oigo su voz por primera vez esta mañana, saludando al guajiro que le cuida las vacas. Es una voz a la vez profunda y tierna. Pronuncia cada palabra con claridad enunciando cada sílaba, una pronunciación precisa y cuidadosa como su letra, cuando escribe en la pizarra. Buscando siempre ser clara y poder ser comprendida, facilitándoles a los demás el que puedan seguir su pensamiento.

Maestra de niños y de adultos, cabeza de una amplia familia, Abuelita era siempre clara, directa, paciente. Me enseñó a leer escribiendo los nombres de las plantas y de los animales de la finca en la tierra, con un palito o una ramita. Y para cada letra me fue inventando un cuento

que hiciera su aprendizaje divertido. Su vida fue una enseñaza constante. Los trabajadores que ordeñan las vacas en el potrero la saludan
con alegría. Su presencia siempre despierta una reacción positiva en las
personas, aun en quienes no la conocen. ¿Es a causa de sus grandes ojos
que miran con tanta limpidez? ¿Es la firmeza de su postura que parece
decir: "Sé que estoy aquí, y sé que soy una buena persona. Lo veo a
usted y confío en que es también una buena persona." ¿O es a causa de
la sonrisa que se demora en sus labios, como una semilla que fuera a
retoñar en carcajada?

No cuestiono las razones, estoy acostumbrada a esta respuesta,
porque no sólo la causa en mí, sino porque es también la que produce
en los demás. La veo en mis padres, en mis tías y tíos, en los trabajadores de la finca, en quienes vienen a tocar la puerta y hasta en quienes
pasan por la acera, al atardecer, mientras nosotras sentadas en el portal,
esperamos la puesta del sol.

Uno de los campesinos se acerca trayendo a una vaca y su ternero.
Mientras la vaca olfatea al ternero, el hombre empieza el ordeño, allí
mismo en medio del potrero, agachado sobre la hierba. El chorro de
leche empieza a caer en el cubo y entonces mi abuela le entrega el jarro
de aluminio pulido que ha traído consigo. Pronto está lleno a rebosar
de leche tibia.

Abuelita deja que beba primero. Sabe que me encanta la espuma
que enseguida me deja luciendo bigote y barba blancos. Aspiro el aire
de la mañana, que aquí huele a hierba, a vacas, a leche fresca. Ahora
estoy lista para el nuevo día.

De vuelta a casa tengo que caminar muy de prisa para ir a su paso
y no quedarme atrás. Ella me espera un tanto, pero su paso es ligero. Sé
que tiene que coger la *guagua* para ir al trabajo. Es la directora de una
escuela que pronto estará llena de niños y maestros y a ella le gusta ser
la primera en llegar, para recibirlos a todos con sus palabras amables y
su buena sonrisa inspiradora.

Se llamaba Dolores Salvador Méndez, pero la llamaban Lola, o
aún más cariñosamente, Lolita. Porque nació muy poco después de
haberse ganado la Guerra de Independencia, en tiempos difíciles, no
pudo ir a la escuela de pequeña. Su propia madre, mi bisabuela Mina,

nunca había aprendido a leer y escribir. Lola ya era una muchacha cuando su padre decidió enviar a todas sus hijas internas a La Habana. Al principio le fue muy difícil, porque era mayor que muchas de las otras alumnas y no había recibido la preparación que ellas tenían, particularmente en francés. Pero la extraordinaria educadora que fue María Luisa Dolz comprendió su determinación y su inteligencia y le dio el estímulo y la guía que le permitieron graduarse con el Premio de Honor. Lola aprendió con esta educadora y sus colegas, todos grandes figuras de una educación renovadora, que se centraba en el alumno y hacía del aprendizaje un proceso gozoso, y decidió seguir su ejemplo. Como maestra fue excepcional y hay hermosos testimonios escritos por sus hijas, recogidos en el libro *Recuerdos* de Mireya Lafuente Salvador, sobre su modo de enseñar, no sólo creativo y eficaz, sino también siempre inspirador.

Entramos a la casa por el patio, a través de la puerta que se abre a los framboyanes. Ella enjuaga el jarro en la cocina y se sirve un vaso de agua que saca del filtro de piedra. Disfruta cada gota. Cuando el vaso queda vacío siempre me dice: "¡Qué regalo maravilloso es el agua!" Y sus palabras me dejan con un sentido de arrobo ante la belleza de la vida por el resto del día.

Me ha enseñado que vivimos rodeados de milagros. Es un milagro el brillo de las redondas hojas de los mirtos, la dulzura deliciosa de un mango o el sabor agridulce de un tamarindo. Caminamos por la finca recogiendo frutas de los árboles, guayabas, marañones, nísperos, caimitos, naranjas, como si cada fruta fuera un regalo personal que nos ha hecho el árbol. Y siempre me hace recordar que la fruta comenzó como una pequeña semilla encerrada en la tierra, que brotó con la ayuda del sol y del agua, que se esforzó hasta volverse árbol, que ahora generosamente nos alegra con sus regalos.

Con estas reflexiones, vivo envuelta en magia. Y aunque ella está ausente por muchas horas en su trabajo, la siento a mi lado, mientras observo el constante laborar de las hormigas bibijaguas, que pasan cargadas de hojas mucho mayores que ellas camino al hormiguero. La siento junto a mí bajo los naranjos, disfrutando sin cansarnos de la fragancia de los azahares. Está conmigo mientras recojo los huevos de lagartija que colocaré en el musgo debajo de los helechos, para que lleguen al mundo en el lugar perfecto.

Regresa de la escuela cansada y sudorosa y corre a darse una ducha. Luego, vestida con una bata fresca, se sienta a almorzar. Todos los que comparten la casa, mis padres, mis tías y tíos, que tienen sus propios horarios, ya han almorzado. Y yo me regocijo de tenerla de nuevo toda para mí.

Siempre tiene algo que contarme. Muchas veces las anécdotas del día le recuerdan experiencias previas, alguna historia familiar, un hecho histórico, quizá uno de los mitos griegos que tanto disfruta o incluso una fábula. Y así la realidad y la fantasía se entretejen en sus explicaciones de un mundo que se extiende mucho más allá de los confines de nuestra ciudad provinciana.

Su pasión por el saber no tiene límites. Sabe hablar, además de español, francés e inglés. Y disfruta leyendo literatura, y en particular poesía, en las tres lenguas. Le interesan todos los tópicos, pero le apasionan la historia de Cuba y la mitología clásica, y me habla de estos temas con tanta claridad y vivacidad que se me vuelven completamente familiares.

Después del almuerzo es la hora de la siesta. Abuelita sujeta con una mano su hamaca tejida, que lleva sobre el hombro, y me da la otra mano. De nuevo, como en la mañana, nos alejamos de la casa por la avenida de framboyanes. Esta vez bajamos al río, cruzamos en un punto donde se estrecha, pisando sobre piedras para no mojarnos los zapatos, y subimos a la Isla. El Tínima es un río viejo y sus meandros han creado esta isla. Está cubierta de matas de coco que mi propio abuelo Medardo plantó años atrás. Hay también matas de marañones, amarillos y rojos, y varias matas de guayaba. Y al centro de la isla, majestuoso, un enorme árbol de caimito es un gigante benigno que nos protege.

Abuelita cuelga su hamaca entre las cañas bravas, los pitos. Allí, acunada por el viento que al rozar las hojas de bambú crea un sonido que imita el de distantes olas marinas, duerme por un rato. Me encanta verla dormir. Me parece que se hace una con todo lo que me rodea, con la Tierra misma. La Tierra que siento tan firme bajo mis pies, invitándome a caminar bajo los árboles. La Tierra, siempre generosa con sus regalos: una preciosa concha de caracol terrestre, de amarillo brillante con bordes negros; semillas extraordinarias, lisas y brillantes de las peonías, como caritas rojas y negras; maravillosos mates, rugosos y fuertes. Las guardo en el bolsillo de mi delantal, donde ya hay un par de cantos rodados, mi colección de tesoros del día.

Cuando Abuelita se despierta es hora de que me den un baño, y me vistan con una bata almidonada, y me peinen las trenzas con grandes lazos en la punta. Entonces estoy lista para ir a recoger flores de maravilla, esas cornetitas multicolores que se mantienen cerradas durante las horas de mayor calor del día y sólo se abren al atardecer. Abuelita recibe las flores que le traigo. He ido ensartado las flores, al recogerlas, en briznas de hierba. Ella las ata para formar pequeñas guirnaldas que colocaremos, siguiendo nuestro propio ritual, sobre el piano de la sala. Colocará las guirnaldas entre el busto de José Martí, cuya historia me ha contado tantas veces, y una muñequita que alguien le trajo a Abuelita desde Guatemala y que representa, para nosotras, "la niña de Guatemala, la que se murió de amor", como la cantó el poeta, lamentando su propia insensibilidad hacia los sentimientos de esa niña que murió al regresar él casado: "dicen que murió de frío, yo sé murió de amor."

Para Abuelita la lectura era más que una diversión o un modo de satisfacer su curiosidad intelectual. Sus lecturas inspiraron muchas de sus ideas y su conducta. Creía en la creatividad de las mujeres, en su fuerza y en sus derechos. Montaba a caballo y convenció a mi abuelo de que debían comprar un automóvil cuando en Cuba había muy pocos. Y luego no vaciló en animarlo a que se adentraran por los campos aun donde no había carreteras y apenas malos caminos para carretas de bueyes. Fue la primera mujer en Camagüey en cortarse el pelo y en recortar sus faldas por encima de los tobillos. En esa ciudad conservadora y tradicionalista hubo quienes la criticaban por dejar que sus hijas usaran faldas cortas sin medias y por permitirles usar pantalones. Y muchas señoras se mortificaron cuando animó a muchas empleadas domésticas a asistir a la escuela nocturna que creó para mujeres trabajadoras.

—No tendrás que pasarte la vida limpiando la casa de otra familia si estudias y te preparas —les decía. Inicialmente las mujeres dudaban de venir a la escuela, porque habían heredado el oficio de servir de sus madres y de sus abuelas, algunas de las cuales habrían nacido en esclavitud. Pero poco a poco llenaron su aula. Y cuando en la ciudad se creó una Escuela Normal para Maestros, las alumnas de Abuelita, aunque la mayoría había empezado sabiendo apenas leer y escribir, consiguieron un alto porcentaje de las plazas disponibles, porque sacaron excelentes notas en los exámenes de selección para el ingreso. Le costó convencer a los padres de que las apoyaran en ese cambio de profesión que exigiría mucho esfuerzo al comienzo, pero que luego sería una oportunidad para toda la familia. Y aunque muchas familias dudaron en un principio, fue convenciéndolas una a una. Luego, no vaciló en ofrecerles numerosas horas extras de preparación, algunas en su casa, y desde la cama a la que estaba confinada por el nacimiento de su última hija.

Una vez que hemos colocado las guirnaldas sobre el piano nos sentamos en el portal a contemplar la puesta de sol y a contar los murciélagos que van saliendo de su cueva en el cielorraso. Y los cuentos e historias de Abuelita se suceden, unos a otros, como las flores que he engarzado en las briznas de hierba, formando una guirnalda de magia inacabable.

Un sábado, Abuelita está llena de entusiasmo. Ha venido el hombre que sabe sacar la miel de la colmena. No vamos al potrero a buscar leche, sino que tomamos un vaso de la que está en la jarra en el refrigerador. No hay tiempo que perder. Entre los álamos que se alinean a lo largo de la calle de General Gómez, en tierras de la Quinta, hay un viejo árbol de grueso tronco hueco. Allí ha habido una colmena de abejas desde que mi madre era una niña, quizá desde mucho antes. Una vez al año el abejero recoge el fruto de su labor, los maravillosos panales. Le prende fuego a manojos de hierba verde y usa el humo denso para hacer que las abejas abandonen la colmena. Sin temor a los cientos de abejas que revolotean a su alrededor, entierra los brazos en el hueco del árbol y saca los panales, trozo a trozo. Llena con ellos varios baldes y nos los trae a la cocina. Mi abuela está esperándolos. Guardará unos cuantos, en frascos bien cerrados, para usarlos a lo largo del año. Otros los exprime hasta sacarles toda la miel. Separa la cera, blanca y fina. Y pone la miel oscura en un caldero de cobre. Con un abanico de guano trenzado, sopla sobre los carbones del fuego que ya tiene encendido en la vieja cocina de azulejos. A medida que la miel empieza a hervir la remueve constantemente con una cuchara de madera.

Gotas de sudor brillan sobre su piel y se seca la frente con un gran pañuelo blanco. Su rostro tan querido se ve más hermoso que nunca encendido por el calor del fuego. La miel en el caldero se va volviendo, lentamente, melcocha. De vez en cuando ella deja caer con la cuchara una gota de la miel hirviente en un recipiente de agua, para comprobar cuánto se ha espesado la masa dorada. Toma un largo tiempo para que la miel se convierta en melcocha, pero yo pudiera quedarme todo el día en la cocina caliente, adormilada por el olor de la miel, observando el brazo de Abuelita que da vueltas y más vueltas al largo mango de la cuchara de madera y a la sonrisa que se va formando en su cara, hasta que es más brillante que el fuego del fogón o la cazuela de cobre.

Por fin la melcocha está lista y empezamos el largo proceso de estirarla. Nos untamos las manos de mantequilla, para poder tocar la melcocha sin quemarnos. Y la estiramos y la volvemos a amasar para estirarla de nuevo. Después de un rato tenemos las manos enrojecidas, pero la melcocha ha empezado a cambiar de color, del dorado oscuro ha pasado a un rubio brillante. La rompemos en trozos que colocamos en el papel encerado que Abuelita ha puesto sobre la mesa maciza de la cocina. De vez en cuando nos ponemos en la boca un trozo de melcocha que se va derritiendo lentamente, mientras que el cariño que sentimos la una por la otra se va expandiendo como la melcocha, llenándonos el corazón como el aroma de la miel ha llenado la cocina.

El último sueño de Abuelita fue crear un centro preescolar para niños de madres trabajadoras. No había ninguna institución de ese tipo en Cuba, pero ella había leído que existían en Francia, donde se las llamaba *creches*. Ella carecía de recursos para crear algo de este tipo, pero tenía como herencia de su padre la mitad de la Quinta Simoni. Y así como durante la época difícil de la depresión había cambiado huevos por medias suelas para los zapatos de sus hijos y le había pagado al médico con un par de gallinas, pensó que podía negociar un trueque con las autoridades. Acordó donar una faja de terreno a todo lo largo de la finca para que pudiera construirse una avenida y las autoridades en cambio le prometieron construir la *creche*.

Ese año, el 10 de octubre, fecha importante en la historia cubana, se llevó a cabo en la Quinta Simoni una gran celebración. Ella engalanó la casa con banderas, sacó los tinajones del patio al frente de la casa y los llenó de plantas y en el portal de la quinta se colocó una tribuna. Las autoridades colocaron la primera piedra de lo que sería el centro infantil. Ella pronunció un discurso apasionado. Habló de Carlos Manuel de Céspedes, figura a la que mucho admiraba, cuyo Grito de Yara dio comienzo a la lucha por la independencia y la abolición de la esclavitud. Anunció al pueblo que ahora existía la tierra para poder construir una avenida que ella esperaba se llamaría Amalia Simoni, en memoria de la mujer patriota que había creído en la causa de la independencia y que había nacido en la casa desde cuyo portal les hablaba. Habló del derecho de la mujer al trabajo bien remunerado y de los derechos de los niños a que se les cuide adecuadamente mientras sus madres trabajan e insistió en el derecho de todos a una buena educación.

A la mañana siguiente todos en casa se sorprendieron de no verla presidiendo el desayuno como era su costumbre. Y lo achacaron al cansancio que debía sentir después de todo el esfuerzo del día anterior. Cuando mi padre y mis tíos se habían marchado, y sólo quedábamos en casa mamá y yo, mi madre decidió subir a verla a su habitación. Se veía muy serena en la cama. El mosquitero, al moverse con la brisa que entraba por la ventana, daba la ilusión de que respiraba. Pero había muerto durante la noche, serenamente en su sueño, posiblemente porque las emociones del día anterior habían sido más de lo que su corazón pudo soportar.

Sin su presencia y su determinación pasaron muchos años antes de que se construyera el centro preescolar. Pero allí está hoy, en el mismo sitio, frente a la Quinta Simoni donde se colocó aquella primera piedra, en su último día de vida. Hasta el día de hoy aquellos de sus alumnos que todavía viven hablan con admiración de cuánto aprendieron de ella y muchas mujeres siguen agradeciéndole el haberles cambiado la vida.

Hace unos años, en una visita a Camagüey, me encontré por la calle con una de esas mujeres, Eduvigis Torné, que en ese momento era directora de escuela. Cuando mi tío Mario Ada, quien me acompañaba, la saludó y le dijo quién era, Eduvigis insistió en que la acompañáramos a su casa. Allí, en la sala de la casa que Eduvigis compartía con su hermana Etelvina, también educadora y antigua alumna de mi abuela, había en la pared una gran foto de Abuelita y debajo, como antes lo había habido en nuestra casa, honrando su memoria, un búcaro lleno de flores frescas. Por casi medio siglo aquellas mujeres habían mantenido en el sitio de honor de su casa la foto de la maestra, acompañada de las flores que tanto amaba, en silente reconocimiento a la inspiración que de ella habían recibido

Tenía apenas seis años aquella mañana en que al ir a despertarla descubrimos que había muerto. Sin embargo, en esos pocos años me enseñó más que nadie en el resto de toda mi vida.

Yo la llamaba Mi Paraíso. Y ella ha seguido siendo a lo largo de mi vida, mi paraíso, ese trozo secreto y sagrado de memoria donde siempre he podido encontrar, no importa cuán duro o difícil el momento, apoyo e inspiración.

56
Mi padre, siempre

· ·

> Una querencia tengo por tu acento,
> una apetencia por tu compañía
> y una dolencia de melancolía
> por la ausencia del aire de tu viento.
>
> Miguel Hernández. *El silbo vulnerado*

Mi padre nunca pudo realizar su sueño de estudiar ingeniería en la universidad. Desarrolló muy temprano un sentido de responsabilidad frente a su vida, y ello lo llevó a empezar a trabajar desde muy joven. Pero tenía profundas ansias de saber y fue toda su vida un estudioso.

Mi abuelo, Modesto Ada Barral, había dejado su hogar en La Coruña, a los catorce años, escondiéndose como polizón en un barco. Una vez descubierto, el capitán le había dejado trabajar para pagarse el pasaje y lo había ayudado a desembarcar en La Habana. Desde entonces se ganó la vida por sí mismo de manera sorprendente, como he relatado en *Allá donde florecen los framboyanes*.

Aunque mi abuelo, un gran conversador sobre temas políticos y sociales, hablaba muy poco sobre sí mismo, imagino que mi padre tendría que haber conocido esta historia. No sé cuánto influyera en él. Mi abuelo, después de perderlo todo, había vuelto a adquirir una posición holgada. Y era, según relataba mi padre con gran complacencia, generoso de una manera respetuosa, haciéndole saber a mi padre y sus hermanos dónde estaba guardado el dinero al que tenían acceso sin tener que pedirlo ni dar cuentas de él. Pero ya a los quince años mi padre rechazaba el depender. Le dolía usar un dinero que él mismo no hubiera ganado. Y empezó a trabajar como ayudante de agrimensor los fines de semana y en los veranos mientras estudiaba el bachillerato.

Cuando se graduó de bachiller hubiera querido estudiar ingeniería. Pero la única universidad de Cuba, en aquel entonces, la Universidad de La Habana estaba cerrada para contener las protestas estudiantiles contra una de las tantas dictaduras que marcaron los primeros años de la seudorepública.

Y así se matriculó en la Escuela de Agrimensura. Se hizo agrimensor y perito tasador de tierras y no le fue difícil conseguir trabajos, porque los propios agrimensores a quienes les había servido de ayudante lo recomendaron en un principio y su cordialidad y responsabilidad hicieron el resto.

En el momento en que la Universidad reabrió las puertas se tomaron una serie de medidas para atender las necesidades que la inestabilidad política había creado. Y sacaron a concurso una plaza de profesor de la Escuela de Agrimensura. En vista de las circunstancias, no se exigía título si se demostraban los conocimientos. Y mi padre, sin haber pasado por la universidad, logró el nombramiento de profesor. Más adelante, siempre a base de concursos de mérito, llegó a tener las cátedras de Dibujo Lineal en la Escuela de Agrimensura y de Matemáticas en el Instituto de Segunda Enseñanza de Camagüey.

Las inquietudes de mi padre eran múltiples. Como agrimensor le preocupaba no sólo medir el terreno con la precisión debida, sino las circunstancias por las cuales la medición era necesaria y sus posibles consecuencias. En muchos casos se trataba de la división de una finca que heredarían varios hermanos. Y allí había que tomar en cuenta muchos factores para lograr una división equitativa. La práctica usual era dividir en lotes de igual superficie. Pero mi padre tenía clara conciencia de que el mismo número de metros cuadrados no tenían el mismo valor; que había multitud de elementos que debían ser considerados: la composición de la tierra y su viabilidad para distintos cultivos, las pendientes o declives en el terreno, la presencia o ausencia de agua —ya fuera de ríos, arroyos, manantiales o pozos—, la mayor o menor cercanía a algún camino y hasta la utilización de las tierras aledañas.

Aunque la mayoría de los agrimensores hubieran considerado estos factores como ajenos a su misión, que entendían se limitaba a levantar un plano, mi padre veía su labor profesional —y su responsabilidad humana— como algo mucho más complejo.

Hacía un esfuerzo para conocer a todas las personas implicadas en la división, se enteraba de las circunstancias relacionadas con la historia de la tenencia de la tierra y su utilización y cultivo, analizaba las personalidades y la fuerza y poderes que estuvieran en juego. Le preocupaba sobre todo proteger a las mujeres y los niños envueltos en el reparto. Y era tal su capacidad de escuchar, de hacer que cada persona se sintiera escuchada y comprendida, y de despertar en cada quien lo mejor de sí, animándoles a buscar la mejor solución, y estaba tan dispuesto a darle al proceso todo el tiempo que requiriera, que lo usual era que el resultado final fuera el de una solución no sólo equitativa sino justa y acertada.

Tal llegó a ser su pericia en llegar a este tipo de soluciones, que no era extraño que mientras se encontraba haciendo una medición en una finca vinieran a buscarle de algún lugar no siempre cercano para solucionar alguna disputa entre vecinos o incluso para influir en una familia en la que los miembros no se hablaban o en un matrimonio mal avenido. Nos causaba, entonces, admiración el modo en que los campesinos cubanos, sin teléfono ni medios de comunicación modernos, se mantenían informados. Y hoy, a mí, me causa admiración ver cómo esa cualidad suya de mediador innato ha sido heredada por dos de mis hijos, Rosalma, que la ha hecho profesión, y Gabriel que la ejerce constantemente en la suya.

Mi padre era un gran observador, nada se escapaba a su interés. En sus trabajos en el campo, observaba siempre las cosechas y las plantas que crecían espontáneamente en cada terreno y cuán lozanas o no se veían. Cerca de cada planta cogía un poco de tierra, la desmenuzaba entre los dedos, la observaba mientras la dejaba caer, la olía e incluso se llevaba unos granos a la punta de la lengua. Así conseguía hacer un análisis completo de la composición del suelo.

Los peritos agrícolas, que dependían del análisis hecho en laboratorio, se maravillaban cuando mi padre les llevaba una muestra de tierra para analizar y les daba a la vez una lista escrita de lo que él consideraba iban a ser los resultados, porque invariablemente los había determinado con toda exactitud.

Amaba el campo, donde había transcurrido su niñez y su primera adolescencia. Había crecido en la hacienda de mi abuelo, cerca de las Cuevas de Cubitas, en Camagüey, y consideraba que su niñez había sido privilegiada. Su madre, María Rey Paz, era la mayor de varios hermanos. Su familia vivía en Cárdenas, en la provincia de Matanzas, pero a la muerte de los padres, mi abuela se llevó a todos los hermanos a vivir en la hacienda, y así mi padre creció rodeado de tíos y tías jóvenes.

Con los tíos, particularmente con su tío Alfonso, hacía largas excursiones a caballo, exploraban las Cuevas, subían a los Paredones y se bañaban en el río Máximo, en un lugar donde el lecho del río es de mármol blanco, conocido como los Cangilones. Todos eran paisajes idílicos y su vida, presidida por un padre generoso y una madre bondadosa, realmente feliz.

Lamentablemente todo terminó de golpe. Mi abuela murió, mi abuelo perdió la hacienda y todo lo que había ahorrado en la quiebra de los bancos, los tíos y tías se fueron a vivir a La Habana y mi padre y su hermano menor fueron puestos internos en un colegio.

Este cataclismo de su vida fue devastador para él y posiblemente determinó el modo como enfrentó la vida: firme responsabilidad en todos sus actos; amor profundo a la familia que sería siempre su prioridad; la determinación de ser no sólo el mejor padre para sus hijas, sino el mejor tío para todos los sobrinos y sobrinas, y la voluntad de abrir su casa y su familia a muchos más.

Otra consecuencia fue su decidido feminismo. Su madre, mi abuela María, había sido una artista de la pintura a la aguja. No sólo bordaba exquisitos mantones y pañuelos, sino que podía hacer retratos de gran fidelidad y fuerza. En la logia masónica de la cual mi abuelo era Gran Maestro, una vez pude ver una colección de retratos hechos por ella en los que sólo acercándose mucho podía distinguirse que habían sido bordados con seda y no pintados con óleo.

Mi padre se lamentaba de que esta mujer sensible que había sido su madre se hubiera pasado la vida encerrada en casa frente a un bastidor de bordado, mientras que mi otra abuela, Lola Salvador, hubiera tenido una vida tan rica y activa. Y así se propuso que sus hijas crecerían como mujeres libres capaces de descubrir y desarrollar todos sus talentos. Su modo de educar era siempre reflexivo. No recuerdo que jamás me diera una orden, aunque sí que conversara conmigo sobre todo tipo de temas.

Uno de los grandes gozos de mi niñez fue que me llevó muchas veces con él cuando iba a medir el campo. Pasábamos días enteros a caballo, durmiendo en hamacas que colgábamos de los árboles o a veces de los horcones al frente de un bohío, lavándonos en los ríos, inmersos en la naturaleza cubana. Me enseñaba el nombre de las plantas, a reconocer el canto de los pájaros y las constelaciones. Pero sobre todo, me hablaba de la vida. Creía en la bondad innata en los seres humanos y se preciaba de que, porque él trataba a todos con respeto y dignidad le respondían de igual manera. Y porque si esperaba de ellos que obraran bien, así lo hacían.

Era extremadamente habilidoso con las manos. No sé cómo aprendió carpintería porque desde que era niña, él era un gran ebanista. Le daba mucha satisfacción haber fabricado con sus manos las cunas de mi hermanita y de mis primas. Cunas grandes, para que los niños se sintieran en libertad, altas para que las madres no tuvieran que doblarse mucho al acostarlos o levantarlos, forradas de tela metálica para impedir las picaduras de insectos y con un techo y un frente plegables, para que fueran prácticas. A mí me construyó el más hermoso juego de muebles de dormitorio, que creó pieza a pieza, barnizándolas una a una, sin ensamblarlas nunca, para que pudiera ser una sorpresa el Día de Reyes.

Pero si el arte de la ebanistería lo había adquirido antes de nacer yo, fueron muchas las otras habilidades que le vi desarrollar. Aprendió a fabricar tizas, una vez que hubo escasez de ellas y desde entonces se las fabricaba siempre. Y haber aprendido a hacer moldes para tizas le llevó, unos años más tarde, a hacer moldes para crear figuras de nacimiento, como he descrito en "Navidades para todos" en *Bajo las palmas reales* o *Under the Royal Palms*. Cuando mis padres compraron la Joyería El Sol aprendió, por sí mismo, a arreglar relojes. Y no había ninguno cuyo mecanismo no descubriera y pudiera componer, a veces con piezas de otros relojes, o creándolas él mismo. Me admiraban sus habilidades manuales. Disfruté mucho de pequeña cuando me hacía casitas y mueblecitos de madera así como barquitos de papel y papalotes, estas dos últimas experiencias descritas en los libros de la Colección *Cuentos con Alma, Barquitos de papel* y *Barriletes;* y toda la familia disfrutó de que nos construyera por sí solo una casa.

Parecía imposible que aquellas manos que trazaban con tanta precisión intrincados dibujos en tinta china, arte necesario a los agrimensores de entonces, pudiera también sujetar la cuchara de albañil y esparcir la mezcla de cemento con tanto acierto. Tomaba siempre la cantidad exacta, la colocaba sobre la superficie de un ladrillo, lo cubría con otro y golpeaba con la esquina de la cuchara para asegurarse que la mezcla se esparcía de modo parejo. Y la veíamos asomar, justa por todos los bordes del ladrillo, asegurándonos que había cubierto toda la superficie, pero sin que sobrara nada. Mientras los otros albañiles salpicaban mezcla por todas partes, él lo hacía con toda elegancia y exactitud.

Cuando llegó el momento de asegurar el techo de la casa, lo pensó mucho. Sabía que aquella casa tenía los más seguros cimientos porque la construyó aprovechando unos tanques subterráneos de gruesos muros de ladrillos que habían sido de una tenería en época colonial. Con toda osadía, y a pesar de las críticas de muchos amigos que no lo comprendían, la construyó muy cerca del río Tínima, siendo éste un río que creaba periódicas inundaciones en tiempo de huracán. Pero él confiaba en sus conocimientos y aseguraba —y el tiempo le ha dado la razón— que toda la ciudad estaría inundada y aquella casa no sufriría, porque a pesar de estar tan cerca del río, la pequeña altura que él le había dado aseguraba que el agua no entraría en ella.

La seguridad del techo, en esa isla caribeña a la que los ciclones azotan con frecuencia era responsabilidad suya. Por fin optó por incrustar en el techo ocho cabillas de acero en las cuatro esquinas y a la mitad de cada una de las paredes exteriores. Las cabillas se cruzaban en el centro de la casa. Hizo venir a un herrero con una enorme argolla de acero. Metieron en la argolla las ocho cabillas y las remacharon. Aquella armazón debía haber sido cubierta con un cielo raso. Pero él estaba tan orgulloso de su invento y el interior del techo estaba hecho por él con tal cuidado, que decidimos dejarlo sin cubrir. Más de 50 años más tarde allí está la casa en pie. El techo sigue intacto, dejando ver el cuidadoso trabajo de mi padre, y la armazón de acero sigue siendo motivo de admiración de los vecinos.

Pero si su habilidad manual me admiraba y apreciaba su ingeniosidad, fue su modo de encarar la vida lo que sigue vivo en mí, lo que me hace mantener un diálogo constante con él tantos años después de su muerte. Tenía una honradez y una palabra a toda prueba, pero sin los alardes de quienes se sienten en posesión de la verdad.

De una espiritualidad presente en todos sus actos, no creía en la religión institucionalizada y hacía a las iglesias responsables de muchos de los males del mundo: la iniquidad, la injusticia, el convencer a los pobres de que deben aceptar una vida de sacrificios en esta tierra a cambio de un premio en una supuesta vida venidera. Acusaba a la Iglesia católica de una opresión sistemática, a través de los siglos, de las mujeres, de los judíos, de los iluminados, de todos los que reflexionaban y cuestionaban. La acusaba de haber acumulado riquezas y poder a base de inspirar miedo y vender indulgencias para contrarrestar el propio miedo que inspiraba. Reconocía que podía haber religiosos bien intencionados pero sabía que eran pocos y que no lograban contrarrestar las directivas generales de la Iglesia.

Del mismo modo, aborrecía a los ejércitos y la vida militar, destinada, por su esencia, a la conquista y defensa de territorios y a la guerra. Veía a los militares como a una lacra social, individuos que preferían empuñar un arma a trabajar honradamente. El haber vivido bajo varias dictaduras militares le daba amplios argumentos a su posición.

Despreciaba el lujo y las pretensiones sociales que enmascaran los verdaderos valores. Y admiraba, en cambio, el trabajo honesto, cualquiera fuera su naturaleza, y se sentía a gusto entre campesinos y obreros a los que siempre estuvo dispuesto a brindar estímulo y apoyo.

En mi novela *En clave de sol,* al describir las acciones del padre de Victoria destinadas a crear viviendas muy modestas pero dignas para dar esperanza concreta a gente humilde, lo que describí fueron las acciones que llevó a cabo mi padre.

Mi padre murió en los Estados Unidos mientras yo estaba en el Perú. Sus cartas de esos años en que estuvimos separados expresan el constante dolor de la ausencia, la esperanza de poder encontrarnos. He vivido muchos más años de los que nunca llegó a vivir mi padre. He visitado los países que él no pudo visitar. Y mientras él no pudo cumplir su sueño de ir a la universidad, yo me he pasado la vida en universidades. Y, sin embargo, no hay día en que algunas de las muchas enseñanzas de mi padre no se me hagan presentes, que sus palabras o sus acciones no inviten una reflexión. Ni un solo día en que no sienta que camino a su lado, aprendiendo siempre y apoyándome siempre en su cariño incondicional.

57
El escenario, puerta hacia la vida

. . . .

A los 104 años de edad, la tía Carmela conserva su memoria prodigiosa, su chispeante sentido del humor, su cálida preocupación por los demás, su sonrisa luminosa. Es una de las mujeres valientes y decididas que he admirado toda la vida. La admiré y la quise apenas conocerla, cuando llegué a Madrid a los 20 años y descubrí que la familia de mi abuelo Medardo era más amplia de la que había conocido por carta.

Me alegra haberla admirado y querido antes de conocer su historia, porque admiración y cariño nacieron en respuesta a su carácter y sus acciones y no como respuesta a los hechos trágicos que habían ocurrido en su vida. Pero a medida que los conocí, mi admiración creció aún más y los considero relevantes para apreciar a cabalidad a esta mujer que viviendo hoy, con más de 100 años, en una residencia para personas mayores en Madrid, sigue manteniendo su actitud de independencia: prefiere impulsar ella misma su silla de ruedas, se viste y peina impecablemente y con elegancia, lee el periódico a diario y lo comenta con las recepcionistas que disfrutan de su conversación, agradece las visitas pero no se lamenta de estar sola porque durante la mayor parte de su vida vivió en total independencia y sigue enfrentando la vida con la misma auténtica sonrisa que la llevó a ser anunciante estrella de la televisión, porque quienes la contrataban estaban seguros de que nadie podría resistirse a esa sonrisa que en ella es natural, reflejo de su espontáneo entusiasmo por la vida.

Por nacimiento y educación, por estatura y físico, Carmela no parecía destinada a ser cantante o actriz, pero las exigencias de la vida y la fuerza de su espíritu le abrieron un camino insospechado. Crecida en el seno de una familia con cierta herencia aristocrática y vínculos monárquicos en la España pre-republicana, Carmen recibió una educación esmerada, pero que no la capacitaba para ganarse la vida, porque no se esperaba que tuviera que ganársela. Como tenía una hermosa voz, recibió algunas lecciones de canto y de italiano para cantar con elegancia algunas arias. El corazón intervino y terminó casándose muy joven con un hombre de ideas progresistas que apoyaba que España se convirtiera en una república, es decir, un republicano, con el sentido que la palabra tiene dentro de ese contexto histórico. Pero la república democrática fue destruida por un dictador fascista y comenzó en España el periodo de la dictadura y sus múltiples crímenes. Y el joven republicano marido de Carmen fue uno de los cientos condenados a prisión.

El padre de Carmen intervino a favor del marido de la hija, del padre de las dos nietas pequeñas. Y en lugar de morir en la cárcel ejecutado o a consecuencia del mal trato, el hambre o la tuberculosis, o de engrosar las cuadrillas de trabajadores forzados con las que se fueron reconstruyendo distintas estructuras del país, el marido de Carmela fue puesto en libertad. Pero los pocos reos políticos que como él habían salido de la cárcel, descubrieron muy pronto que, a cuentas de que habían apoyado el régimen legítimo de la República, en ningún empleo los recibían. Y al dolor de verse obligados a vivir en una dictadura, enfrentaban la tragedia de no poderse ganar el pan.

Los seres humanos tienen una enorme capacidad de supervivencia y algunos consiguieron sobrevivir; pero a muchos les fue imposible. El marido de Carmela fue uno de los que se sintieron incapaces de asumir la vida en esas condiciones y la desesperación lo llevó a encontrar la muerte arrojándose por una ventana.

Con qué carga difícil tuvo que enfrentarse a la vida Carmela. Necesitada de ganarse la vida y la de sus dos hijas, sin una verdadera preparación para ello, con el estigma social de un marido repudiado por el régimen y el dolor y los difíciles sentimientos que deja siempre el suicidio de una persona cercana, porque si toda muerte tiende a despertarnos sentimientos de culpa por todo lo que hubiéramos podido hacer o decir, un suicidio nos golpea de modo especial porque hubiéramos querido poder ayudar para que ése no pareciera el único destino posible. Pero enfrentarse supo. Recurrió a sus inequívocos talentos, musical y escénico. Comenzó a cantar en zarzuelas y revistas musicales, asumiendo esa labor con total responsabilidad. Y así, aun cuando sus ingresos eran mínimos, destinaba parte de ellos a recibir lecciones de canto que la ayudaran a ser una mejor profesional. Porque siempre, ya fuera en el teatro primero, o en el cine o la televisión más tarde, Carmela sintió siempre una profunda responsabilidad profesional.

Cuando hace unos años le pregunté a qué atribuía su memoria portentosa, me contestó que estaba segura se debía a haber memorizado tantos textos:

"Es que siempre he querido ser una profesional responsable. Y para mí eso significa que aun si mi papel en una obra se reduce a unas cuántas líneas, sólo podré cantarlas o decirlas con la convicción necesaria, si me sé de memoria todo el libreto o todo el guión".

Y me siguió explicando que en toda obra en la que había participado: zarzuela, revista musical u ópera, programa de televisión o película, en español o en italiano —porque llegó a tener papeles en muchas películas italianas— siempre se había memorizado el libreto o el guión en su totalidad. Recientemente se están llevando a cabo muchas investigaciones sobre el efecto de la actividad cerebral en la longevidad y la salud. La tía Carmela parece ser un ejemplo clarísimo de su virtud.

Ir a visitarla, este Día de Reyes, con mi nieta Camila fue una gran alegría para mí. Ella estaba encantada de conocer a un miembro más de la familia, a una niña "tan rica" y quiso reiterarle dos consejos. El primero tenía que ver con la importancia de que siguiera aprendiendo idiomas, "Te hará la vida mucho más valiosa", le insistía, y el segundo, que siempre sintiera orgullo de su familia, de sus raíces. Mientras Camila, con sus trece años recién cumplidos, la miraba asombrada, tratando de seguir la genealogía que ella con tanta claridad le explicaba, Carmela insistía: "la abuela de Medardo, el abuelo de tu abuela, era hermana de mi abuela. ¿Te das cuenta? Si vas bastante atrás, verás que compartimos una madre y un padre."

Sí, tía Carmela, tu humanidad profunda es la mejor demostración de que si vamos suficientemente atrás, más allá de aquellos en quienes reconocemos nombres y apellidos, todos los seres humanos tenemos el mismo origen.

Cuando llegué a Madrid tú me diste la oportunidad de ir a verte en varias obras. Amante del teatro, fueron noches fascinantes para mí. Pero viste mi afán por comprender la nueva realidad en la que me encontraba y entonces me hiciste el verdadero regalo. Me llevaste detrás de bastidores. Allí me presentaste a tus amigos, con los que después de cada representación nos iríamos al Café Gijón.

Grandes dramaturgos, desde Calderón a Shakespeare, han hablado de la vida como teatro, pero la metáfora que tú me enseñaste ha complementado aquella. Si la escena es la representación de la vida, la vida misma, la auténtica, la real, está detrás, entre bastidores, y es allí donde hay que buscarla.

Gracias por enseñármela entonces, y continuar haciéndolo todavía, con tu valentía, con tu esfuerzo, con tu alegría real, no la de la escena, sino la nacida de un corazón abierto siempre a la verdad y desde ella a la esperanza.

58
La vida después del cáncer: profunda gratitud

. . . .

Divino: presentir
casi desde la nada.
Mejor ganar así
la incógnita mañana.

Jorge Guillén. *Luz diferida*

*H*ace tres años y medio que me extirparon un cáncer de pulmón. He vivido cada día desde ese momento con inmensa gratitud por el milagro de la existencia, por la generosidad que me han demostrado tantas personas, familiares y amigos y, con un agradecimiento muy especial a todos los profesionales que contribuyeron a salvar mi vida.

No creo que nadie esté preparado nunca para oír un diagnóstico de cáncer, aun si lo espera o lo teme. Yo que estaba convencida de que el tumor que me extirpaban sería benigno, que en realidad, estaba sacrificando todo el lóbulo superior de mi pulmón izquierdo sólo por la tranquilidad de que me dijeran que no tenía nada, ciertamente no estaba preparada.

Sé que las reacciones a una noticia de este tipo pueden ser de incredulidad, de duda, de negación, de angustia, de temor, de rechazo, de ira. Creo que la mía en el primer momento fue más que nada de asombro. Como la operación había sido tan difícil en ese momento, mi única preocupación era soportar el dolor y mejorar. No me daban las fuerzas para pensar en consecuencias a largo plazo. Además, no me las habían mencionado y, con cierta ingenuidad, había aceptado que con operarme ya todo estaba solucionado.

Desde el primer momento, sin embargo, tuve claro que haber podido tener esa operación en un excelente hospital como lo es el de la Universidad de California en San Francisco, UCSF, era un inmenso privilegio y, consciente de que la proporción de seres humanos que puede tener este tipo de tratamiento es ínfima, me he sentido con una profunda deuda de gratitud.

Ese sentimiento se hizo muy específico y palpable en relación con el equipo médico que me operó. Me queda muy claro que para realizar la cirugía que pudo remover la mitad de un pulmón y dejarme viva y libre de cáncer, el doctor David M. Jablons y su equipo han realizado un enorme sacrificio. No se llega fácilmente al conocimiento y la experiencia que poseen. Al pensar en ellos, imagino las innumerables horas, de adolescencia y juventud, que dedicaron al estudio mientras otros jóvenes de su edad se divertían; en las agotadoras horas del internado médico; en la preparación para pruebas, exámenes y certificaciones de asociaciones médicas, y en el estudio diario y constante aun después de ser cirujanos reputados para mantenerse al día en una ciencia que cambia constantemente. Y entiendo bien la responsabilidad que entraña una operación de esta índole, la concentración que requiere y el estrés que ocasiona. ¡Cómo agradecerles haber dedicado sus vidas a salvar las de otros!

Si la cirugía fue un inmenso regalo que extirpó el cáncer de mi cuerpo, fue también el principio de un nuevo camino. Las numerosas enfermeras que me cuidaron en la sala de recuperación, en la unidad de cuidados intensivos y durante los varios días que estuve en el hospital, todas contribuyeron a mi curación. Y siempre recordaré con especial aprecio a un técnico de rayos X que, viéndome presa de gran dolor, me envolvió en una manta tibia antes de empujar la silla de ruedas en la que esperaría en un pasillo los resultados del examen. ¡Cuánto valor en una sencilla acción de cuidado! Aquel gesto me conmovió profundamente, tanto como se conmovió él cuando días después pasé a darle las gracias.

La presión en un hospital puede ser enorme y algunas veces, los que allí trabajan se protegen del dolor con una coraza de aparente indiferencia. En aquella manta tibia, que me traje a casa del hospital, seguí encontrando durante los meses de convalecencia un mensaje de esperanza, no sobre mi curación individual sino sobre la trascendencia del corazón humano. No estoy segura cómo hubiera podido soportar la fase posoperatoria sin el grado de apoyo que recibí de familiares y amigos cercanos.

Varios días después de la operación, la Junta de Médicos de UCSF que analiza los tumores me dio un diagnóstico de un 1+ y, debido a ello, dejaron en mis manos la decisión de si recibir un tratamiento de quimioterapia o no.

Éste fue para mí el verdadero momento de confusión. En principio tenía muy claro que prefería no recibir quimioterapia por los efectos destructivos que puede tener para el organismo. En aquel momento me sentía muy débil y necesitaba recuperar mis fuerzas, no atacarlas. A la vez, frente a un tipo de cáncer que tiene un alto índice de recurrencia, no quería optar por una decisión inapropiada.

Tuve la enorme suerte de que Shane Cardoso, la enfermera del doctor Jablons me recomendara ver a Michael Broffman, de la Clínica Pine Street, en San Anselmo, California. Michael es un acupuntor e investigador que trabaja en conjunción con oncólogos para crear protocolos de tratamientos alternativos teniendo en cuenta investigaciones realizadas en China al igual que en Occidente.

Cuando le expliqué que me habían dicho que debía optar entre recibir quimioterapia o no hacer nada se sorprendió mucho: "Es que entre la quimioterapia y nada hay muchas cosas. Tienes otras alternativas." Aquello fue un gran rayo de esperanza e inmediatamente le pedí que me las explicara. Michael me dio una lista de distintos tratamientos sobre los que hay estudios con resultados positivos. Ninguno es, por sí solo, una solución total, pero todos contribuyen a reforzar el sistema inmunológico y a contribuir a que no haya recurrencia. Me sugirió que los conversara con el medico que iba a ser mi oncólogo. El doctor Garret Smith es un hombre joven y afable. Combina la rigurosidad en el análisis y un trato gentil y cariñoso. Y a las prácticas de la medicina occidental tradicional une tratamientos dietéticos y acupuntura. En su consulta, uno deja muy pronto de sentirse paciente para sentirse persona. Esta aseveración casi parece absurda, porque nunca, en ninguna circunstancia, un ser humano debiera dejar de sentirse persona. Sin embargo, en mi larga experiencia, cuántas veces así me ha ocurrido en un consultorio médico. El doctor Garrett respetó la opinión de la Junta Médica. Es decir, él también dejó la responsabilidad en mis manos. Me aseguró que me apoyaría fuera cual fuera la decisión que tomara.

Yo contaba con el apoyo decidido de mi familia. Mi hijo Miguel, temeroso de que la operación pudiera ser el comienzo de algo fatal, había viajado desde Cleveland a California, con su esposa Denise y sus cuatro hijos, a pasar conmigo los días previos a la cirugía. El día antes de ingresar al hospital subimos todos andando a la cima del Tamalpais, el querido Mount Tam, que se alza detrás de mi casa de Mill Valley. Era una excursión con recuerdos de adolescencia para él y fue para mí una imagen consoladora en los primeros días.

Aprovechando la presencia de los niños, les pedí a ellos y a las tres nietas que viven en San José que, la noche antes de ingresar, me pintaran el cuerpo. La enfermera que me había dado las instrucciones para preparar mi ingreso, me había dicho que los pacientes acostumbran a pintar en el cuerpo la zona donde deben ser operados. Me indicó la zona sobre la cual no se debía pintar y me sugirió que era una buena idea indicar de qué lado debía ser la operación. Creo que es una costumbre que comenzó a raíz del terrible error cometido al amputarle a un paciente la pierna sana y no la que debían cortar.

Los niños disfrutaron mucho aquello de pintar a abuelita. Y no se limitaron en escribir sobre el hombro izquierdo que era allí donde había que cortar, sino que sobre mi pecho le escribieron un mensaje a los médicos, que decía algo así como: "Abuelita dice que ustedes son los mejores. Cuídenla mucho que la queremos y la necesitamos." El resto del cuerpo me lo llenaron de flores y corazones. Todo aquel amor me significaba muchísimo mientras esperaba entrar a la sala de operaciones. De más está decir que, según me contó una de las enfermeras, todos se habían divertido mucho con las ingenuas palabras y las decoraciones infantiles sobre mi cuerpo y que ello creó un ánimo grato y relajado al inicio de la intervención.

Algo también muy útil fue recibir, aquella misma mañana, de parte de una amiga, Barbara Benjamín, el regalo de un libro destinado a prepararse para la operación. Aunque sólo pude leer algunos fragmentos, me gustó la idea que sugerían de hablar con el anestesista y darle por escrito el texto que uno quisiera le leyeran en el momento de iniciar la anestesia. Tuve tiempo de escribir mi texto y cuando, efectivamente el anestesista vino a hablarme, me preguntó qué quería que me dijera mientras me dormía. No sé si esto será práctica común en otros lugares o parte de la dicha de vivir en San Francisco, pero ¡con cuánto gusto le entregué mis palabras pensando que me acompañarían mis buenos pensamientos durante ese momento difícil de abandonar la conciencia!

Miguel me acompañó durante la primera difícil noche después de la operación con mi gran amiga Elaine Marie y velaron conmigo toda la noche, dándome masajes en los pies y ayudándome a saberme muy querida, que es sin duda la mejor de las medicinas.

Mi hijo Alfonso ha cuidado de la salud de su hijo, mi nietecito Daniel, quien fue operado de un cáncer del cerebro, epindemoma, cuando tenía apenas tres años y medio y ha conseguido que viva hoy, sano y feliz, a los trece años con una serie de terapias alternativas que incluyen una dieta sana. Se mantenía en constante comunicación telefónica conmigo desde Cleveland insistiéndome en lo mucho que podría hacer por mi curación. También tenía apoyo para no recurrir a la quimioterapia, salvo en condiciones extremas, de mi hija Rosalma, vegetariana por largos periodos de su vida, que procura comer sólo comida ecológica y que ha aprendido mucho de la medicina alternativa y de su esposo Bruce, que aunque es un médico educado en la medicina tradicional, comparte la idea de que la quimioterapia es un arma que debe usarse sólo con mucho cuidado. Ambos vinieron a verme desde Massachusetts y Rosalma se quedó por muchos días para enseñarme a preparar una dieta adecuada y ayudarme a perder peso.

Mi hijo Gabriel me acompañó a la cita con Michael Broffman y quedó muy bien impresionado, lo cual, en una persona tan crítica como lo es él, significa mucho. Pidió licencia en su trabajo y se quedó conmigo en Mill Valley por todo un mes, y gracias a su apoyo pude liberarme muy pronto de los medicamentos calmantes e hice mucho ejercicio para fortalecer mi cuerpo. Su presencia además facilitó que Isabel, con su generosidad proverbial, en este caso heroica, pudiera hacerse cargo de los compromisos de ambas y que de ese modo no hubiera disrupción en nuestra tarea y nuestra vida profesional.

Mi hermana Flor y su marido Paul, también médico, vinieron a California desde Alabama en los primeros días después de la operación.

Y, en todo momento, he tenido el apoyo también de mi hermana menor Loli, quien, aunque lejos en la Florida, al cuidar de mi madre y mi tía Mireya, me daba una enorme paz de conciencia. Excelentes amigas, como Mari Nieves Díaz Méndez y Tania Álvarez no dejaban de hacerse presentes y José Martín vino al hospital, acompañado de su esposa Gabriela Pisano, a darme una beneficiosa sesión de reiki.

Pero la tremenda cuestión de decidir qué hacer o no frente a un tratamiento seguía pesando sobre mi conciencia. Isabel me ofrecía apoyo incondicional frente a cualquier decisión que tomara, pero su preocupación era evidente. En esas circunstancias fuimos a un día informativo organizado por Pine Street Clinic. Allí, entre varias otras sesiones, asistimos a una del doctor Martin Rossman, autor del libro *Healing Cancer from Within [Curar el cáncer desde dentro]*. El doctor Rossman habló sobre la capacidad de la mente para mantener la salud o ayudar a restaurarla e hizo una demostración de una meditación guiada. En ese momento supe que desearía tenerlo por médico.

Isabel me acompañó a una cita con el doctor Rossman. Por primera vez un médico me preguntaba qué quería conseguir. No nos fue difícil explicarle que habíamos acudido a él en busca de ayuda para tomar una determinación. El doctor Rossman no es oncólogo, es un médico general, pero muchos de sus pacientes son personas que se están recuperando de haber tenido cáncer o están en el proceso de curarse de esta enfermedad o de vivir con ella. Nos explicó que él no tiene una postura radical frente a ningún tipo de tratamiento, que considera que cada cáncer es único, como cada paciente es único. Y que hay ocasiones en que la quimioterapia y la radiación son recomendables y otras en que no lo son, por inútiles, insuficientes o dañinas.

Luego hizo la más valiosa de las sugerencias, se ofreció a hablarle al doctor Garret Smith de médico a médico para evaluar mi circunstancia y luego comunicarme lo que la quimioterapia podía o no ofrecerme en este caso. Me quedó claro que un especialista tiene que sugerir al paciente que siga el camino más tradicionalmente aconsejado, pero que al hablar de médico a médico se podían calcular otros matices, puesto que después de la conversación entre ambos quedó claro que el doctor Smith se sentía a gusto si decidía no recibir quimioterapia.

Le comuniqué mi decisión a Michael Broffman para que me creara
un protocolo de apoyo al sistema inmunológico de acuerdo con esa
decisión y él me dijo que antes de empezar debía tener en cuenta que
era una decisión de la cual no podría echarme atrás y que si la tomaba,
tenía que prometerme a mí misma que nunca la lamentaría.

Desde entonces vivo agradecida al cuidado de estas tres magníficas
personas. El doctor Smith es mi oncólogo y realiza los reconocimientos y ordena los exámenes que van demostrando que sigo en perfecta
salud. Michael Broffman me crea protocolos que cambia cada dos o
tres meses, gracias a los cuales fortalezco mi cuerpo con una serie de
suplementos que me hacen sentir más fuerte y con mayor energía que
nunca. Y Martin Brossman cuida de mi salud en general. Sus sesiones de acupuntura me producen un gran bienestar y sus meditaciones
me han ayudado a superar distintos tipos de pequeños malestares, así
como a superar la claustrofobia que me producían los exámenes de
resonancia magnética. Confío que también ayudan a mi organismo en
general a seguir sano.

Por supuesto que antes de llegar a la decisión de operarme hubo
una serie de profesionales que me llevaron hasta allí. En primer lugar una enfermera del UCSF Lakeshore Internal Family Practice Clinic
en San Francisco, me ordenó una radiografía porque tenía un fuerte
resfriado, en la placa se detectó una mancha en uno de mis pulmones.
Debido a que años atrás habían detectado unas manchas que luego
desaparecieron, no hice caso esta vez. Y sin embargo, la enfermera
siguió insistiendo. Agradezco su insistencia y la de mi médico de cabe-
cera en ese momento, la doctora Katherine Strelkoff que me llevaron a
hacerme un examen en el departamento de Neumología de UCSF. Los
médicos de ese departamento se tomaron un gran interés, y aunque
su opinión era que debía someterme a cirugía para eliminar el tumor
aun si no se sabía si era maligno, respetaron mi reticencia y facilitaron
el que se me hiciera todo tipo de pruebas intermedias. La doctora
Dana McClintock, a pesar de su juventud, me apoyó con el máximo
de profesionalismo y humanidad, esa combinación preciosa, cada vez
más escasa. Las personas del equipo que llevó a cabo la broncoscopía
no solamente fueron muy eficientes sino que me ayudaron a superar

el miedo al procedimiento. Aunque estuve mucho más despierta, y recuerdo mucho más de lo que ellos pensaron que recordaría, su actitud me ayudó más que la anestesia. Les prometí que algún día los haría personajes de una novela. Aunque me gustaría llegar a cumplir esa promesa, espero que no se desilusionen demasiado si no llego más allá de esta expresión de profunda gratitud.

Como resultado de la operación sufrí la ruptura de un ligamento en el hombro izquierdo. Durante varios meses recibí sesiones de rehabilitación en el Centro de Rehabilitación de Kentfield. Tres excelentes terapistas Matt Dalpino, Shirley McQueen y Mary Dowling me proporcionaron tratamiento y ejercicios, pero también me dieron su amistad y apoyo, que me fue particularmente valioso porque muchas veces a lo largo de ese periodo no había nadie más en casa, ya que Isabel no sólo viajaba para cumplir con nuestro horario sino que tuvo que viajar a España por motivos de familia. Y jamás me sentí sola porque estos terapistas entienden que su papel al cuidar de personas ancianas, enfermas, frágiles o que sufren dolores intensos, requiere más que sus manos expertas y están dispuestos a dar de su propio ser.

Quiero reconocer también a Donald Rubbo y sus magníficas clases de qigong y de salud. El video de Loraine Day, *Cancer Doesn't Scare Me Anymore [El cáncer ya no me asusta]* me dio gran inspiración y recibí mucha energía practicando los ejercicios del video *Strengthening Your Inmune System Through Mind and Movement.* Y siempre agradezco la ayuda durante todo este proceso de curación de la energía trascendente que derivó de la práctica de respiración a base de las grabaciones de *Quantum Light Breathing* de Jeru Kabal y la presencia continua en mi vida de Gangaji.

Aunque despertar con cáncer tiene un enorme efecto transformador, eso no quiere decir que nos vuelva mártires, santos o personas perfectas. Creo, sí, que puede ayudarnos a reconocer mejor el valor de la vida y el apoyo que se nos brinde. La vida es un don preciado y breve. Todos estamos encaminados a morir. El sufrir esta enfermedad no debe restarle valor a la vida que hoy tenemos.

Este libro cuyo génesis conoces, lector amigo, lectora amiga, no lo he escrito desde el deseo de dar consejos, sino, por lo contrario, de reconocer todo lo que la vida me ha dado. A la vez, siento que la vida me ha brindado una oportunidad de aprender algo valioso sobre cómo ayudarnos si nos diagnostican cáncer. Y me parecería un acto de egoísmo no compartirlo.

Nadie tiene la culpa de tener cáncer. Pero todos podemos hacer algo para ayudar a nuestro cuerpo a fortalecerse, sea cual fuere el tratamiento médico que estemos recibiendo. La actitud que tomemos puede ayudarnos física y mentalmente para tener mejor salud y para vivir mejor. Hay mucha información sobre los distintos tipos de cáncer. La información aumenta y cambia cada día. Aunque esta abundancia de información puede ser confusa y desconcertante, vale la pena tratar de enterarnos.

No soy médica y no pretendo dar consejos médicos, pero soy una persona a quienes han ayudado procesos muy concretos y son los que detallo a continuación, por si pueden ser útiles a alguien más del modo en que me lo han sido a mí.

Diez consejos para fortalecer el sistema inmunológico

1. *Cultivar una actitud positiva*
Pensar en los dones que hemos recibido de la vida, incluida la presencia de amigos y familiares y de todos los que se interesan por nuestra salud.

Reconocer el don de la vida que nuestro cuerpo nos ha dado hasta ahora.

2. *Descansar suficientemente*
Acostarse temprano o asegurarse de tener un mínimo de 8 horas de sueño.

Prepararse para acostarse. Leer cosas gratas u oír música relajante. Obscurecer bien la habitación o utilizar un antifaz para dormir

3. *Alimentarse adecuadamente y evitar el azúcar*
Comer en lo posible alimentos de origen vegetal, con abundancia de frutas y verduras frescas.

Evitar los alimentos procesados y el azúcar.

En lo posible, comer sólo alimentos orgánicos, libres de pesticidas y fertilizantes químicos.

4. *Vigilar el peso*

El exceso de peso es dañino para la salud en general. Si uno tiene exceso de peso y ha tenido o tiene cáncer, es muy importante reducir de peso. Las sugerencias de esta lista, todas, ayudan a bajar de peso.

5. *Crear un ambiente corporal alcalino no ácido*

El cáncer se alimenta de azúcar y de ácido. Es muy importante vigilar la dieta y otras prácticas para asegurarnos de que mantenemos la alcalinidad en nuestro cuerpo y evitamos la acidez. Esto requiere documentación. No todos los alimentos ácidos producen acidez en el cuerpo, por ejemplo, el limón se metaboliza como alcalino y no cómo ácido.

6. *Respirar profundamente aire puro diariamente*

El aire es fuente de vida. Respirar profundamente aumenta la cantidad de oxígeno que el cuerpo recibe. El oxígeno ayuda a eliminar las impurezas del cuerpo y su presencia es esencial para la salud.

7. *Beber agua pura en abundancia*

Consumir 8 vasos grandes de agua pura al día contribuye a proteger y fortalecer nuestro sistema inmunológico. Las bebidas gaseosas, que contienen azúcar, cafeína y otros aditamentos nocivos, además producen acidez en el cuerpo y es importante evitarlas. Por ejemplo, un vaso de Coca-Cola requiere ocho vasos de agua para eliminar la acidez que genera. Los tés de hierbas, sin cafeína, son preferibles al café o al té negro.

8. *Hacer ejercicio a diario*

Hacer ejercicios es esencial para la salud y para fortalecer el sistema inmunológico. Cada persona deberá determinar cuánto ejercicio puede hacer. Caminar 15 minutos es mucho mejor que no caminar. Hay ejercicios particularmente beneficiosos como el qigong.

9. *Meditar sobre la capacidad de nuestro cuerpo para mantenernos sanos o curarnos*

Podemos enviar a nuestro cuerpo el mensaje de que así como ha sabido ayudarnos a sobrevivir hasta hoy puede encontrar los medios de mantenernos sanos. Existen grabaciones que pueden ayudarnos a hacer meditaciones más formales o podemos simplemente usar cualquier momento para crear este clima de bienestar dentro de nosotros. Las del doctor Rossman se encuentran en www.thehealingmind.com

10. *Buscar terapias alternativas y complementarias*

Los estudios que se realizan buscando curas o prácticas que ayuden a combatir el cáncer son numerosísimas. Todos los consejos que se dan aquí se derivan de algunos de esos estudios. Es importante no abandonar la búsqueda de nuevas alternativas.

Despertar con cáncer puede ser el comienzo del reencuentro con la vida. La mayor verdad es la que existe dentro del corazón de cada persona. Allí están albergados nuestros sueños, nuestros deseos, nuestras esperanzas. No dejemos de consultar a nuestro corazón, no perdamos jamás la fe en esa verdad profunda. Que el dolor físico no se nos convierta en sufrimiento del espíritu. Que podamos recibir cada nuevo día con la esperanza del milagro que es cada minuto.

En las semanas después de mi operación necesitaba una metáfora que me explicara el cambio que se había producido en mi cuerpo y en mi vida. Mi amor constante por los árboles me ayudó a encontrarla. La metáfora que me ha venido ayudando desde entonces es la de la poda de un árbol. Mi cuerpo, mi árbol, fue podado y ahora está de cara a la primavera con fuerzas renovadas. Y mi corazón florece en gratitud.

Para resumir toda esta experiencia tomo prestadas palabras de Isabel, que con su capacidad poética ha sabido expresar lo que ambas hemos sentido frente a este encuentro con la certidumbre de que la vida es efímera y el instante preciado. En la Clínica de Pine Street, en San Anselmo, Michael Broffman y Louise Estupiñán poseen dos hermosas perras poodle, Ming Shing-hua y Ling Tan-hua que han sido la inspiración para la extraordinaria investigación que realizan para conseguir que perros adiestrados puedan detectar algunas formas de cáncer a través del olfato, oliendo muestras del aliento recogido en frascos, un descubrimiento extraordinario porque es un análisis no invasivo y de poco costo. Isabel las ha usado como símbolos para escribir:

The door opened
and we entered your temple
seeking enlightenment, hope, and a future.

The door opened
and you welcomed our fear
giving us back tenderness for each tear.

The door opened
and while you paced around our feet
I looked into your eyes, far beyond my needs.

Because the door opened
we dared to take the challenge of life,
to promise not to forget
that health comes through health
that light comes through open windows
that hope is the feast of heroes
born within, every morning,
ready to be enjoyed in the mirror.

Thank you, Ming Shing-hua
for guarding the door
for letting us have a home
within the curls of your ears.

Thank you, Ling Tan-hua
for playing, carelessly,
reminding us of the beauty of innocence
nested in the tenderness of your eyes.

Thank you, Michael and Louise,
for providing doors to tomorrow
and the discovery
of plenitude
in the hours of today.

F. Isabel Campoy

59
La esperanza hecha vida

· ·

Un día ella será como nosotros.
Es duro y necesario. Bajo el cielo
del Perú habrá justicia, no este oscuro
árbol de pena y de violencia. Un día
ella será. Será y le habré legado
no dinero, no gloria, no linaje,
sino el legado de una paz sin miedo
donde los dolores de la patria sean
suyos, de todos. Lo prometo ahora
a Ximena, a los niños que en sus juegos
son de mañana el presente incierto.

Sebastián Salazar Bondy. *Mañana*

En la segunda parte de este libro escribía cómo el haberme vuelto madre había cambiado completamente la esencia de mi persona. Mis hijos enriquecieron mi vida en forma extraordinaria, algo que se incrementó aún más con el nacimiento de mis nueve nietos, cada uno encarnación de la esperanza.

El volverme madre me dio un profundo sentido de responsabilidad hacia la necesidad de proteger mi vida para poder cuidar de ellos. Me volví cautelosa y precavida, en modos que antes no conocía. Y comencé a medir las acciones no sólo considerando las consecuencias que pudieran tener para mí, sino para ellos.

No sugiero en modo alguno que el volverme madre me hiciera de por sí mejor persona, que mis acciones fueran siempre acertadas o que no cometiera equivocaciones ni muchísimo menos. Pero las equivocaciones me dolieron de un modo más profundo y me ha sido más difícil perdonarme y sentir compasión por mí cada vez que he comprendido que alguna de mis experiencias tenía una repercusión para ellos. Es decir, he vivido con un sentido de responsabilidad mucho más acuciado y, del mismo modo, ellos han sido estímulo importante para mi labor.

Creo haber trabajado siempre con autenticidad y con desprendimiento, buscando hacer el bien que pudiera, con clara conciencia de la situación de privilegio que significa el haber podido tener una educación y un sincero deseo de compartir ese privilegio. Pero, cuando muchas veces me han preguntado cómo es posible que lograra realizar tanta labor, tantas publicaciones, teniendo además cuatro hijos, siempre he respondido que ha sido no a pesar de tener cuatro hijos sino gracias a ellos.

Mis hijos han colaborado siempre conmigo en todos los niveles. De pequeños se hicieron cargo de muchas de las tareas de la casa y siempre estuvieron dispuestos a apoyarme. Desde los tiempos de Detroit, en que siendo aún muy pequeños colaboraban en las clases de español para niños que ofrecía en Mercy College los sábados, cada vez que organicé un taller o una conferencia, fueron mis mejores ayudantes.

Un regalo de Alfonso se ha convertido en un recuerdo conmovedor. Durante toda su infancia y juventud vivimos con bastante estrechez económica. Alfonso sabía que me hubiera gustado tener para mis presentaciones y mis clases un proyector de *slides* o diapositivas, pero que no podía comprarlo. Por semanas se encerraba por horas en su cuarto, creándome una profunda inquietud, porque siempre ha sido muy abierto y comunicativo. Cuando ya empezaba a desesperarme de su encierro me sorprendió con un proyector. Era un modelo anticuadísimo, que había conseguido por muy poco dinero, en una tienda de objetos de segunda mano y que había reconstruido por entero, llegando incluso a fabricar algunas de las piezas en aquellas largas horas de encierro. Todavía lo conservo, aunque él me ha sugerido que lo done a un museo.

Anécdotas como ésta podrían llenar un libro entero. Las reservo para un libro personal de familia que estoy preparando. Sólo dejo constancia que Rosalma ha sido mi mejor editora, mi mejor traductora, porque a la eficacia de su trabajo une un especial interés por ayudarme. En el libro *Alma Flor Ada and You,* volumen II (Libraries Unlimited) ha escrito un capítulo sobre esta colaboración. Con ella he podido hablar de todos los temas y siempre ha encontrado el modo de hacer sugerencias acertadas y de darme apoyo.

Durante el complejo proceso de escribir este libro y la determinación de que todo lo que tengo que decir no cabe en un solo volumen, tuve un diálogo telefónico con mi hija Rosalma, que ha sido siempre mi mejor crítica. Y surgió la pregunta, ¿pero cuántas veces se puede hablar de la propia vida?

Yo tenía claro que si resultaba más de un libro cada uno sería muy distinto, pero en lugar de tratar de defender las diferencias, se me ocurrió un ejemplo radical —que exige salvar muchas, enormes, distancias, pero que está inspirado sólo en la admiración—. Y le dije a Rosalma: "Bueno, pues, pensemos en Frida. ¿Qué hizo sino pintarse siempre a sí misma? ¿Y acaso cada cuadro no es más fascinante precisamente porque existen los demás?".

Unos minutos más tarde me llegó este correo electrónico desde Massachusetts:

> ...me alegra mucho, que continúes ejerciendo y profundizando tu creatividad y tu expresión, y que no dejes que los cambios de rumbo te desalienten, sino que sigas buscando cómo salir adelante con las historias que tienes para contar...
>
> Me pareció la analogía con Frida, muy apta. No sé si te acuerdas, en España, el *insight* que tuve, cuando fuimos a visitar el museo de Picasso... Todos los distintos tratamientos que había, de un mismo tema... una vista desde una ventana, de unas palomas...
>
> Me parece que es así, la vida del artista... Parte es, claro, el experimentar, el buscar decir algo nuevo.... Pero otra parte, es el volver a explorar lo mismo, desde otro ángulo, desde otra perspectiva, variando algo distinto cada vez, buscando otra manera de ver lo mismo, de llegar hasta el meollo del asunto...
>
> Que disfrutes, madre...

Mi hija siempre ha sabido darme apoyo frente a mis incertidumbres y esta circunstancia no fue una excepción.

Alfonso creó generosamente la casa distribuidora de libros Del Sol Books para reunir mis numerosos libros infantiles en un solo catálogo que facilitara el acceso a ellos y la pequeña editorial Del Sol Publishing donde publicó el programa *Música amiga,* del cual he hablado antes, así como varios manuales pedagógicos. Me ha dado la alegría de dos nietos muy queridos Daniel Antonio y Cristina Isabel.

Daniel es un niño de gran sensibilidad y madurez más allá de sus años. Vive consciente de que lo importante en un ser humano es lo que su corazón encierra y el suyo sólo encierra bondad. Cristina Isabel, ama los perros con delirio y sabe ganarse su confianza, como sabe ganarse la voluntad de todos con su encanto innato. Tiene un decidido talento artístico que espero sea capaz de desarrollar al máximo.

Alfonso me ha dado además el gozo de que, gracias a su esposa Denia y a la encantadora familia Zamperlini de la que Denia es una de once hermanos, Daniel y Cristina hablen portugués y se sientan muy a gusto en el Brasil, como pude atestiguar durante las vacaciones que pasamos recientemente en Vitoria, la capital del estado de Espíritu Santo. ¡Qué profunda alegría ver que estos niños han recuperado las raíces iberoamericanas que yo tanto extraño! Daniel, además, habla ya mucho español.

Miguel ha sabido aplicar su talento a la creación de un importante programa de digitalización. Él y Alfonso trabajan en colaboración cumpliendo mi sueño de que mis hijos supieran amarse y ayudarse. Los cuatro hijos de Miguel y su esposa Denise son constante motivo de orgullo y alegría. Timothy Paul, el primero de mis nietos, nacido un Día de Reyes como el regalo máximo, siempre ha mostrado mucho interés en mi labor de escritora y su ayuda me fue invalorable para la realización de *¡Extra! ¡Extra!* Recientemente, cuando le contaba las tribulaciones con el desarrollo de este libro me dijo: "Ya sabes que siempre que quieras hablar de tu obra yo estaré dispuesto a escucharte." Samantha Rose, exquisita bailarina de bailes irlandeses y buena atleta, es a la vez, como su hermano, alumna excelente. Disfruto mucho su correspondencia por e-mail y veo con esperanza que tiene ya una sensibilidad desarrollada para escribir poesía. En honor a Victoria Anne llamé Victoria a la protagonista de *En clave de sol.* Me hace ilusión pensar que algún día leerá esa novela y se alegrará de que su abuela quisiera honrarla de esa manera. Nicolás Ryan es fuente de alegría constante para todos.

La generosidad de Miguel ha sido siempre parte de su carácter. Cuando nos mudamos a Atlanta, y antes de que empezara a trabajar en Emory, mi situación económica era muy restringida. Me daba pena no poder comprarles los juguetes que tenían sus primos y sus amigos de colegio. Miguel soñaba con un periquito. Le expliqué que tenía que esperar hasta su cumpleaños en octubre. Por meses visitábamos cada semana la tienda de animales y él miraba los periquitos. El día en que por fin pudimos ir a comprar la jaula y el pajarito, Miguel vio que uno de los periquitos estaba medio desplumado y había sido picoteado por los otros.

—Compremos ése, mamá —me dijo—. Así lo protegeremos. Y nadie más va a quererlo.

Me conmovió mucho su generosidad, pero me sentí incapaz de aceptarla. Sin decirle nada fui a ver al dueño de la tienda. Le expliqué la situación y le recriminé que hubiera dejado al animalito en esas condiciones. Él, entonces, se llevó al periquito maltratado a otra jaula y le explicó al niño que no podía venderlo hasta haberlo curado. Y Miguel fue a casa con un periquito sano y su madre con el corazón lleno de ternura y gratitud por los sentimientos hermosos de este niño. Sentimientos que jamás han disminuido y que siguen rigiendo la actitud de Miguel en la vida.

Aunque es el menor de mis hijos, Gabriel es el mayor en estatura y su bondad, su inteligencia, su responsabilidad hacia la vida se corresponden con su estatura. Cuando le correspondía ir a la universidad mi situación económica había empezado a mejorar. Pero él decidió trabajar mientras estudiaba. Me angustiaba que ahora que podía ayudarlo con mayor holgura él insistiera en trabajar. Pero se puso junto a mí y me dijo: "Mírate. Dime, ¿quién es más joven?, ¿más fuerte? ¿Te parece lógico que tú me ayudes a mí? Si tienes algunos recursos, guárdalos para tu vejez".

Todavía me admira esa actitud, en el fondo tan semejante a la de mi padre a su edad, a pesar de que nunca se la había contado. Y me conmueve que me recuerde tanto, en tantas cosas, a mi padre, al que nunca conoció.

Gabriel además de su responsabilidad profesional pone gran interés en el desarrollo de sus hijas. Y es un padre incomparable que las enseña a pensar y reflexionar. Y porque él y su esposa Hannah han decidido permanecer en California, mi vida se ha enriquecido con la presencia cercana de sus tres niñas.

La mayor, Camille Rose, nos ha acompañado a Isabel y a mí dos veces a España. En su primer viaje, ver España de nuevo a través de su mirada de once años y oír sus interesantes reflexiones, fue revivir la profunda experiencia de cuando yo la vi por primera vez. Ella ha tenido la oportunidad de regresar una tercera vez con su colegio y de quedarse con la familia de Isabel. Y así ha ido conociendo aspectos de nuestra cultura. Y ello para mí es satisfacción inmensa.

Además de ser muy buena estudiante y buena jugadora de water polo, Camila ha participado en muchas representaciones teatrales. Tiene una bonita voz y recientemente encarnó con gran sensibilidad el difícil papel de Horton, en *Sussical, the Musical,* y el de la maestra en *High School Musical.*

Jessica ha heredado el talento artístico de Hannah, su madre. Es además, ávida lectora. El que a mis nietos les guste leer y amen los libros ha sido motivo de alegría constante para mí. Y ver a Jessica, tan ágil y atlética, siempre con un libro en la mano, da mucha satisfacción. Su sensibilidad y su ternura son dones preciados.

Collette es la benjamina del grupo, fuente de inocencia y esperanza para todos. Simplemente el verla vivir… y nadar, pues creo que a ratos se cree más pececito que niña, es la mayor de las alegrías.

Y no me extiendo más en este tema de mis hijos y nietos no porque no tenga más que decir, sino todo lo contrario, porque lo que tendría que decir no tiene límites y no debo abusar de la benevolencia de los lectores.

60
Y el encuentro constante: la palabra

. . . .

> ¿Y las rosas? Pestañas
> cerradas: horizonte
> final. ¿Acaso nada?
> Pero quedan los nombres.
>
> Jorge Guillén. *Los nombres*

Cuando hace muchos años, estudiante universitaria en Madrid, me entregué con pasión a la lectura de Pedro Salinas, lo hice por el entusiasmo que había despertado en mí su poesía amorosa, pero más tarde descubriría que igualmente me apasionaba el amor del poeta por el idioma, al que dice haber vivido "abrazado como a incomparable bien."

Me identifico con los sentimientos que inspiraron el poema "Verbo", el agradecimiento a quienes nos legaron el idioma con que hoy nos comunicamos, un idioma que ha ido creciendo y cambiando a ambos lados del océano para seguir incorporando el sentir y el pensar, el soñar y el sufrir, de quienes lo usamos para ser en el mundo:

> ¡De qué lejos misteriosos
> su vuelo arranca
> nortes, y sures, y orientes,
> luces romanas,
> misteriosas selvas góticas,
> cálida Arabia!
> Desde sus tumbas, innúmeras
> sombras calladas,
> padres míos, madres mías,
> a mí las mandan.

Cada día más hermosas,
por más usadas.
Se ennegrecen, se desdoran,
oros y plata:
"hijos," "rosas," "mar," "estrellas",
nunca se gastan.
Bocas humildes de hombres,
por su labranza,
temblor de labios monjiles
en la plegaria,
voz del vigía gritando
—el de Triana—
que por fin se vuelve tierra
India soñada.
Hombres que siegan, mujeres
que el pan amasan,
aquel doncel de Toledo,
"corrientes aguas"
aquel monje de la oscura
noche del alma,
y el que inventó a Dulcinea
la de Mancha.
Todos, un sol detrás de otro,
la vuelven clara
y entre todos me la hicieron,
habla que habla
soñando, sueña que sueña,
canta que canta...

toda canción está en ella,
isla ignorada,
esperando a que alguien sepa
cómo cantarla.

El idioma ha sido, a lo largo de toda mi vida, mi tesoro más preciado. En mi extenso peregrinar, cubana estudiante en los Estados Unidos y en España, residente en el Perú e inmigrante en los Estados Unidos, el idioma ha sido patria, firme asiento de pensamiento y reflexión y "matria", sostén nutricio de afecto y sentimiento, de ideales y esperanza, de goce estético y de creatividad.

No podría decir con exactitud cuándo empezó mi arrobo en la palabra, pero sé que latía en mi deleite en las nanas y romances con que me dormía mi madre, en los cuentos que me inventaba mi padre, en los relatos de hazañas patrióticas y los mitos clásicos que me contaba mi abuela, pero sobre todo, en las poesías de mi abuelo que ella me enseñaba a recitar.

La palabra me abrió mundos insospechados en los libros que devoraba cuando primero caían en mis manos, y que leía y releía sin cansancio, porque eran demasiado pocos, Constancio Vigil y Elena Fortún, Lousie May Alcott y Edmundo D'Amicis, Charles Dickens y Alejandro Dumas, Robert Louis Stevenson y Emilio Salgari me permitieron viajar en el tiempo y el espacio, desde la pampa argentina hasta las islas de la Malasia, y de su mano fui huérfana abandonada y osado pirata. La palabra me ayudó a comprender las ideas y sentimientos de quienes me rodeaban, cuando niña callada los oía conversar en las prolongadas sobremesas de la Quinta Simoni donde me crié entre abuelos y padres y tíos. Y la palabra fue mi mapa para tratar de entender, más allá de los confines de mi familia y mi provinciano Camagüey, la extensión de la aventura humana.

La palabra precisa, la que puede no sólo presentar la idea sino sugerir el sentimiento, la que se incrusta en el lugar preciso en la oración, la que con su sonoridad y énfasis contribuye al ritmo de la prosa o del verso, ha sido siempre para mí el mayor motivo de goce estético, y los versos sutiles que han ido creando el entramado de mi memoria, compañeros constantes en cualquier entorno.

Criar y educar a mis hijos en español en los Estados Unidos fue un modo no sólo de mantener la continuidad familiar e histórica, sino de ofrecerles —cuando poco material tenía para ofrecerles— la riqueza de una cultura. Y con ello, creamos un ámbito vital propio, nuestro, no copiado ni imitado y, en ello, profundo. Hasta el día de hoy, cuando la conversación se hace íntima y entrañable ocurrirá siempre en castellano, no importa dónde ni frente a quiénes nos encontremos.

La palabra ha sido también mi instrumento para la vida profesional. Con ella he alentado y guiado a mis estudiantes, haciéndoles ver su propia capacidad de usarla, con ella he compartido públicamente mis ideas e instado a la acción en apoyo de la equidad, la justicia social y la paz. La palabra, en diálogo solidario, es el vehículo para el modo de investigación, la investigación participativa, que enseño, donde aprendemos a escuchar solidariamente y a compartir el fruto de la investigación. En todo momento de mi vida aparece la palabra, la palabra siempre.

Como poeta que escribe para los niños, la palabra me ha facilitado jugar con ellos, ayudarles a descubrir las posibilidades infinitas del ritmo y de la rima. ¡Qué gozo indescriptible, aunque se haya reiterado muchas veces, cuando las maestras me dicen que los niños reconocen cuando un poema o un cuento ha sido escrito por mí, antes de que se les diga quién es la autora! Y como muchas veces, cuando un maestro ha querido hacerles creer que algo es obra mía sin serlo, los niños han denunciado inmediatamente que no es mi estilo.

Y cuando la compositora Suni Paz ha creado música para mis poemas y cuentos en verso y los ha grabado con su voz excepcional, he sentido la alegría inmensa de reforzar el mensaje a los niños del poder musical de la palabra.

Como narradora, la palabra me ha permitido recontar los cuentos que alegraron mi infancia (como *Cuentos que contaban nuestras abuelas* o *Mediopollito* o *La lagartija y el sol)*, invitar a los niños a compartir aventuras en las que los protagonistas descubren la amistad y la solidaridad (como en *Amigos)*, el aprecio por su identidad (como en *Mi nombre es María Isabel)*, por la diversidad (como en *El reino de la geometría)*, la determinación que exige la libertad, que nunca puede ser dada, sino que es necesario conquistar en cada momento (como en *El palacio de malaquita)* y la constante posibilidad de transformación que es la vida (como en *La moneda de oro)*.

Como autora de libros para jóvenes, con la palabra he podido rescatar mi infancia y compartir los recuerdos de una realidad lejana en tiempo y distancia y a la vez cercana a todo joven que descubre la complejidad de la vida. Que *Allá donde florecen los framboyanes* y *Bajo las palmas reales* hayan inspirado a jóvenes a mirar los detalles de su propia vida y a escribir sobre sus recuerdos infantiles y las personas de su familia, ha sido una de mis mayores alegrías.

La palabra nos ha permitido, a Isabel y a mí, invitar a niños y jóvenes hispanos a descubrir la riqueza de su herencia. El que ésta sea una misión compartida la ha hecho más rica y más entrañable. Y ha sido la palabra la invitación misma que hacemos, Isabel y yo, a los maestros, a abrazarla en el descubrimiento de su yo, en el reconocimiento de su origen y su historia, en la decisión de compartir con sus alumnos y las familias de sus alumnos, su historia.

Como novelista, autora de *En clave de sol* la palabra me ha permitido crear los diálogos de los seis personajes, diálogos que son a veces conversaciones conmigo, desdoblada en más de un personaje; modo de reflexionar sobre los aspectos claves de la vida, diálogos con las que pude ser y no he sido o con las que siempre he querido ser. Al escribir *A pesar del amor,* la palabra me ha permitido deleitarme en la recreación de la naturaleza en que transcurrió mi infancia y reconstruir el mundo social de mis bisabuelos, el que oí describir a mi padre y a mis abuelos. En los largos años de ausencia de mi patria, la lenta creación de *A pesar del amor,* tela de Penélope que no quería terminar nunca, me ha permitido seguir viviendo en Cuba, a medida que palabra a palabra iba recreando la más mínima brizna de la campiña cubana.

Y la palabra, una vez más repartiendo dones generosos, me ha sorprendido porque la escritura de esta novela fue más que la recreación de un mundo social y de un espacio natural y mucho más que el contar una historia, y resultó ser una reflexión sobre el ser en el mundo, sobre la dialéctica entre el ser y el hacer, simbolizado por las dos protagonistas, Serafina e Isabel. El antagonismo entre estas dos concepciones de la vida ha marcado la mía, que se ha debatido entre las ansias contemplativas y la urgencia por el quehacer social. La presentación de estas dos posturas de un modo real, encarnadas en las dos protagonistas, madre e hija, que comparten una historia difícil donde la comprensión requiere un largo camino, ha sido quizá el modo de llegar a una reconciliación dentro de mí de este dualismo del ser que lleva ya tantos siglos recorriendo los empolvados caminos de La Mancha y que es herencia nuestra en ambas orillas del océano.

Encuentro con la palabra

Oculta en el silencio,
a veces evasiva
proponiéndome perífrasis
altisonantes voces polisílabas
escurridiza
te vuelves sugerencia
de memoria
pero rehúyes ser atrapada
en el recuerdo sensorial y vivo.

Otras veces
te brindas en cascadas
sonoras
torrentes
abundantes
detrás de cuya espuma
sólo resuenan
las cavernas huecas.

Te persigo incansable
porque sé
que sólo en ti
se hace viva la vida.

Cuando te encuentro
al fin,
diáfana, exacta,
con sílabas precisas

en el eco de siglos
cuando después de tanto hurgar
en lo hondo de mí misma
apareces
con total claridad
y creo poseerte
en lugar de ser
tú mía,
soy yo
en la alegría
del encuentro
toda tuya,
palabra.

Algunas de mis memorias de infancia se encuentran en el libro *Allá donde florecen los framboyanes* (Alfaguara, 2000 (publicado inicialmente en inglés como *Where the Flame Trees Bloom,* Atheneum, 1994). Allí escribí sobre mi bisabuela, Marcelina Méndez Correoso, mi tan querida Mina. "Muñecas de trapo" y "Matemáticas" dejan ver el carácter de esta anciana ciega, que nunca tuvo la oportunidad de ir a la escuela, pero sabía mucho del arte de vivir. En ese libro relato, en "Decisiones", la historia sorprendente de mi abuelo Modesto Ada Rey y lo que a través de ella he aprendido sobre la importancia de basar nuestras decisiones en verdaderos valores.

"El agrimensor", "Samoné"y "El heladero" hablan de personas que aunque conocí sólo tangencialmente dejaron profundas impresiones en mí. "El rayo" describe la transformación que se produjo en la vida de mi tío Mario Ada Rey, el hermano menor de mi padre, maestro rural. "La maestra" habla de esa educadora extraordinaria que fue mi abuela Lola Salvador y "Murciélagos" de la relación que teníamos. Vuelvo a hablar de ella en este libro, en la sección "Mi Paraíso" porque a pesar de que aquellas viñetas son significativas no me parecían suficiente para reconocer la influencia que mi abuela ha tenido en mi vida.

En *Bajo las palmas reales* también presento a varias personas que me han dejado huellas. Mi tío paterno Manuel Ada Rey y su vida de servicio como médico es el tema de la viñeta "El misterio de tío Manolo", así como la muerte trágica de mi tío materno Medardo Lafuente es el tema de "Alas rotas". Dedico también una viñeta, "Gilda", a quien fuera brevemente mi profesora de ballet y alguien a quien tuve gran cariño.

Ha sido una larga y rica vida y queda mucho sobre lo que no he alcanzado a escribir en este libro. El deseo de reconocer a personas a las que guardo profunda gratitud, me ha llevado a iniciar un manuscrito, que hasta el momento llamo *Gracias a la vida* que espero poder publicar, como también intento publicar las viñetas de mis primeros años —quizá con el título *Primeras páginas*. Esas viñetas las escribí inicialmente para este libro, pero lo hubieran alargado demasiado. Por eso tienen el mismo estilo de la primera sección de este libro "Porque empecé a vivir".

He aprendido mucho sobre mí y sobre la vida en el proceso de ir destilando estas memorias. Al final son muchas más las páginas escritas que las que quedan recogidas aquí. Y mucho más lo que todavía queda por contar. Y mi gratitud hacia la vida y hacia las personas en mi vida no ha hecho sino crecer con cada recuerdo, con cada reflexión. A esa gratitud uno mi agradecimiento a ti, lector, por haberme acompañado, aun sin saberlo, a lo largo del camino. Al tratar de darle sentido para ti al relato, se ha vuelto todo más claro para mí.

Donde termina el nacer

A mi madre, agradecida

¿Dónde termina el vivir,
dónde empieza la creación?
¿Dónde termina el nacer,
dónde comienza el morir?

¿Dónde quedó aquella niña
que recogía carolinas
que miraba las estrellas
y que hablaba con los pájaros?
Yo me resisto a enterrarla
no creo que se haya muerto
aunque sus pasos ligeros
ya no correteen la tierra.

¿Dónde quedó aquella joven
vestida de adolescencia
mojada bajo la lluvia
una tarde de verano?
Ya no existen sus cabellos
porque se volvieron blancos
ya no existe su figura
pero queda su esperanza.

¿Dónde quedó aquella madre
acunando el primer hijo
sonriéndole a su niña
esperando la mañana?

Los hijos están crecidos
y ya no juega con ellos,
tengo que pensar que ha muerto
pero me niego a creerlo.

Porque soy aquella niña,
aquella joven esbelta,
aquella madre temprana,
aquellla mujer ardiente.

Habrá engrosado mi talle
mis cabellos ya son blancos,

pero me queda la risa
revoloteando en el alma,
y no sé dónde termina
el nacer que nunca acaba,
porque me quda la risa
revoloteando en el alma.

Printed in the United States by HCI Printing
Impreso en los Estados Unidos por HCI Printing